国家出版基金项目
NATIONAL PUBLICATION FOUNDATION

丝绸之路经济带核心区建设研究丛书·经贸系列（一）

丝绸之路经济带能源合作研究

张磊　著

西南交通大学出版社
·成都·

图书在版编目（ＣＩＰ）数据

丝绸之路经济带能源合作研究 / 张磊著. —成都：
西南交通大学出版社，2019.6
（丝绸之路经济带核心区建设研究丛书. 经贸系列.
一）
国家出版基金资助项目
ISBN 978-7-5643-6954-5

Ⅰ. ①丝… Ⅱ. ①张… Ⅲ. ①丝绸之路 – 经济带 – 能
源研究 – 经济合作 – 研究 – 中国 Ⅳ. ①F426.2

中国版本图书馆 CIP 数据核字（2019）第 126821 号

国家出版基金资助项目
丝绸之路经济带核心区建设研究丛书·经贸系列（一）
Sichouzhilu Jingjidai Nengyuan Hezuo Yanjiu

丝绸之路经济带能源合作研究

张 磊 著

出 版 人	阳 晓
策 划 编 辑	黄庆斌　李芳芳
责 任 编 辑	罗小红
封 面 设 计	GT 工作室
出 版 发 行	西南交通大学出版社 （四川省成都市金牛区二环路北一段 111 号 西南交通大学创新大厦 21 楼）
发行部电话	028-87600564　028-87600533
邮 政 编 码	610031
网 址	http://www.xnjdcbs.com
印 刷	成都蜀通印务有限责任公司
成 品 尺 寸	170 mm × 230 mm
印 张	16.5
字 数	254 千
版 次	2019 年 6 月第 1 版
印 次	2019 年 6 月第 1 次
书 号	ISBN 978-7-5643-6954-5
定 价	78.00 元

目　录

第一章
丝绸之路经济带构建框架下的
能源合作总报告

　　丝绸之路经济带是贯通欧亚大陆，中国与欧盟、俄罗斯—中亚、南亚各国之间形成的新型经济合作空间，也是世界上最长且最具有发展潜力的经济带。能源合作是丝绸之路经济带建设的重要取向之一，亦是丝绸之路经济带框架的重要构成部分。

一、丝绸之路经济带能源合作的提出及实施

（一）丝绸之路经济带核心区构建概述

　　新疆维吾尔自治区毗邻丝绸之路经济带核心地带中亚五国（哈萨克斯坦共和国，乌兹别克斯坦共和国，吉尔吉斯共和国，土库曼斯坦和塔吉克斯坦

共和国），与丝绸之路经济带重要区环中亚经济带的俄罗斯—中亚、巴基斯坦、印度接壤，并与西亚地区①相对；而未来的开放半径涉及丝绸之路经济带拓展区，包括欧洲、北非等地。即辐射区域含中亚经济带、环中亚经济带、亚欧经济带②。

新疆是丝绸之路经济带上中方与其他开放区域的承接区和重要着力点。在2013年9月国家主席习近平出访中亚期间提出共建"丝绸之路经济带"重大倡议后，新疆维吾尔自治区党委、人民政府高度重视，立即研究部署相关工作，以自治区发展改革委员会宏观经济研究院为主，联合新疆各高校，形成研究团队，对新疆建设丝绸之路经济带核心区相关问题进行深入研究，形成了《关于新疆建设丝绸之路经济带核心区的研究报告》。

2014年5月，第二次中央新疆工作座谈会明确提出要把新疆打造成为丝绸之路经济带核心区。9月，自治区人民政府印发了《关于推进新疆丝绸之路经济带核心区建设的实施意见》，明确了新疆丝绸之路经济带核心区建设总体思路、发展目标和重点任务，布局了一批标志性、示范性重大项目。

新疆目前正在努力建设重要的综合枢纽中心、商贸物流中心、金融中心、文化科教中心、医疗服务中心，十大进出口产业集聚区（机械装备出口、轻工产品出口加工、纺织服装产品出口加工、建材产品出口加工、化工产品出口加工、金属制品出口加工、信息服务业出口、进口油气资源加工、进口矿产品加工、进口农林牧产品加工产业集聚区），国家大型油气生产加工和储备基地、大型煤炭煤电煤化工基地、大型风电基地和国家能源资源陆上大通道。

---

① 西亚地区：这里指伊朗、伊拉克、约旦、叙利亚、沙特、土耳其等国。
② 一是中亚经济带，包括哈萨克斯坦、吉尔吉斯斯坦、塔吉克斯坦、乌兹别克斯坦、土库曼斯坦；二是环中亚经济带，涵盖中亚、俄罗斯、南亚和西亚，包括俄罗斯、阿富汗、印度、巴基斯坦、伊朗、阿塞拜疆、亚美尼亚、格鲁吉亚、土耳其、沙特、伊拉克等以及上述中亚地区；三是亚欧经济带，涵盖环中亚地区、欧洲和北非，包括欧洲的德国、法国、英国、意大利、乌克兰等地区，北非的埃及、利比亚、阿尔及利亚等地区，以及上述环中亚地区。[引自胡鞍钢，等."丝绸之路经济带"：战略内涵、定位和实现路径[J]. 新疆师范大学学报：哲学社会科学版，2014（4）：2.]

（二）丝绸之路经济带构建框架下能源合作的提出及研究综述

1. 丝绸之路经济带能源合作载体新疆能源通道构建的提出

早在1992年11月，新疆维吾尔自治区就提出要把新疆建设成为西北乃至全国直接进入中亚、西亚通向欧洲的国际大通道，开始意识到能源运输的问题。

1996年中国科学院李岱、连云港市社会科学院古龙高对建设亚洲石油大陆桥的构想作了论述。它将中国东部的石油管网与新疆石油管网连通，再将中国石油管道与中亚及俄罗斯的油气管网相连，再进一步连接中东地区的管道，使中东和中亚的油气资源通过管道直达东亚各国。建设亚洲石油大陆桥涉及多个国家特别是大国间的利益协调，难度很大，因此一直未能付诸实施。

2005年中共新疆维吾尔自治区党委六届十次全委（扩大）会议进一步指出，要从国家能源战略的高度进行战略思维和运作，努力把新疆建成我国利用境外资源、开辟境外市场最为方便安全的陆路通道。这标志着新疆建设中国能源国际大通道的设想正式形成。

在2006年两会期间，新疆代表团提议，鉴于中国石油进口主要依赖中东和非洲，主要靠途经马六甲海峡的海路运输，对该水道的过度依赖为中国的能源安全带来了潜在风险。而新疆地处中国西部边陲，是连接中、西亚的重要门户和枢纽。把新疆建成中国重要的陆上能源大通道，不仅能促进新疆社会经济发展，也直接关系到整个国家的能源安全。因此，开辟新的国际能源基地和构建中国向西开放的陆路大通道，具有重大的战略意义。

2006年9月，胡锦涛视察新疆时作出了"把新疆建设成为中国重要的油气生产基地和能源通道"的重要指示。在这一精神指导下，国家发展和改革委员会（简称国家发展改革委）、商务部、科学技术部和中国科学技术协会组织20多位专家学者展开了"促进中亚区域合作、构建向西开放大通道战略研究"的课题研究。结合该课题的成果，国务院在2007年下发的第32号文件《国务院关于进一步促进新疆经济社会发展的若干意见》中明确表示，将新疆建成中国能源国际大通道。①

---

① "丝绸之路"将变身中国能源安全大通道[N]. 中国产经新闻，2007-10-11.

此前，2006年7月八国集团首脑峰会在俄罗斯圣彼得堡举行，能源问题成为普遍关注的焦点。中国国家主席胡锦涛在峰会上发表演讲时强调，为保障全球能源安全，应该树立和落实互利合作、多元发展、协同保障的新能源安全观。他表示，全球能源安全关系到各国的经济命脉和民生大计，对维护世界和平稳定、促进各国共同发展至关重要。每个国家都有充分利用能源资源促进自身发展的权利，绝大多数国家都不可能离开国际合作而获得能源安全保障。他提出中国将在平等互惠、互利双赢的原则下加强同各能源生产和消费国的合作，共同维护全球能源安全。他倡导提出了"互利合作，共创双赢"的国际能源合作的新思路。

2011年11月中共新疆维吾尔自治区第八次党代会召开。自治区党委书记在会上所作报告中提出，新疆将在"十二五"期间力争形成5 000万吨原油、1 000亿立方米天然气和煤制气、3 000万千瓦疆电外送能力，建设国家大型油气生产加工基地、大型煤炭煤电煤化工基地、大型风电基地和国家能源资源陆上大通道。

2014年6月13日，中央财经领导小组第六次会议提出了"全方位加强国际合作，实现开放条件下能源安全。在主要立足国内的前提条件下，在能源生产和消费革命所涉及的各个方面加强国际合作，有效利用国际资源"。①

2014年9月，新疆维吾尔自治区人民政府印发了《关于推进新疆丝绸之路经济带核心区建设的实施意见》，明确新疆丝绸之路经济带核心区的能源国际通道与能源基地（国家大型油气生产加工和储备基地、大型煤炭煤电煤化工基地、大型风电和光伏发电基地）建设目标。

2. 有关新疆能源基地和国家资源对接战略的研究综述

能源基地研究的主要理论基础是产业集群理论，研究该理论的国内学者主要是王缉慈、魏江和叶波等。王缉慈侧重创新的空间和过程等的研究，魏江和叶波等则聚焦于经济系统创新的有序集成的研究。国内学者对产业集群

---

① 习近平主持召开中央财经领导小组会议[EB/OL]. http://www.xinhuanet.com/video/2014-06/B/C-1266/6850.htm.

的理论研究明显滞后于产业集群实践的发展，对资源型产业集群的理论研究亦如此，导致政府部门对产业集群的许多特性仍然没有清晰的认识，无法制定出有效的政策，通过促进产业集群的形成来推动地区经济的发展。

管清友、何帆认为，"国际能源合作是国际行为体（民族国家、国际组织、跨国公司）为了实现各自的能源利益通过国际协调使得能源领域的利益相关者的行为一致，并采取可操作性的措施实现在国际协调中达成的共识和履行国际协议的行为"。[①] 徐斌在"合同执行"框架下探讨了国际能源合作机制，认为依托组织实施的双边声誉机制、多边声誉机制和具有正式制度的第三方机制可以实现国家间在博弈过程中的能源合作。[②]

2005年科技部国家软科学研究计划项目"中国西北能源资源通道建设研究"（2005DGS3D089）启动以来，在刘理木、马映军、范庆平、王伯礼、汤一溉、李周为、杨苏民、张冠斌、黄运良、聂书岭、乔刚、庄岚等新疆学者的积极努力下，这一选题的研究热潮形成。

孙永祥、赵树森综述中国与独联体国家天然气合作的进程，并分析了合作中存在的诸多问题，为新疆能源通道建设提供了对接方翔实的背景资料。[③]

汤一溉在《关于构建中国中亚天然气国际安全通道的思考》《再论中国通向中亚的石油天然气战略通道》中，以全球化的视野分析了国际能源供需问题，并介绍了中亚能源性资源的状况，提出构建新疆能源大通道的思路。[④]

刘晏良在《建设新疆油气生产基地和能源安全大通道》一文中，分析了国内能源供需形势，探讨了新疆能源安全大通道构建的诸多有利因素，提出了通道建设构想。[⑤]

王小梅则着重分析了中国能源安全面临的挑战，提出与中亚能源合作建

---

① 管清友，何帆. 中国的能源安全与国际能源合作[J]. 世界经济与政治，2007（11）：45-53.
② 徐斌. 国际能源机制的理论与中国经验：一个合同执行的分析框架[J]. 世界经济与政治论坛，2009（1）.
③ 孙永祥，赵树森. 中国与独联体国家天然气合作及面临的问题[J]. 亚太纵横，2008（4）.
④ 汤一溉. 关于构建中国中亚天然气国际安全通道的思考[J]. 新疆社会科学，2007（1）；再论中国通向中亚的石油天然气战略通道[J]. 干旱区地理，2008（4）.
⑤ 刘晏良. 建设新疆油气生产基地和能源安全大通道[J]. 宏观经济研究，2006（8）.

设能源通道的意义，并提出中亚能源合作是中国和平发展战略的重要内容。[1]

蒋新卫从石油地缘政治的角度分析了中亚发展态势和中国能源安全形势，针对地缘政治博弈背景下中亚能源输送方向多元化的问题，提出中国陆上能源安全通道构建的思路，即以中（中国）哈（哈萨克斯坦）原油管道建设为契机，发挥管道和铁路运输的作用，在上海合作组织的框架下，形成安全的能源通道。[2]

新疆维吾尔自治区党委政策研究室的张建锁、马永强在《构建国家能源资源安全大通道》一文中，描述了"疏通中路，拓展两翼"的能源通道路线建设框架。"疏通中路"，即促成哈萨克斯坦铁路在霍尔果斯接轨，继续在哈萨克斯坦境内合作建设中哈输油管道二期工程，推进第二条中哈输油管道建设；"拓展两翼"，即在南翼适时建设中（中国）—吉（吉尔吉斯斯坦）—乌（乌兹别克斯坦）铁路以及中土（土库曼斯坦）天然气管道，相机建设瓜达尔港—新疆油气运输线或伊朗—巴基斯坦—新疆原油、天然气管道输出线，在印度对接产油国，打开联通波斯湾油气富集区的陆上能源通道。此外，在北翼抓紧完成奎（奎屯）—克（克拉玛依）—阿（阿勒泰）（北屯）铁路建设，尽快开通中俄喀纳斯口岸，开辟中国新疆和俄罗斯的公路交通走廊，抓紧建设中（北屯）俄（新西伯利亚）铁路，规划建设中（克拉玛依）俄（新西伯利亚）原油、天然气管道，打通俄罗斯直通我国的第二条陆路能源通道。[3]

吴爱军、吴杰在《中国进口石油安全战略通道分析》一文中，通过对现有的和可能的能源通道加以比较分析，指出中哈石油管线不经第三国，且所经区域政治稳定、社会安宁、合作风险小。中哈两国长期保持的良好政治关系，哈萨克斯坦相对稳定的国内形势，都将大大提升这条油管的安全性。而中巴能源走廊由于巴基斯坦国内的基础设施较差，要实施这个方案需要进行大规模的基础建设，从成本以及经济效益的核算来讲，在短期

---

① 王小梅. 中亚石油合作与中国能源安全战略[J]. 国际经济合作，2008（6）；中国和平发展战略与中国—中亚能源合作[J]. 山东省农业干部管理学院学报，2007（4）.

② 蒋新卫. 中亚石油地缘政治与我国陆上能源安全大通道建设[J]. 东北亚论坛，2007（3）；中亚石油地缘政治与新疆建设能源安全大通道探析[J]. 新疆社会科学，2007（1）.

③ 张建锁，马永强. 构建国家能源资源安全大通道[J]. 今日新疆，2006（8）.

内实施有一定的难度，但从国家的安全战略来考虑，不失为一项可以备选的长远预案。①

王伯礼提出了包含西北5省和内蒙古在内的"177333"西北陆上能源资源通道布局，设计了17个资源地、7个入境口、3横3纵线路格局、3个战略性运输枢纽。②

庞昌伟提出国家中亚能源对接战略是丝绸之路经济带建设的突破口。③

2013年丝绸之路经济带建设启动以来，新疆确立了丝绸之路经济带核心区的战略地位，着力建设"三基地、一通道"。"三基地"指大型油气生产加工和储备基地、大型煤炭煤电煤化工基地、大型风电基地，"一通道"指国家能源资源陆上大通道。

3. 关于能源基地建设的国外研究

关于能源基地建设的国外研究主要体现在以产业集群理论为主的工业区位论、地域生产综合体理论、区域比较优势理论、产品生命周期理论、马歇尔的产业区理论、迈克尔·波特的产业集群理论和新产业区理论等理论中。而研究中亚能源地缘政治的学者有：美国的斯蒂格利茨、丹尼尔·耶金、库里，俄罗斯的格拉耶夫、丘福林、贝科夫、科勒涅耶夫，印度的杜尔西拉姆，哈萨克斯坦总统战略研究所的布拉特·苏尔丹诺夫、阿比谢夫、阿什姆巴耶夫、哈菲佐娃等，乌兹别克斯坦的阿诺施基娜，英国的约翰·布朗，日本的菅原纯、下斗米伸夫等。这些专家对中国新疆能源合作对接方中亚资源与经济的关系都有过阐述，并在研究中涉及国际政治问题。

（三）丝绸之路经济带构建框架下能源合作的内容及实施

在丝绸之路经济带构建框架下，能源合作应围绕油气电全产业链的核心业务进行广泛的延伸，涵盖以油气勘探、开发，油气储运、炼化，油气化工，

---

① 吴爱军，吴杰. 中国进口石油安全战略通道分析[J]. 长江大学学报，2006（8）.
② 王伯礼，张小雷. 中国西北陆上能源通道布局构想[R]. 乌鲁木齐：中亚地缘政治与区域经济合作学术研讨会，2010-08-07.
③ 庞昌伟. 能源合作："丝绸之路经济带"战略的突破口[J]. 新疆师范大学学报：哲学社会科学版，2014（4）：11-18.

煤电化工，工程服务，新能源开发，能源产品贸易等全产业链的环节。

1. 中国西北陆上国际能源通道体系成为合作的基础设施

（1）油气管线

①中哈原油管道

中哈原油管道是中国石油在中亚及俄罗斯地区投资建设的第一条管线，西起哈萨克斯坦里海之滨的石油重镇阿特劳，途经肯尼亚克、库姆克尔和阿塔苏，终点为中哈边界的阿拉山口—独山子输油管道首站，全长2 800多千米，被誉为"丝绸之路第一管道"。中哈原油管道是我国第一条国际原油长输管线，中国新疆境内的270千米已于2003年贯通，输油能力为600万吨/年。管道设计输油能力为2 000万吨/年，第一阶段的设计输送能力为1 000万吨/年，最终目标为运输能力达到2 000万吨/年。

②与西气东输二线工程对接的中亚天然气管道

中亚天然气管道总长度为1 833千米，分为A、B双线敷设，2009年12月12日已实现单线开通，年输送量达45亿立方米，2010年6月实现双管通气，2012年总体建成。在30年的运营期内，新疆段管道每年将从中亚地区向我国内地稳定输送约300亿立方米的天然气，并力争将气源扩增到供气400亿米^3/年。

③西气东输三线工程

西气东输三线工程（西三线）是继西气东输二线工程之后，中国第二条引进境外天然气资源的陆上通道，主供气源为中亚土库曼斯坦、乌兹别克斯坦、哈萨克斯坦3国的天然气，补充气源为我国塔里木增产气和新疆煤制天然气。其中，进口中亚天然气250亿米^3/年，塔里木增产气和新疆煤制天然气50亿米^3/年，西三线设计年输送量达300亿立方米。工程主要包括1条干线、5条支干线、3条支线。干线西起新疆霍尔果斯口岸，东至福建省福州市，全长7 378千米，途经新疆、甘肃、宁夏等10个省、自治区。西三线支线管线将与陕京一线、陕京二线以及川气东送管道共同组成国内横贯东西、纵穿南北的综合天然气管网。

④建设中的西气东输四线、五线工程

西气东输四线工程起于新疆乌恰县，经甘肃河西走廊，止于宁夏中卫市，线路全长3 123千米，项目总投资677亿元。西气东输四线工程计划于2020年3月开工建设，2022年投产运行。

西气东输五线工程起于新疆乌恰县，计划输往江浙一带，设计年输送量达450亿立方米。与西气东输五线工程连接的国外段即中亚天然气管道D线。

⑤新疆煤制气外输管道

2015年11月，国家发展改革委正式核准了中国石化新疆煤制气外输管道工程（简称"新气管道"）项目。新气管道项目总投资1 300多亿元，主要建设内容包括1条干线和6条支干线，全长合计约8 400千米。其中干线起自新疆昌吉州木垒县，终于广东韶关，设计年输量为300亿立方米。

新气管道配套多个气源。主供气源为新疆准东综合示范区的煤制天然气［包括中国石油化工集团公司（简称中石化）80亿立方米煤制气项目及新疆多个煤制气项目］。远期气源为伊犁地区的煤制天然气、中石化西北地区的常规天然气等，以及煤层气和页岩气。

⑥"萨拉布雷克—吉木乃"天然气管道

继《中哈两国政府间萨拉布雷克—吉木乃天然气管道建设和运营合作协议》的签订，哈萨克雷克—吉木乃天然气管道跨境段正式铺设和对接完成，输气管道全线贯通。

⑦拟建的中俄原油、天然气管道新疆段

拟建的中（克拉玛依）俄（新西伯利亚）原油、天然气管道新疆段争取在中俄西线工程建成后完成，力争年供气量达300亿～400亿立方米。

⑧中（中国）巴（巴基斯坦）管道

随着丝绸之路经济带南线和中巴经济走廊建成，从瓜达尔港陆路转运石油至新疆，将使中国经由阿拉伯海及马六甲海峡12 000多千米的传统运输路线缩短到约2 400千米。

中巴管道从巴基斯坦的瓜达尔港起，翻越红其拉甫山口到达新疆泽普。

一旦启用，中巴管道将成为我国的"能源走廊"，中东、非洲的原油可以通过这条管道进口到我国。新疆能源通道中巴段石油运输量较大，这一线路成为中国新疆—环阿拉伯海能源链构建的关键。

（2）铁路及公路成为跨国能源运输载体

①与哈萨克斯坦相连的铁路

乌（乌鲁木齐）阿（阿拉山口）铁路是新疆通往中亚的第一条铁路，西经新疆阿拉山口口岸与哈萨克斯坦铁路接轨。乌阿铁路在扩大与俄罗斯—中亚经济合作的基础上，保持并扩大运力，扩大能源进口。

精（精河）伊（伊宁）霍（霍尔果斯）铁路向西延伸与哈萨克斯坦铁路接轨。建设霍尔果斯至哈萨克斯坦萨雷奥泽克的铁路，可减缓阿拉山口的能源运输压力，并增加原油进口的数量。这条铁路未来将与哈萨克斯坦的阿拉木图铁路接轨。

乌精二线（乌鲁木齐至精河的复线）、奎屯至北屯的新建铁路，争取尽早与哈萨克斯坦的铁路联成网络。

②与俄罗斯相连的铁路路线

奎屯至北屯的新建铁路，以北屯站为起点，经哈巴河县，延伸至喀纳斯口岸，至布尔津。沿中俄公路通道走向，建设连接新疆北屯至俄罗斯比斯克的铁路，形成新的中俄铁路通道和连接第一、第二欧亚大陆桥的纵向铁路通道，甚至北接俄罗斯的新西伯利亚，与俄罗斯境内的东起符拉迪沃斯托克、西至莫斯科的欧亚大陆桥接轨。

在俄罗斯铁路向中国运送原油800万～1 200万吨/年的基础上改造轨距，输油能力争取达到3 000万吨/年。

③中吉乌铁路

促成中吉乌国际铁路，并与南疆铁路共同形成亚欧大陆桥的南部新通路。这一线路大幅缩短从新疆到中东和波斯湾的路程，同时积极推进了中国的能源"西进"战略，经吉尔吉斯斯坦从里海地区输入油气资源。

④中巴能源运输铁路

目前，新疆的南疆铁路已延伸到喀什。喀什距巴基斯坦白沙瓦760千米，尚无铁路，白沙瓦至奎达有400千米铁路需新建，还有300千米只需改造现有的铁路。如果这些铁路线路修通，铁路延伸能将新疆与莫斯科、德黑兰连接起来，石油、天然气和石油制品可通过铁路进入中国，从而减轻中国对印度洋航线的依赖。

⑤与跨国铁路能源运输相配套的新疆铁路网络

在乌鲁木齐—精河铁路复线、吐鲁番—库尔勒铁路复线、奎屯—克拉玛依—北屯新线等铁路建设基础上，完成续建和新建的5条铁路建设，包括精伊霍铁路、乌鲁木齐至精河复线、南疆铁路吐鲁番至库尔勒二线、奎屯至北屯、乌鲁木齐至准东铁路等，形成基本上覆盖新疆各主要行政区的铁路网络，并进一步连接中国内陆和中亚地区。到2050年，加强和完善区域铁路网，形成3条环线、5条对外通道，辐射边防口岸，连接中亚、西亚和南亚国家，覆盖全疆的铁路网。

⑥能源运输的跨国公路建设任务

在新疆与中亚地区"一纵三横"国际大通道的框架基础上，改建新疆与俄罗斯、哈萨克斯坦等国家相连的口岸公路。国际能源运输公路的贯通，并与中国新疆境内的312国道、315国道、219国道相连，将构成新疆能源通道的公路运输网络，形成新疆能源通道公路运输的基础。

考虑修复中巴之间的喀喇昆仑公路，适时建设阿尔泰区域中俄能源公路通道。

（3）与跨国能源输送相配套的电网体系

丝绸之路经济带能源合作的四大跨国输电线路设想：

一为起自吉尔吉斯斯坦、乌兹别克斯坦、塔吉克斯坦3国，经"吐尔尕特—伊犁—乌鲁木齐—哈密—永登—乾县"，抵达环渤海经济圈电力负荷中心线路，电源为吐尔尕特口岸吉乌塔3国电力、吉木乃口岸哈萨克斯坦电力。

二为"喀什—库尔勒—托克逊"线路,对接吐尔尕特,联通吉乌塔3国电力和塔吉克斯坦西南水电基地。

三为塔吉乌中吐尔尕特口岸输电线路(安集延—吐尔尕特—喀什输电线路),接中亚电网,输入塔吉乌3国水电、火电。

四为"斋桑—吉木乃—克拉玛依"线路,接东哈萨克斯坦州(简称东哈州)北部联合大电网和阿勒泰电网,以东哈州水电、火电,汇入伊犁、乌鲁木齐输电网络。

2. 东北亚油气管线

中俄原油管道起自俄罗斯的斯科沃罗季诺,止于黑龙江大庆。管道全长近1 000千米,设计年输油量1 500万吨,最大年输油量3 000万吨。根据两国达成的"贷款换石油"协议,2011年1月到2030年,中国将获得总供应量达3亿吨的石油。2015年5月俄罗斯首次取代沙特,成为中国最大的原油供应国。目前,941千米的中俄原油管道二线启动,年输送量达1 500万吨。

从2018年起,俄方向中国供应380亿立方米天然气,以后输气量逐年增加,最终将达到600亿立方米。全长1 629.3千米的俄中天然气东线管道——"西伯利亚力量"中国支线将于2019年12月20日启动供气。气源地为雅库特恰杨金气田和伊尔库茨克科维克金气田。

二、丝绸之路经济带能源合作在丝绸之路经济带建设中的地位

(一)能源合作是丝绸之路经济带框架的重要内容

构建丝绸之路经济带要创新合作模式,加强"五通",即政策沟通、道路联通、贸易畅通、货币流通和民心相通,以点带面,从线到片,逐步形成区域大合作格局。丝绸之路经济带具体合作框架包括能源合作、经贸产业合作、互联互通、区域经济合作、金融合作。

能源合作已完成能源通道的构建，基本建成了多个油气合作区，能源贸易及能源工程技术服务稳步推进。特别是随着丝绸之路经济带核心区国家战略的推出，新疆正积极建设"进口油气资源产业加工集聚区""进口矿产资源产业加工集聚区""化工产品出口产业集聚区"，新疆与周边国家资源能源安全合作加工基地和产业集群雏形已现。其中，新疆能源基地建设布局发展方向为：以产业化为导向，构建以四大石化基地与五大煤炭产业基地为主、众多园区为支撑、产业集群化的国际能源合作体系。

（二）能源合作是丝绸之路经济带建设的突破口

1. 能源合作奠定了丝绸之路经济带建设的基础

丝绸之路经济带建设启动之前，中国已与共建国进行不断深化的能源合作。截至2017年3月31日，中国新疆与周边国油气合作已有一定规模，新疆阿拉山口中哈输油管道累计原油进口量过亿吨。为了扩大输油量，中哈签署了《中国石油天然气集团公司与哈萨克斯坦国家石油天然气股份公司关于中哈原油管道二期工程建设的基本原则协议》《中华人民共和国和哈萨克斯坦共和国关于进一步深化全面战略伙伴关系的联合宣言》，双方将加快实施中哈天然气管道一期（C 线）扩建和二期（别伊涅乌—博佐伊—奇姆肯特）建设，并加强原油管道扩建，使其达到每年2 000万吨的输油能力。自2009年管道A线竣工投产霍尔果斯口岸开始向国内输气以来，已形成A、B、C三线并行输气格局，年输气能力达到550亿立方米，每年从中亚国家输送到国内的天然气占全国同期消费总量的15%以上。截至2017年12月31日，A、B、C三线累计输气2 032.33亿立方米。目前正在建设D线，签订的合同已达年向中国输气680亿立方米。随着中亚天然气管道C、D线建成，2018年由中国石油天然气集团有限公司（简称中石油）在土库曼斯坦承建的加尔金内什气田二期项目形成300亿米^3/年商品气的产能后，按合同规定2020年土库曼斯坦向中国出口的天然气总量可达650亿立方米，2020年后中亚天然气管道将向中国市场供气达850亿~1 000亿立方米。

能源合作的顺利推进，为全面振兴丝绸之路经济带奠定了坚实基础，也为其他领域的合作开辟了新的空间。

2. 能源合作在丝绸之路经济带建设中取得率先突破，具有示范效应（见表1-1～表1-5）

自2013年9月丝绸之路经济带倡议提出以来，中国与周边国家能源合作成绩突出，达成石油收购、石油加工厂等重大项目的多项合作协议。

中石油、中国国家开发银行与土库曼斯坦国家天然气康采恩签署《关于土库曼斯坦加尔金内什气田300亿立方米/年商品气产能建设工程设计、采购、施工（EPC）交钥匙合同》《关于土库曼斯坦增供250亿立方米/年天然气的购销协议》及项目建设融资合作协议。

中石油与俄罗斯天然气工业公司、诺瓦泰克公司分别签署了《俄罗斯通过东线管道向中国供应天然气的框架协议》《关于收购亚马尔液化天然气股份公司股份的股份收购协议》。

中哈两国国家石油公司达成了《全面战略合作规划协议》。

中乌两国签署了《关于建设和运营中乌天然气管道的原则协议第二补充议定书》《关于成立合资公司补充勘探和开发卡拉库里投资区块油气田的原则协议》《关于乌兹别克斯坦白松和苏尔汗区块油气地质勘探和开发可行性研究谅解备忘录》。①

中俄还签订了为期30年高达4 000亿美元的天然气供应协议。

表 1-1 2013 年丝绸之路经济带倡议下中国与中亚四国宣言和条约中有关能源领域的合作

双边协议	能源合作内容
中土关于建立战略伙伴关系的联合宣言	确保中国—土库曼斯坦天然气管道 A、B 线安全稳定运营，在各自责任方位内实施好阿姆河右岸天然气区块开发项目；完成C线建设并做好输气准备，启动D线建设，确保2016年建成并通气，实现每年通过天然气管道运送土库曼斯坦天然气达到650亿立方米的目标

① 庞昌伟. 能源合作："丝绸之路经济带"战略的突破口[J]. 新疆师范大学学报：哲学社会科学版，2014（2）：13.

续表

双边协议	能源合作内容
中哈关于进一步深化全面战略伙伴关系的联合宣言	确保油气田勘探开发生产、油气运输等共同项目长期安全稳定运营，努力做好中哈原油管道扩建和投入运营工作，使其达到双边协议约定的2 000万吨/年的输油能力；加快实施中哈天然气管道一期扩建（C线）和二期（别伊涅乌—博佐伊—奇姆肯特）建设，以及阿特劳炼化厂现代化改造项目建设和阿克套沥青厂建设；鼓励和支持两国企业在油气田勘探开发、原油加工和扩大对华能源出口等新项目上开展合作
中乌关于进一步发展和深化战略伙伴关系的联合宣言和中乌友好合作条约	继续扩大能源合作；努力保障中国—乌兹别克斯坦天然气管道长期安全稳定运营；加强石油和天然气联合勘探和开发合作
中塔关于进一步发展和深化战略伙伴关系的联合宣言	加强油气资源勘探、开发以及加工、综合利用方面合作，确保双方已商定的能源基础设施项目顺利实施，发展可再生能源领域合作；密切协调配合，全力保障中国—中亚天然气管道D线塔吉克斯坦境内段项目顺利施工，在《中华人民共和国政府与塔吉克斯坦共和国政府关于天然气管道建设运营的合作协议》基础上，磋商建立确保中塔天然气管道长期安全稳定运营的机制；进一步扩大矿产资源共同勘探开发和加工合作，实现互利共赢

表1-2　丝绸之路经济带倡议下中国与中亚能源贸易合作开发项目一览表

时间	合作国家	内容
2013年	吉尔吉斯斯坦	中国华荣能源股份有限公司控股的吉尔吉斯大陆油气有限公司与吉尔吉斯石油天然气股份有限公司约定共同开发位于吉尔吉斯斯坦贾拉拉巴德州费尔干纳盆地的油气项目
2013年9月	土库曼斯坦	中石油与土库曼斯坦国家天然气康采恩签署增供250亿立方米天然气的协议
2013年9月	土库曼斯坦	中石油承建土库曼斯坦复兴气田南约洛坦年产100亿立方米产能项目投产

续表

时间	合作国家	内容
2013年9月	哈萨克斯坦	中哈达成《中国石油天然气集团公司与哈萨克斯坦国家油气公司关于全面战略合作规划协议》和《中国石油天然气集团公司与哈萨克斯坦国家油气公司关于卡沙甘项目购股确认协议》，以50亿美元收购卡沙甘油田8.3%股份
2013年9月	乌兹别克斯坦	《关于建设和运营中乌天然气管道的原则协议第二补充议定书》《关于成立合资公司补充勘探和开发卡拉库里投资区块油气田的原则协议》《新丝绸之路石油天然气有限责任公司创建协议》《新丝绸之路石油天然气有限责任公司章程》等一系列协议的签署
2014年5月	土库曼斯坦	中石油土库曼斯坦巴格德雷合同区第二天然气处理厂投产。5月8日，中石油复兴气田年产300亿立方米增供气总承包项目奠基。这是近年全球最大的总承包项目之一。项目建成后，生产的天然气将输往中国
2014年8月	哈萨克斯坦	洲际油气股份有限公司收购哈萨克斯坦马腾石油公司95%的股份，拥有了东科阿尔纳油田、马亭油田和卡拉阿尔纳油田的开采权
2014年8月	吉尔吉斯斯坦	熔盛重工增发14亿股收购新大陆油气公司在吉尔吉斯斯坦全资子公司60%股权，从而获得该公司在吉尔吉斯斯坦拥有的大型油田合作经营权益
2014—2018年	土库曼斯坦	中石油复兴气田二期开发项目
2014年12月	哈萨克斯坦	中国庆华能源集团煤炭清洁综合利用项目
2014年12月	哈萨克斯坦	"扩大油气领域科技合作协议"签订，根据该协议，双方将采用聚合物驱、精细注水等提高采收率的技术提高哈萨克斯坦油田的采收率，同时探讨天然气化工合作相关事宜

续表

时间	合作国家	内容
2015年3月	哈萨克斯坦	总理卡里姆·马西莫夫访华落实哈中原油管道扩建、哈中天然气管道二期建设、奇姆肯特炼厂改造项目，扩大在煤炭领域的合作，深化核领域合作
2015年	哈萨克斯坦	淮油股份、创越集团、融汇湘疆获得哈萨克斯坦Galaz and company LLP公司100%的股份，获得该公司在哈克孜奥尔达（Kyzylorda）地区NW-Konys矿床内的油气探矿权
2015年11月	吉尔吉斯斯坦	新疆国际实业公司投资建设的托克马克炼油厂生产的汽油、柴油、液化气等产品不仅在吉尔吉斯斯坦国内销售，还将返销中国及销往周边国家
2016年1月	哈萨克斯坦	巴丹莎（BADAMSHA）风电项目总承包给中国水电工程顾问集团有限公司
2016年4月	哈萨克斯坦	哈萨克斯坦国家油气公司将旗下油气国际公司罗马尼亚分公司51%的股份转让给中国华信能源有限公司
2016年9月	哈萨克斯坦	《中华人民共和国政府和哈萨克斯坦共和国政府关于"丝绸之路经济带"建设与"光明之路"新经济政策对接合作规划》签署，双方表示愿意促进天然气、石油、石油产品、石化产品等贸易，在新能源等新兴产业领域加强合作，发展具有潜力的产能合作项目

资料来源：中国驻中亚各国使馆经商参赞处、国际能源网、中国能源网。

表1-3 丝绸之路经济带倡议下中国与中亚新能源开发一览表

时间	合作国家	内容
2013年	吉尔吉斯斯坦	中国政府提供贷款,新疆特变电工集团有限公司承建的吉尔吉斯斯坦"南部电网改造项目"竣工
2014年	哈萨克斯坦	中国广核集团有限公司与哈萨克斯坦国家原子能工业公司签署了核能领域互利合作协议,计划在哈萨克斯坦建立合资企业生产核燃料组件
2014年	乌兹别克斯坦	乌兹别克斯坦与中国企业合作,在纳沃伊自由工业经济区建设100兆瓦光伏电池板生产线,在吉扎克特殊工业区兴建年产5万台太阳能集热器生产企业
2015年	哈萨克斯坦	新疆金风科技在与哈萨克斯坦产业投资主管部门、新能源投资企业和有关的金融投资服务、工程建设施工和物流行业企业共同商讨时,提出金风科技将在新疆能源战略框架内,大力推动两国政府提出的跨国输电合作,并提出在哈萨克斯坦建设千万千瓦级能源基地的设想
2016年1月	哈萨克斯坦	中国电建集团所属水电顾问集团与哈萨克斯坦巴丹莎(BADAMSHA)风电项目公司签署 BADAMSHA 风电项目总承包合同,这是哈萨克斯坦政府重点支持的中亚地区最大的新能源工程
2017年9月	乌兹别克斯坦	新疆金风科技在乌兹别克斯坦塔什干州的金风750千瓦风机运行。而特变电工下属的新能源公司大型并网逆变器已出口哈萨克斯坦,顺利并入哈方电网,在技术领域持续取得新的突破

表1-4　中国与中亚油气管道合作项目一览表

时间	合作国家	内容
2003年6月	哈萨克斯坦	中哈签署了分阶段建设从哈萨克斯坦阿特劳—中国阿拉山口输油管道协议，一期2006年竣工，二期2009年投产
2004年7月	哈萨克斯坦	中哈各自参股50%成立"中哈管道有限公司"（KCP），负责中哈原油管道项目投产、工程建设、管道运营等业务
2005年12月	哈萨克斯坦	中哈原油管道项目一期开始投油，并于2006年5月全线通油
2006年4月	土库曼斯坦	中土关于输气管道建设的框架协议
2007年8月	土库曼斯坦	中国—中亚天然气管道土库曼斯坦段开工
2007年11月	哈萨克斯坦	哈萨克斯坦国家石油天然气公司与中石油签署关于未来管道建设的原则性协议
2008年4月	乌兹别克斯坦	中石油和乌兹别克斯坦石油天然气公司组建了合资企业Asia Trans Gas有限责任公司，负责输送能力为300亿立方米的乌—中天然气管道设计、建设和运营，管道将通过乌兹别克斯坦，把土库曼斯坦的天然气输往中国
2008年6月	乌兹别克斯坦	中国—中亚天然气管道乌兹别克斯坦段开工
2008年7月	哈萨克斯坦	中国—中亚天然气管道哈萨克斯坦段开工
2009年7月	哈萨克斯坦	中哈原油管道二期工程建成，哈萨克斯坦到新疆西部全线贯通
2009年10月	哈萨克斯坦	中哈输气管道别伊涅乌—奇姆肯特与中国—中亚天然气管道相连，输气能力从100亿立方米可拓展至150亿立方米

时间	合作国家	内容
2009年12月	土库曼斯坦、乌兹别克斯坦、哈萨克斯坦	中国—中亚天然气管道A线贯通，据协议未来30年每年向中国输气300亿立方米
2010年10月	土库曼斯坦、乌兹别克斯坦、哈萨克斯坦	中国—中亚天然气管道B线贯通，实现双线通气，气源为土库曼斯坦
2011年2月	土库曼斯坦	中土双方就土方向中国每年增供200亿立方米天然气达成共识
2012年10月	土库曼斯坦、乌兹别克斯坦、哈萨克斯坦	中国—中亚天然气管道A、B线300亿立方米输气能力建设全部完成
2012年9月	土库曼斯坦	中国—中亚天然气管道C线开工建设
2013年6月	哈萨克斯坦	广汇能源将哈萨克斯坦斋桑湖的天然气资源输往我国境内的吉木乃县，成为我国首条由民营企业投资建设的跨国能源通道项目，年输气量为5亿立方米
2013年9月	土库曼斯坦	中国—中亚天然气管道D线建设启动，定于2016年建成通气
2014年4月	吉尔吉斯斯坦	中国—中亚天然气管道D线吉尔吉斯斯坦段可研报告获得吉尔吉斯斯坦政府批准，在D线管道3个过境国中首个获得可研审批。D线途经乌兹别克斯坦、塔吉克斯坦、吉尔吉斯斯坦
2014年5月	乌兹别克斯坦、哈萨克斯坦	中国—中亚天然气管道C线投产，并将在2015年年底达到年250亿立方米的设计输气能力。C线与A、B线并行铺设，线路总长1 830千米
2014年9月	塔吉克斯坦	中石油与塔吉克斯坦签署相关协议，协商成立高级别管理委员会，共同推进中国—中亚天然气管道D线塔吉克斯坦段的建设。9月13日，中国—中亚天然气管道D线塔吉克斯坦段开工建设

表1-5 中国从中亚各国进口的天然气量（单位：万吨油当量）及所占比重

时间		2010年	2011年	2012年	2013年	2014年	2015年
土库曼斯坦	进口量	316.482	1 264.712	1 914.156	2 160.592	2 286.700	2 489.163
	进口量占中亚总进口量比重	100%	100%	99.30%	88.91%	90.02%	93.59%
乌兹别克斯坦	进口量			13.525 7	255.875 6	218.053 2	138.362 5
	进口量占中亚总进口量比重			0.70%	10.53%	8.58%	5.20%
哈萨克斯坦	进口量				13.736 49	35.551 14	32.003 08
	进口量占中亚总进口量比重				0.57%	1.40%	1.20%
中亚总体	进口量	316.482	1 264.712	1 927.682	2 430.204	2 540.304	2 659.528
	进口量占中国总进口量比重	21.73%	45.92%	51.84%	52.32%	48.60%	49.16%

资料来源：根据UN comtrade数据库油气资源贸易数据计算（https：//comtrade.un.org/）。

（三）能源合作对于丝绸之路经济带框架其他合作领域的影响力

丝绸之路经济带合作框架包括能源合作、经贸产业合作、互联互通、区域经济合作、金融合作。其中，能源合作是丝绸之路经济带建设的战略突破口。较之其他四个方面的合作，能源合作成果尤为突出，且对其他四方面合作具有较大的带动、推进作用。

1. 能源合作对经贸合作、产业合作的促进

（1）促进贸易便利化

能源贸易带动贸易方式创新，促成贸易和投资自由化、便利化。能源合

作国家间在海关、检验检疫等方面合作并加强政策交流，优化口岸通关设施条件，形成标准、海关程序的一致化，消弭监管环境和商品流动等方面的壁垒，优化投资法律法规，在经贸部长会议机制框架下形成了电子商务、质检、海关、发展过境潜力、投资促进五个专业工作组。

（2）带动产业纵深合作

能源贸易只是丝绸之路经济带能源合作的最初级的形式，伴随着能源合作的深化，能源合作已由贸易领域向产业合作渗透。其中，中俄在天津炼化厂和亚马尔气田液化天然气等项目中的合作，实现了能源上下游产业链的整合。能源合作促进了丝绸之路经济带的产业合作，促进了产业结构、产业组织优化，能源通道形成的交通经济带又影响着产业布局演进。

2. 能源合作对互联互通的促进

互联互通以基础设施建设、完善区域交通运输、形成产业分工合作为基础，建立整体服务体系关系促进共同发展。丝绸之路经济带能源合作采取以管道、电网为主，铁路、公路运输并重的能源供给模式，形成了包含油气管道、公路、铁路、电网的通道体系，极大地促进了互联互通。

3. 能源合作对区域经济合作的推进

（1）能源合作符合区域经济合作要旨

根据上海合作组织成员国元首理事会第十三次会议上习近平《弘扬"上海精神"，促进共同发展》的讲话精神，力主创建上海合作组织框架内的能源俱乐部，通过协调能源合作，保证供求关系的稳定性，促进能源安全，并在提高能效、开发新能源等方面开展广泛合作。树立互利共赢意识，强化合作、联合自强，以能源合作为突破口形成丝绸之路经济带的利益共同体。这一主张与哈萨克斯坦设想的"2050年发展战略"、土库曼斯坦力推的"强盛富民"时代目标、吉尔吉斯斯坦主张的"国家稳定发展战略"、乌兹别克斯坦强调的"福利与繁荣年"规划相契合。

（2）能源合作带动区域合作发展

在能源合作的带动下，丝绸之路经济带部分经济空间内交易成本递减，引致贸易和投资成本迅速下降，推进贸易、物流和投资便利化，进而促进区域经济深化合作。能源合作促成了一些重大基础设施及与资源项目配套的设施建设，而在这些项目的基础上区域合作向其他领域拓展。

（3）能源合作推进区域经济合作组织机制

能源合作也推动了丝绸之路经济带区域经济合作组织机制的优化，丝绸之路经济带区域已形成上海合作组织、中亚区域经济合作机制、联合国经社理事会"中亚经济专门计划"、联合国开发计划署"丝绸之路区域合作项目"、中国新疆"亚欧博览会"、喀什—中亚南亚商品交易会、新疆塔城蔬菜旅游文化节暨中亚—新疆塔城进出口商品交易会等各层级的区域合作机制。

（4）能源综合通道构建区域经济发展的"点轴模式"

能源合作推进丝绸之路经济带能源过境口岸、节点的建设，并以能源综合通道为轴线展开辐射，依托沿线交通基础设施和能源基地，优化域内生产要素配置，促成区域经济一体化，最终实现区域经济与社会同步发展。能源合作推进了贸易投资便利化，深化了经济技术合作，构建了区域经济发展的"点轴模式"。

4. 能源合作对金融合作的影响力

（1）能源合作带动国际组织间及金融机构间的协作

①上海合作组织银联体

2005年10月形成的《上海合作组织银行间合作（联合体）协议》框架，包含中国国家开发银行、俄罗斯对外经济银行、哈萨克斯坦开发银行、吉尔吉斯共和国结算储蓄公司、乌兹别克斯坦共和国国家对外经济银行、塔吉克斯坦国民银行。上海合作组织银行联合体应运而生。在银联体框架下，协议银行构建了上海合作组织区域内有效融资机制，为成员国合作项目提供融资便利。① 该组织框架也成为解决能源合作资金的重要途径。其中，2012年中石化通过这一框架内的低息贷款融资达20亿美元，实施了奇姆肯特炼油厂的现代化改造工程。

②中亚区域经济合作机制推进能源合作

由亚洲开发银行力倡的中亚区域经济合作（CAREC）机制，包含中国、蒙古、阿富汗、阿塞拜疆、格鲁吉亚、哈萨克斯坦、吉尔吉斯斯坦、乌兹别克斯坦、巴基斯坦、土库曼斯坦和塔吉克斯坦11个成员国，俄罗斯也作为观察员参与这一机制。这一机制旨在推动资本、货物、人口的区际流动，致力于为工商界提供服务。CAREC机制将能源作为优先发展的四大领域之一，推进建立能源市场化运行机制，促进区域能源贸易。为此CAREC能源行业协调委员会推出了能源合作计划，积极维护各成员国能源安全。此外，在CAREC机制框架中的中亚区域经济合作工商论坛倡导下，中亚各国政府、多边机构及工商界人士每年筹资20亿～30亿美元，用于推动CAREC机制下的区域能源、贸易和交通便利化建设。

③亚洲基础设施投资银行和丝路基金

成立于2015年12月的亚洲基础设施投资银行（简称亚投行），是政府间亚洲区域多边开发机构，旨在重点扶持亚洲地区互联互通建设及推进经济一体化。

成立于2014年12月的丝路基金，致力于在基础设施、资源开发、产能合作等领域向共建"一带一路"国家提供投融资支持。

近年来，亚投行和丝路基金在丝绸之路经济带能源合作领域中发挥了重要作用。为提高哈萨克斯坦的电力供应能力，2018年3月亚投行为哈萨克斯坦卡拉干达的40兆瓦太阳能发电项目提供债务融资。2018年6月，丝路基金又与哈萨克斯坦阿斯塔纳国际交易所达成框架协议，通过下设中哈产能合作基金认购阿斯塔纳国际交易所部分股权，完成了中哈产能合作基金建立后的第一单投资项目。

① 邢广程，等. 上海合作组织研究[M]. 长春：长春出版社，2007：70-71.

24

与此同时，丝路基金与乌兹别克斯坦国家石油天然气控股公司签署合作协议，为乌兹别克斯坦油气相关项目提供美元和人民币投融资支持。由此可见，亚投行和丝路基金已成为中国新疆与周边国资源能源合作的直接投融资平台。

④与其他国际金融机构合作

能源合作还涉及如下国际主流金融机构：世界银行、国际货币基金组织、亚洲开发银行、欧洲复兴银行等。这些金融机构积极支持丝绸之路经济带能源合作，如国际银团给予中俄合资图尔盖彼得列乌姆股份有限公司5亿美元的联合贷款，用于生产投资，并以向中国出口原油的方式偿还贷款。该项目在贷款期内经中哈原油管道向中国出口约200万吨原油。

（2）能源合作带动贸易双方本币结算

能源合作改变国际能源贸易以美元计价体系，带动贸易双方本币结算，使投机资本对能源贸易的冲击得到遏制，维护了国际能源贸易稳定性，让能源价格理性回归。丝绸之路经济带能源合作推动下，中俄金融合作进展较快，如表1-6所示。其中重要成果为，2004年10月6日中国与俄罗斯、哈萨克斯坦、塔吉克斯坦、吉尔吉斯斯坦、白俄罗斯共同作为创始成员国在莫斯科成立EAG（Energy Action Group，欧亚反洗钱与反恐融资小组）。

表1-6　丝绸之路经济带能源合作促进了中俄金融合作

时间	中俄金融合作进展
2014年10月13日	中俄签订为期3年的1 500亿元人民币兑8 150亿卢布的双边本币互换协议
2015年11月	俄罗斯央行决定将人民币纳入其外汇储备
2016年6月25日	中国证券监督管理委员会与俄罗斯联邦中央银行在北京签署证券期货监管合作谅解备忘录
2017年11月	EAG通过中俄牵头的关于保险洗钱研究报告，并与国际金融监测培训中心（ITMCFM）签署合作谅解备忘录
2018年6月	中俄签署关于电子商务合作的谅解备忘录

在能源合作的带动下，中国银行业金融创新，于2011年首推人民币对坚戈直接汇率项目下的坚戈现汇业务，标志着中哈能源贸易结算进入直接汇率的市场化阶段。2012年4月，哈萨克斯坦人民银行通过摩根大通有限公司上海分行将设立的代理账户变更为法人办理人民币结算业务。2012年6月18日中国工商银行阿拉木图分行与哈萨克斯坦BTA银行签约"中哈双币通"清算系统，标志着两国贸易可直接以人民币结算，不仅规避了美元汇率风险、减少汇率损失，而且推动了双方贸易额快速增长。目前，在丝绸之路经济带能源合作的推进中，中国银行、中国工商银行、中国农业银行、中国建设银行、国家开发银行、中国进出口银行已在俄罗斯设立子行和代表处。自2010年中国人民银行开办人民币对俄罗斯卢布即期交易（交易主体为具备银行间即期外汇市场会员资格的机构，交易方式为询价和竞价，实行做市商制度）以来，2016年，中俄跨境人民币收付合计304.6亿元，同比增长27.7%。2018年8月，哈萨克斯坦中国石油（阿克纠宾）油气股份有限公司与新疆阿拉山口翰林贸易有限公司签订协议，约定自2018年7月1日起双方石油副产品硫黄交易以人民币计价结算。这是中哈双边贸易结算的又一新突破，标志着中哈石油副产品硫黄贸易以人民币计价结算正式落地，也标志着大宗能源产品以人民币计价结算取得重要突破。

由于不经第三国转汇，企业资金结算速度得到提升，结算经营成本降低，且当日清算使企业避免了汇率波动造成的损失。以油气为代表的能源交易在丝绸之路经济带贸易中占较大比重，中国、俄罗斯、哈萨克斯坦三国货币成为结算币种，并纳入国际收支及贸易核销体系，为推进贸易合作奠定了政策基础。

2015年中国人民银行与塔吉克斯坦央行签署了30亿元双边本币互换协议。

至2017年，中亚五国在新疆分别开立了32个人民币同业往来账户和20个非居民机构人民币结算账户，新疆经常项目跨境人民币实现收付结算额为172亿元，同比增长28.5%；资本项目跨境结算额为154亿元，同比增长54.2%。

这些金融合作为能源合作及贸易合作中双方本币结算奠定了基础。

（3）能源合作促成区域金融中心建设

在丝绸之路经济带能源合作的推进中，2017年12月4日，新疆维吾尔自治区出台了《丝绸之路经济带核心区区域金融中心建设规划（2016—2030年）》。文件指出，逐步形成乌鲁木齐区域性国际金融中心中央区、喀什区域金融贸易区次区域金融中心、霍尔果斯离岸人民币试点金融港的"一核两翼"的丝绸之路经济带核心区区域国际金融中心；积极推进人民币贸易结算区域化、金融衍生品以及结构性金融产品服务区域化，构建功能完备、立足新疆、面向中亚和南亚、辐射丝绸之路经济带沿线国家的区域性国际金融中心。

喀什和霍尔果斯为核心区区域金融中心的次中心。建设喀什金融贸易创新示范区，将其建成南疆四地州以及国家向西开放的重要金融平台。建设霍尔果斯及中哈霍尔果斯国际边境合作中心跨境金融服务中心，将霍尔果斯打造成区域性国际金融港，着力支持丝绸之路经济带国家的货币流通与金融合作，为国内企业和中亚企业提供"境内关外"的金融服务。

三、丝绸之路经济带能源合作在"一带一路"倡议中的定位

（一）丝绸之路经济带能源合作是"一带一路"倡议的突破口

1. 能源合作奠定了丝绸之路经济带建设的基础

丝绸之路经济带倡议提出前后，中国与其他共建国不断深化能源合作。截至2014年1月，中亚管道已累计向中国输送天然气达700亿立方米，中国从中哈管道共进口6 362万吨原油（中哈原油管道达产为2 000万吨/年）。随着中亚管道C、D线建成，2018年由中石油在土库曼斯坦承建的加尔金内什气田二期项目形成300亿米^3/年商品气的产能后，按合同规定2020年土库曼斯坦向中国出口的天然气总量可达650亿立方米，2020年后中亚天然气管道将向中国市场供气850亿～1 000亿立方米。

2. 能源合作在"一带一路"建设中取得率先突破，具有示范效应

如前所述，能源合作在丝绸之路经济带建设中取得率先突破，进而亦为在"一带一路"建设中取得率先突破，且具有示范效应。自2013年9月丝绸之路经济带倡议提出以来，中国与周边国能源合作成绩突出，达成石油收购、石油加工厂等重大项目的多项合作协议。

中石油、中国国家开发银行与土库曼斯坦国家天然气康采恩签署《关于土库曼斯坦加尔金内什气田300亿立方米/年商品气产能建设工程设计、采购、施工（EPC）交钥匙合同》《关于土库曼斯坦增供250亿立方米/年天然气的购销协议》及项目建设融资合作协议。

中石油与俄罗斯天然气工业公司、诺瓦泰克公司分别签署了《俄罗斯通过东线管道向中国供应天然气的框架协议》《关于收购亚马尔液化天然气股份公司股份的股份收购协议》。

中哈两国国家石油公司达成了《全面战略合作规划协议》。

中乌两国签署了《关于建设和运营中乌天然气管道的原则协议第二补充议定书》《关于成立合资公司补充勘探和开发卡拉库里投资区块油气田的原则协议》《关于乌兹别克斯坦白松和苏尔汗区块油气地质勘探和开发可行性研究谅解备忘录》。①

中俄还签订了为期30年高达4 000亿美元的天然气供应协议。

3. 能源合作是"一带一路"及经济走廊整体规划的起点

能源合作是中国"一带一路"及经济走廊规划总体框架的重要起点，在"一带一路"倡议中具有示范作用。

"一带一路"倡议包含新亚欧大陆桥、中国—中亚—西亚、中蒙俄、中巴、中国—中南半岛、孟中印缅六大国际经济合作走廊（以下简称经济走廊）建设的内容。经济走廊是集通道、城市、产业于一身，以铁路、公路、航空航运线、油气管道、电网、电缆为载体，建立以交通沿线为辐射的优势产业

---

① 庞昌伟. 能源合作："丝绸之路经济带"战略的突破口[J]. 新疆师范大学学报：哲学社会科学版，2014（2）：13.

群、城镇体系、口岸体系以及边境经济合作区的交通经济带。

尽管经济走廊是一个次区域发展规划，但有力地支撑了"一带一路"倡议的实施。中巴、新亚欧大陆桥、中国—中亚—西亚、中蒙俄经济走廊成为丝绸之路经济带能源合作的载体，也是丝绸之路经济带倡议实施的叠加。

（1）能源合作推进中巴经济走廊建设

以新疆南疆为起点、作为丝绸之路经济带建设突破口的中巴经济走廊带状经济区，是贯通海上丝绸之路的重点建设内容。走廊分为东西两线，以新疆喀什、阿图什为中心区域，经塔什库尔干、红其拉甫口岸，进入巴基斯坦的苏斯特、洪扎、吉尔吉特、白沙瓦，西线至巴基斯坦伊斯兰堡、奎达、瓜达尔港，形成全长4 625千米的交通大动脉，东线考虑建成高铁抵卡拉奇（即从伊斯兰堡经苏库尔、海德拉西到卡拉奇），支线从伊斯兰堡经白沙瓦，至拉瓦尔品第区域。其中，中巴铁路将经过赫维利亚、阿巴塔巴德、吉尔吉特。经济走廊扩展区为塔里木盆地南部、和田地区，并西延到库尔勒、乌鲁木齐昌吉地区；辐射区包括中吉乌、塔吉克斯坦卡拉苏。

中巴经济走廊的建设将使中国新疆的出海距离从3 500千米缩短到1 500千米，同时形成中亚国家快捷的出海通道，并联通印度和中东地区，使中国新疆通过瓜达尔港建立起与中东、非洲、南亚、欧洲等地的广泛联系。在中巴经济走廊沿线开展重大项目、基础设施、能源资源、农业水利、信息通信等多个领域的合作，创立更多工业园区和自贸区，并将其影响扩大到南亚、西亚地区。[①]

（2）能源合作推进"中国—中亚—西亚经济走廊"建设

中国—中亚—西亚经济走廊从霍尔果斯口岸出境，经中亚五国、伊朗、伊拉克、土耳其，终点为地中海沿岸及阿拉伯半岛。中国与沿线中亚国签署了与共建丝绸之路经济带相关的双边合作协议，经济带涉及区域具有建设契合点，能与哈萨克斯坦的"光明之路"、塔吉克斯坦的"能源交通粮食"战

---

① 牛彪. 中巴经济走廊探析[J]. 改革与开放，2014（4）：38.

略、土库曼斯坦"强盛幸福时代"等战略对接。

中国积极拓展对外经济项目，在中国—中亚天然气管道D线的建设基础上，完成乌兹别克斯坦安格连1×150兆瓦燃煤火电厂总承包项目、塔吉克斯坦"瓦赫达特—亚湾"铁路项目、杜尚别2号热电厂项目，深化了中国与中亚的能源合作。预计2020年中亚天然气管道D线完工，届时中国—中亚天然气管道整体输气量将达850亿立方米。

（3）能源合作推进新大陆桥经济走廊建设

依托新大陆桥经济走廊创建新疆国际物流合作基地、大宗散货交易中心，在哈萨克斯坦东门经济特区物流基地和新疆霍尔果斯共建物流场站，借鉴中巴经济走廊的"1+4"合作整体推进模式，以能源、交通基础设施和产业合作为重点，形成产业合作园区，采取"工业园+交通基础设施+能源管道"的方式，以能源资源合作形成倒逼走廊整体发展机制。

（4）能源合作推进中蒙俄经济走廊建设

中蒙俄经济走廊建设有利于推动中俄双方长期原油贸易，促进东西线天然气、上游油气开发、煤电一体化等能源大项目合作。中蒙俄经济走廊战略的重要支撑项目——中俄东线天然气管道工程，2014年9月俄罗斯境内段"西伯利亚力量"管道开工，2015年6月29日中国境内段管道在黑龙江省黑河市开工。这也标志着联结中俄陆上能源通道全线启动建设。此项目设计输量380亿米^3/年，并配套设地下储气库。

（二）丝绸之路经济带能源合作是"一带一路"倡议下维护中国经济安全的重要内容

处于工业化中后期的中国，以制造业为主向高端制造业演进的经济结构将导致更多能源消耗。我国目前每年进口原油量约2亿吨，石油进口对外依存度从1995年的6.4%增至现在的60%以上，《BP 世界能源展望（2016年）》曾预计2035年中国的石油对外依存度将升至76%。而且进口来源地集中在中东及非洲，海运方式进口路线单一，高度依赖霍尔木兹海峡、马六甲海峡。这些形势表明，我国能源运输面临着较大的挑战。

　　从国际能源格局看，世界能源逐渐向"中东—中亚—俄罗斯"、美洲两个供给出口中心和美国、欧洲、亚太三大消费中心位移，这与丝绸之路经济带能源合作在"中东—中亚—俄罗斯"供给出口带和亚太、欧洲两大消费中心区域叠合，亚太市场的中国区逐渐成为全球能源消费中心。

　　严峻的能源形势背景下，作为丝绸之路经济带国内部分核心区的新疆建成中国重要的陆上能源大通道和能源基地，直接关系到整个国家的能源安全。

　　丝绸之路经济带能源合作形成了保障国家能源供应的多元化安全通道。与存在诸多不稳定因素的中东海湾地区相比，和安全局势相对稳定的环里海俄罗斯—中亚地区的能源合作成为多国的选择。在新疆能源大通道构建中，面向俄罗斯—中亚和南亚次大陆的能源合作，成为我国能源安全的突破口。

　　新疆是我国陆上与中亚和中东产油区之间最便捷的陆上通道。中哈原油、中亚天然气管道建设项目的完成，标志着中国成功打通了经过新疆的境外陆路石油运输通道，俄罗斯—中亚及伊朗等环里海国家的油气资源均能通过该管道运输出口到中国新疆。将里海大陆架与新疆能源通道相连，为我国能源保险增加了一道重要的安全保障。

　　随着丝绸之路经济带能源合作的深化，新疆能源性资源的深度开发，环里海俄罗斯—中亚地区的巨量能源供给，及新疆能源运输大通道功能的发挥，将构成中国能源安全体系的子系统，并上升为国家经济安全内容。

　　能源合作并非"一带一路"倡议最主要的目标，但确为其重要组成部分。能源合作涉及中国西北陆上能源通道的拓展、中国新疆—环阿拉伯海能源链构建及新能源开发等领域。

　　新疆已形成较好的能源合作实施的基础。以新疆国际能源基地为基础，依托已建成的中国—中亚天然气管道A、B、C线（D线在建），加上中哈原油管道、中俄西线能源通道及规划中的中吉电力输送项目等，中国新疆与俄罗斯—中亚现有的和设想中的能源输送网络，进一步构建通向中东和里海的能源陆上贸易通道，从而推进丝绸之路经济带核心区建成"泛亚全球能源桥梁"的战略步骤实施，成为丝绸之路经济带的建设内容。

截至2019年6月30日，中哈原油管道累计输送量突破1.26亿吨。2010年至2018年，中哈原油管道连续7年输油量超过1 000万吨，占哈萨克斯坦原油年出口量的16%，中国已经成为哈萨克斯坦第二大原油出口对象国。中国—中亚天然气管道的天然气输送量占据中国进口的1/5，截至2019年6月，中国—中亚天然气管道投产以来累计输气量达到2 774亿立方米。

而丝绸之路经济带南线和中巴经济走廊建成后，中国新疆—环阿拉伯海能源链贯通，从瓜达尔港陆路转运石油至新疆，将使中国经由阿拉伯海及马六甲海峡12 000多千米的传统运输路线缩短到约2 400千米。

新能源作为中国的新兴战略性产业，中国能够向欧亚国家输出风电与太阳能装备、储能、与电网的衔接等技术。在新能源领域，欧亚国家具有与中国合作的巨大潜力。目前中国新疆新能源产业开始与周边国家实现市场对接。尤其在核电领域，中俄核电等合作取得阶段性成果。中方与沙特、哈萨克斯坦等国就太阳能领域合作达成共识。而在中巴经济走廊建设中，水电、核电等领域的能源合作已起步，如在巴基斯坦旁遮普省恰希玛建立了两座民用核反应堆。

目前，丝绸之路经济带能源合作已建成国家能源资源陆上大通道，形成保障国家能源资源安全机制。积极推动中哈石油管线二期工程建设，逐步扩大原油的进口规模；加快西气东输四线、五线、六线等输气通道项目实施，提高中亚天然气进口量；加快中石化"新粤浙"煤制气管线建设，保障新疆煤制气的输送，形成5 000万吨原油、1 000亿立方米天然气和新疆煤制气以及3 000万千瓦疆电外送的通道能力。丝绸之路经济带核心区新疆将建成"国家大型油气生产加工和储备基地、大型煤炭煤电煤化工基地、大型风电基地和国家能源资源陆上大通道"，形成比较优势明显的能源密集型产业承接转移聚集区和进口资源加工区，为中国社会经济发展提供多元、安全、稳定、可靠的能源资源，完善我国能源资源安全保障体系。

在"一带一路"倡议框架下，中国西北陆上能源战略大通道与东北亚通道、中缅通道、海上通道构成了中国四大能源通道，成为维护国家能源安全的框架体系。

四、丝绸之路经济带能源合作的理论基础、指导原则和主要任务

（一）研究综述及理论基础

1．涉及能源安全问题的研究

国内学术界近年来对能源安全问题进行了有益的探索，在学术界和社会各界的广泛关注和参与下，我国的能源安全研究取得了大量的成果。

国家发展和改革委员会能源局组织专家对相关问题进行研究，比如组织"中国能源安全"类课题研究等，取得相应成果。

中国现代国际关系研究院经济安全研究中心有系列研究，如由时事出版社出版的《全球能源大棋局》，从国际大国的视野论述了中国的能源安全战略。

魏一鸣、范英、韩智勇、吴刚等每两年编著《中国能源报告》，根据国际国内能源经济的形势变化选择不同的主题进行有针对性的研究。该报告侧重于实证性与政策性，重点关注中国的能源供需状况、能源储备战略、能源安全形势等，并且就相关问题给出政策性建议。如在新的时代背景下，《中国能源报告（2018）：能源密集型部门绿色转型研究》根据世界和中国能源市场的发展态势及出现的新特征，聚焦电力、钢铁、水泥、化工、建筑和交通等能源密集型部门，评估了能源密集型部门绿色发展水平，探讨了能源密集型部门绿色转型的潜力及发展路径，预见了能源供应、加工转换及储运、能源使用和末端治理等过程的技术发展前沿，并模拟了中国能源密集型部门绿色转型的政策。[①]

王金南、曹东在《能源与环境——中国2020》一书中，从能源与环境、能源发展战略方案的环境分析、能源发展面临的四大环境挑战、能源与环境可持续发展政策分析、若干重要能源环境政策方案几个方面入手，重点对能源安全中的生态环境安全问题进行了系统研究。

---

① 丁佳.《中国能源报告（2018）》发布[EB/OL]. http://news.sciencenet.cn/htmlnews/2019/1/422030.shtm.

安尼瓦尔·阿木提主编的《石油与国家安全》一书，从冷战后世界石油经济的战略态势、石油与国家经济安全、石油与军事、石油与政治、石油争夺与外交、未来世纪的石油形势与危机6个方面综合分析了石油与国家安全的关系，又对包括中国在内的主要大国的石油安全问题进行了研究与分析。

吴磊的《中国石油安全》从石油安全的历史理论与现实、石油的未来、21世纪初世界石油供求既有价走势、国际石油工业与环境安全、中国石油安全形势、中东石油与中国未来石油安全、中亚石油与中国石油安全、亚太地区石油安全形势与中国、中国石油安全中的俄罗斯与美国因素、西方国家石油安全政策评价、跨国石油投资和国际石油贸易的风险管理11个方面入手，全面系统地分析了中国的石油安全问题。

查道炯的《中国石油安全的国际政治经济学分析》则从政治经济学的视角，从国际关系、能源外交的角度对中国的石油安全进行了分析与研究。

邓光君在博士学位论文《国家矿产资源安全理论与评价体系研究》中，以石油为例子，分析了获取外部资源的问题，提出了价格风险、进口源地风险和运输风险对能源安全的影响，并指出资源价格定价的话语权、进口来源地单一、运输方式和手段缺乏必要的军事保障也是影响能源安全的因素。

褚玦海、李辉的《石油期货交易》对世界及中国的石油期货问题进行了研究，为中国建立石油期货市场保障石油安全提供了参考。随着中国经济的迅速发展，中国在石油安全方面面临新挑战：一是进口量连续增长，油价高位波动加大了中国经济运行成本；二是中国石油进口来源过于集中在地缘政治复杂多变的地区；三是中国石油贸易体系尚处于起步阶段；四是中国石油市场制度建设有待进一步完善；五是中国石油预警、预测及应急体系有待建立。[①]

赵建安、郎一环针对能源保障风险体系加以研究，进行了风险分类和分级。按风险源不同，他们将风险分为资源风险、生产风险、运输风险、销售风险和消费风险5个类别；按承险体不同，分为二次能源产业风险、耗能产业

---

① 转引自熊韶辉. 论中国实现石油安全的贸易战略和策略[D]. 北京：对外经贸大学，2007：9.

风险、其他产业风险、人文社会风险、生态环境风险5个类别；按风险发生的概率高低，分为极低、低、中等、高和极高5个级别；按风险损失大小，分为极高风险、高风险、中等风险、低风险、极低风险。该研究的目标是建立和健全包括煤炭与石油在内的能源保障风险管理机制。[①]

2. 能源安全的指标体系构建

在能源性矿产资源安全评价理论与方法方面，我国的专家学者做了大量的研究工作。这些工作对进一步研究能源安全影响因素、建立能源安全评价体系、实施有效的能源安全战略等起了重要的促进作用。

吴文盛提出了包括8个指标在内的石油资源安全评价指标体系，并确定了安全等级的划分与安全标准等。王礼茂将资源安全评价指标体系分为资源、政治、经济、运输和军事5个方面，每个方面又包括几个指标。资源方面包括资源保障度、资源储备度、对外依存度、进口集中度、进口份额5个指标；政治方面包括政治关系稳定度和国内政治稳定度2个指标；经济方面包括短期和长期资源进口能力以及价格波动系数3个指标；运输方面包括运输距离和运输线的安全度2个指标；军事方面包括对资源供应地的军事控制和干预能力、对重要运输要道的控制能力2个指标。他运用该指标体系对中国的石油和粮食安全状况进行了初步评估。

张大超等建立了3个层次的指标：第一层次将国家资源安全指数分为国内保障度和国外保障度2个一级指标；第二层次将国内保障度分为资源存量、资源开发、生态环境、资源利用4个二级指标，将国外保障度分为国际政治、军事因素、运输因素、国际市场、企业竞争力、资源来源6个二级指标；第三层次将上述的10个二级指标又细分为26个三级指标。[②]

孙永波、汪云甲将矿产资源安全指标体系分为国内资源禀赋、供给需求与使用、国家安全保障能力及措施3个方面。国内资源禀赋包括出量占世界出

① 赵建安，郎一环. 能源保障风险体系的研究——以煤炭和石油为例[J]. 地球信息科学，2008（4）：419-425.
② 张大超，等. 矿产资源安全评价指标体系研究[J]. 地质技术经济管理，2003（10）：20-24.

量的比重、储采比、人均资源量、资源储量探明程度4个指标；供给需求和使用包括矿产资源对外依存度、生产消费速度比、进口来源集中度、运输距离与线路安全、单位国内生产总值（GDP）矿产资源消耗量5个指标；国家在国外控制的储量比例、战略储备、政策的合理性与完备性、经济实力等4个指标则构成了国家安全保障能力与措施方面。[①]

胡小平在《矿产资源供应安全评价》中提出了国别矿产资源安全评价体系和一国矿产资源安全评价体系，将矿产资源安全评价进行了国与国之间和一国内部划分，对前者建立了国内资源禀赋、供应需求状况、国家安全保障能力和措施3个层次共23个指标的体系，对后者建立了国内资源禀赋、资源在经济发展和国家安全中的重要性、供应和需求状况、国外资源可得性3个层次共32个指标的评价体系。[②]

在分析影响资源安全的5个主要因素的基础上选择14项指标组成了资源安全评估体系后，郭小哲、段兆芳提出了涵盖突变、效益、供需、环保、效率以及石油安全的特殊监测体系。

在2005年11月11—12日于济南召开的中国自然资源学会年会上，国土资源部全球资源战略研究开放实验室项目"石油安全指标体系与综合评价"（编号：kfs200402）负责人、国土资源部咨询研究中心研究员何贤杰介绍，石油安全评价指标框架体系通过选取国内原油储采比、国内储量替代率、石油消费对外依存度、石油进口集中度、国际原油价格和国内石油储备水平6个核心指标，从国内资源禀赋、国内生产保障能力、国际市场可得性和国家应急保障能力等方面，综合反映了石油安全度。[③]

而中国社会科学院的郝吉分析了能源消费弹性系数等因素与石油安全的相关性，并根据石油安全评价体系（见表1-7）对我国石油安全加以测度。

---

① 孙永波，汪云甲. 矿产资源安全评价指标体系及方法研究[J]. 中国矿业，2005（4）：36-37.

② 胡小平. 矿产资源供应安全评价[J]. 中国国土资源经济，2005（7）：6-8.

③ 中国正在建立石油安全评价指标体系[EB/OL]. http://news.sina.com.cn/o/2005-11-20/08577487357s.shtml.

表1-7　石油安全评价表

安全等级 评价指标	很安全	比较安全	基本安全	危险	很危险
	9分	7分	5分	3分	1分
石油对外依存度 （0.3）	20%以下	20%~30%	30%~40%	40%~50%	50%以上
石油储备天数 （0.3）	120天以上	90~120天	60~90天	30天~60天	30天以下
管线运输能力（0.2）	60%以上	50%~60%	40%~50%	30%~40%	30%以下
能源消费弹性系数 （0.2）	0.4以下	0.4~0.6	0.6~0.8	0.8~1.0	1以上

注：括号内为各项评价指标所占权重。［引自郝吉. 中国石油安全的测度分析[J]. 中国石油和化工经济分析，2007(2)：41-42.］

　　王礼茂、方叶兵在其之前的研究基础上，把影响石油安全的主要因素归纳为资源因素、政治因素、经济因素、运输因素、军事因素5个方面，从中选择16个指标，构建了评估国家石油安全的指标体系，并给出了每个指标的表达式。在对指标分级和量化的基础上，他们利用层次分析法，结合熵技术对指标权重进行修正，并将研究中一些难以完全量化的重要指标转化为半定量化指标，构建了较为客观全面、便于操作的石油安全评价指标体系。[①]

　　上述研究都从能源安全影响因素出发提出了不同的能源安全评价体系，并最终对国家能源安全进行了或定性或定量的评价，得出了一些有益的结论。但是从系统的角度分析，上述几种评价体系的指标设立都或多或少地存在一些不足或局限。

　　首先，指标体系的建立以及指标的分解有待于系统化和全面化。经济、政治、军事等因素都对能源安全有着重要影响，甚至能源利用政策和策略以及消费理念也能影响能源的安全。以技术进步为例，技术进步因素对能源的供给和需求具有双重影响，可以同时增加供给和减少需求，对能源安全有着重要影响，但是在上述评价模型中均没有得到直观的体现。而现实情况表明，技术进步与创新已经成为能源安全的重要影响因素。

---

① 王礼茂，方叶兵. 国家石油安全评估指标体系的构建[J]. 自然资源学报，2008（9）：821-830.

其次，部分指标难以准确量化评价，如外交关系稳定度等指标，只能做定性的大致评估；层次分析法和专家调查法也只能对指标做出定性的或者半定量的分析。而现实情形中，不同能源的安全影响因素显然不同，因此仅仅用安全不安全或者安全系数高与低来描述能源是否安全对实际工作的指导性不强。

最后，上述的能源安全评价体系只是将能源作为一种国家安全保障因素对能源安全指标进行分析和评价，而指标体系本身没有揭示出能源性资源的根本社会属性——凝结了人类劳动的、有价值的商品，因此没有从能源供给需求的均衡来分析能源的安全状态，从而没有从根本上揭示能源安全问题的本质，其得出的结论必然是片面的。

此外，沈镭等研究了中国能源安全战略的路径选择，重点考虑能源供给、能源生产、能源使用和运输安全、环境安全等，并提出了我国能源安全的战略框架。[①]

蔡国田等根据2014年中国提出的能源"四个革命、一个合作"的战略构想，即推进能源消费、能源供给、能源技术、能源体制革命以及全方位加强国际合作，依据经济地理的学科范式，基于空间视角对从顶层设计到项目实施全过程促使能源战略从政策的创新到有效落实进行了分析。[②]

3. 能源安全预警研究

能源的预警研究处于起步阶段，多为学术研究。一些主要的研究包括：王慧敏、陈宝书提出建立4个预警子系统和预警指标体系的设计原则、基本框架；迟春浩、黎永亮对影响能源安全的因素进行了分析，归纳出能源、政治、经济、运输、军事及可持续发展6个方面的要素，并参照国内外可持续发展研究理论，提出用压力指标、状态指标和响应指标来进行分类的共35项指标，初步建立了能源安全测度指标体系，突破了传统的风险预警模式，运用改进

---

① 沈镭，薛静静. 中国能源安全的路径选择与战略框架[J]. 中国人口·资源与环境，2011（10）：49-54.

② 蔡国田，等. 中国能源战略研究的经济地理学视角探讨[J]. 世界地理研究，2018（1）：95-98.

的神经网络方法建立了中国能源安全预警模型，同时对我国2010年的能源安全状态进行了尝试性预警分析，得出初步结论；刘强、姜克隽、胡秀莲在分析我国能源安全总体态势以及预警基本原则的基础上，建立了由4个子系统、5个构成要素、共46个评价指标组成的中国能源安全预警评价指标体系；孙梅、田立新、徐俊通过建立能源安全指标体系，应用因子分析法，构建了能源安全监测预警系统，并对上海的能源安全形势进行了分析；李继尊在分析影响能源安全因素的基础上，选取了涵盖煤炭、石油、电力和综合评价4个子系统在内的54个预警指标，运用主成分分析和二阶回归方法建立了中国能源预警模型，同时创建了中国能源预警指数的概念并确定了计算方法和预警界限值，测算了1995—2007年中国能源预警指数和各子系统的安全度。

此外，刘钰、田泽对石油企业经济风险进行了分析，并提出预警对策；李凌峰建立了4个石油安全评价模块和18项评价指标体系；[1]范秋芳基于BP神经网络原理构建出石油安全预警指标体系等；[2]邹艳芬、魏晓平通过模型分析中国能源安全的经济性和社会作用，进一步提出完整的战略实施顺序：建立符合国情的石油战略储备体系→重开国内石油期货交易→建立国家能源安全的预警体系→实施国际化能源战略→增强国内能源企业的供应安全和国际竞争力。[3]

国内目前还没有一个完整的对能源系统的安全状态进行综合评价的能源安全预警系统。

4. 丝绸之路经济带能源合作研究

汪应洛等对丝绸之路经济带能源合作的通道建设进行了研究，分析了能源通道建设的格局、发展趋势和加快建设的策略。[4]郭菊娥等指出推进丝绸之路经济带能源通道的建设应充分发挥大数据的决策作用，采取国家和产业间联动发展模式、构建完善的金融支持体系、培养丝绸之路经济带建设型专业

---

① 李凌峰. 我国石油供应安全预警管理研究[D]. 成都：西南石油大学，2006.
② 范秋芳. 中国石油安全预警及对策研究[D]. 合肥：中国科学技术大学，2007.
③ 邹艳芬，魏晓平. 能源安全战略的实施顺序[J]. 资源科学，2005（5）：55-61.
④ 汪应洛，王树斌，郭菊娥. 丝绸之路经济带能源通道建设的战略思考[J]. 西安交通大学学报：社会科学版，2015，35（3）：31-35.

人才、加强丝绸之路经济带生态与环境保护等措施。[①]以丁晓星、胡鞍钢、赵华胜、庞昌伟为代表的学者认为，中亚地区是丝绸之路经济带建设的核心区，丰富的能源资源潜力以及连接亚欧的地缘政治优势使其成为共建丝绸之路经济带的关键节点。

5. 国际能源安全研究

作为国家安全重要组成部分的能源安全，已引起世界各国的普遍重视，当代重大国际政治经济格局的演变以及地区冲突和局部战争，均是围绕着全球能源及其供应格局的调整展开的。西方国家从20世纪六七十年代就开始研究以能源安全为代表的矿产资源安全问题，产生了大量研究成果，有Unal Tatar等的 *The Need for a Maritime Cyber Risk Management Framework*，穆罕默德·埃尔·贾迈勒等的《石油暴怒：黑金的全球诅咒》、西蒙·赖克和理查德·内德·勒博的《告别霸权！》，威廉·恩道尔的《石油战争——石油政治决定世界新秩序》，让·马里埃·席瓦利与帕特里斯·杰弗的《新的能源危机》，迈克尔·T.克莱尔的《资源战争——全球冲突的新场景》，Steve A. Yetiv的 *The Petroleum Triangle：Oil，Globalization，and Terror*，劳伦斯·R.格里、戴维·E.麦克纳布的《美国的能源政策变革中的政治、挑战与前景》等。同时，国外也开始关注和研究中国的能源安全问题，如迈克尔·伊科诺米迪斯的《能源：中国发展的瓶颈》、威廉·恩道尔的《石油大棋局：下一个目标中国》等。

（1）国际机构对能源及能源安全的研究

对能源问题研究高度重视的是国际能源署（IEA）[②]。该机构每年会出版 *Key World Energy Statistics*，提供世界主要能源在供给、交易、消费等方面的

---

① 郭菊娥，王树斌，夏兵."丝绸之路经济带"能源合作现状及路径[J]. 经济纵横，2015（3）：88-92.

② IEA 截止到 2018 年年底有 29 个成员国，分别是澳大利亚、奥地利、比利时、加拿大、捷克、丹麦、芬兰、法国、德国、希腊、匈牙利、爱尔兰、意大利、日本、韩国、卢森堡、荷兰、新西兰、挪威、葡萄牙、斯洛伐克、西班牙、瑞典、瑞士、土耳其、英国、美国、波兰和爱沙尼亚。

实时数据，希望促进各成员国的能源合作与发展，同时提高各成员国对石油供给潜在危险的警觉，共同维护世界能源稳定。该机构每年还会发布"世界能源展望""石油市场报告"，从能源供给、能源需求、能源冲击、能源价格波动等角度对能源安全相关的问题进行综合、系统的研究。该机构还对其他与能源安全相关的问题进行研究，比如关于新兴国家对能源的需求日益增多的研究，对国际石油市场供需矛盾以及未来需求的变动等进行研究。尤其是定期发布*International Petroleum Monthly*，对于石油相关的问题进行了跟踪研究。从历史的角度看，20世纪70年代第一次世界石油危机的爆发，给许多工业化国家造成了很大损害，此时人们才开始真正意义上关注能源安全，其实这时候的能源安全也仅仅是指保证供给与稳定供给，更确切地说应该是能源的供应安全。1974年受世界石油危机影响较大的几个国家成立了IEA，正式提出了以稳定原油供应和价格为核心的国家能源安全概念。IEA还建立起能源供应安全预警机制，利用对相关问题的研究优势定期发布能源安全预警。总之，IEA是在能源安全方面研究比较完善和先进的机构。

石油输出国组织（OPEC）每年就能源问题尤其是石油供需、国际油价波动等问题进行系统的研究，定期发布报告；对某些新兴国家如印度、中国高速增长的石油需求进行研究等。OPEC对能源的研究更多的是关注各国能源的供给与需求变动、国际油价的波动分析，对能源的安全预警分析相对较少。

亚太经济合作组织（APEC）能源中心也定期发布能源报告，对相关能源问题进行研究。不过该机构更多的是关注亚太地区的能源安全，属于区域性质的能源研究机构。

此外，联合国统计署、世界银行等机构也提供能源资源相关数据。

（2）主管能源的政府机构和国际大石油公司对能源安全问题的研究

在这方面的研究中，美国能源情报署是比较先进的。该机构对与能源相关的问题，尤其是与美国能源安全利益密切相关的问题进行跟踪研究。美国能源情报署在每年的"能源展望报告"中都对国际能源供给、需求、价格波动、能源储备等涉及能源安全的问题进行研究，并给出政策性建议。

对能源安全问题进行研究较有代表性的石油公司是英国石油公司（BP）。该公司每年发布"BP国际能源统计年鉴"，对世界能源的供需状况、变化趋势进行分析。[①]

（3）国外研究能源安全的主要观点

在能源安全对策研究中，国外同样存在两种基本理念：政府主导论和市场主导论，也有人把其归为重商主义和自由主义。重商主义的能源安全观点包括：一是国际能源关系是"无秩序"的，这意味着在国际能源领域中不存在超国家实体的稳定关系；二是国家或政府是无政府本质的国际能源领域的主要行为者；三是强调稳定的国际能源秩序是权力关系的结果。而自由主义的能源安全观点包括：一是非政府行为者对国际能源安全来说是重要的；二是市场而非国家权力在解决石油供应问题中扮演重要角色；三是国际机制不仅能防止国际能源关系的无政府状态，而且能促进能源关系方面的国际合作。

国际组织和学者们都对能源安全问题展开了一系列相关研究，取得了大量有价值的研究成果，并且能源经济学已成为一门专门以研究石油问题为主的经济学学科分支，主要研究和探讨石油价格的波动对世界石油市场供求关系和各国经济的影响。国际上研究能源经济学的学者们的研究也大多集中于探讨和分析国际油价的变动对世界石油供求和各国经济的影响这一问题。[②]

例如David K. Backus和Mario J. Crucini考察石油价格与贸易条件后发现最近25年石油价格的变动主要是由贸易条件的变化引起的，并且量的作用也是极不相同的。[③]

James D. Hamilton运用计量经济学方法证明了石油价格的变动与GDP增长之间呈现出非线性关系的特征。[④]

[①] 熊韶辉. 论中国实现石油安全的贸易战略和策略[D]. 北京：对外经贸大学，2007：8.

[②] 高建良，梁桂枝，黄越. 能源贸易与中国能源安全[J]. 科技和产业，2008（1）：92-98.

[③] DAVID K BACKUS, MARIO J CRUCINI. Oil price and terms of trade[J]. Journal of International Economics, 2000（50）：185-213.

[④] JAMES D HAMILTON. What is an oil shock[J]. Journal of Economics, 2003（113）：363-398.

Noureddine Krichene通过考察1918—1999年的世界原油与天然气市场,并对1918—1973年和1973—1999年这两个时期的原油与天然气的供给与需求弹性进行了估算,发现1918—1973年这一时期的原油与天然气价格稳定,而1973年之后石油与天然气价格变得极不稳定,反映了1973年石油危机以来世界石油与天然气的市场结构已经发生深刻的变化。[①]

此外,国外学者更注重丝绸之路经济带建设的区域政治经济效应和国际社会影响,对世界范围内各种势力在中亚地区形成的错综复杂关系、世界大国在中亚的能源战略与政策、能源资源竞争与博弈、各国对中亚的控制力与影响力进行了相关分析。

6. 能源安全评价的研究

能源安全储备的指标主要是储备天数。储备天数有3个不同的概念:一是储备资源相当于多少天的净进口量;二是储备资源相当于多少天的进口量;三是储备资源相当于多少天的消费量。现在许多欧盟国家把90天的消费量作为资源(石油)储备的标准。

20世纪70年代石油危机时期,西方国家为保持石油的稳定供应,曾要求IEA成员国石油的储备水平不少于60天的净进口量。此外,国际上评估能源安全的另一个指标是石油供应中断量占需求量的7%为临界值,如果超过7%就会严重影响石油安全,需要采取包括动用储备等措施进行干预。

(二)"能源外交多元化,共同能源安全"的重要原则

2014年6月13日,习近平总书记在中央财经领导小组第六次会议上首次提出"四个革命、一个合作"的能源安全新战略。"四个革命"即能源消费革命、能源供给革命、能源技术革命和能源体制革命,"一个合作"指全方位加强国际合作。2015年10月,中国共产党第十八届五中全会提出"创新、协调、绿色、开放、共享"的五大发展理念,其中"开放、共享"成为新时期能源国际合作的指导理念。要强化"共同能源安全""命运共同体"意识,要努力促使我国

[①] NOUREDDINE KRICHENE. World crude oil and gas: a demand and supply model[J]. Energy Economics, 2002(24): 557-576.

参与能源合作的各个行为体切实照顾合作对象国的利益与关切,促使合作对象国特别是其政治经济精英真正认识到加强对我国能源合作对其国家安全与发展的重大战略价值。同时还要借此推动上合组织成员国在能源俱乐部建设问题上尽快形成共识,争取早日建成上合组织统一能源空间。能源合作也是"命运共同体"建设的重要组成部分,因此,能源合作必须以成为"兴衰相伴、安危与共、同舟共济的好邻居、好朋友、好伙伴"为战略目标。

(三)丝绸之路经济带能源合作的目标任务

1. 能源合作初期阶段

在丝绸之路经济带建设的初期,借助中国与俄罗斯—中亚能源合作现有的基础和条件,巩固现有合作成果,合作对象以石油和天然气为主,能源合作范围围绕油气全产业链的核心业务进行广泛的延伸,在油气勘探、开发、油气储运、炼化、油气化工、工程服务、油气产品贸易等环节开展全产业链的合作。

丝绸之路经济带建设背景下,能源合作机制在上合组织框架下不断完善,朝国际化、规范化努力。能源合作伙伴除了俄罗斯—中亚国家,还有其他国家区域内的跨国集团和油气公司,初现丝绸之路经济带能源合作成果的全球共享、共赢局面。

2. 能源合作推进阶段

随着丝绸之路经济带建设的推进,中国与俄罗斯—中亚能源合作要进一步深化油气能源领域的合作,开展全方位的油气合作,在油气项目、石油金融、油气技术、人才培训、油气市场等方面深度合作。

同时,要探索合作战略的创新,寻找新的能源合作领域和合作范围,拓宽铀矿、煤炭、水力、电力、太阳能、风能、核能、生物能等能源合作范围。不断探索新的合作模式、合作行为规范,丝绸之路经济带能源合作的国际示范区凸显,中国—中亚能源合作的政治、经济、社会效益明显,并呈现出国际间的"溢出效应"。

3. 能源合作强化阶段

随着丝绸之路经济带建设的进一步推进，中国—中亚能源合作与过去粗放式的勘探生产和简单的能源贸易不同。丝绸之路经济带以带动和促进参与国经济现代化为要义，能源合作在满足合作双方利益诉求的同时，更加关注能源安全、效率与质量，追求能源的开发、转化、利用等技术的共享与互补。能源合作具有更高的积极性、更大的原动力、更强的合作意愿。

4. 能源合作优化阶段

随着丝绸之路经济带建设总体规划的调整、持续改进和优化，中国—中亚能源合作要寻找新的合作"蓝海"，扩大能源合作领域，开展新能源、非常规能源的合作，不断优化合作模式。

以能源为切入点的中国—中亚合作将起"龙头"作用，带动其他经济领域的全面合作。同时，丝绸之路经济带更具文化的引领作用，合作渗透于中国和中亚的方方面面，相互融合，互促发展，成为中国"一带一路"倡议的现实愿景版。[①]

五、丝绸之路经济带能源合作的重大战略意义

（一）拓展了中国经济发展空间

基础设施建设滞后对丝绸之路经济带共建国经济社会的发展和与中国的经贸合作形成了严重的障碍。而中国基础设施建设运营的规模大、水平高举世闻名。目前，中国拥有全世界最大的建筑产业，设计、建设了一大批当代工程奇迹，形成了全世界先进的融资、开发、建设体制。推进和完成基础设施建设，加强铁路、公路、管道等互联互通建设，推进通关和运输便利化，促进过境运输合作，研究三方跨境输电网建设，为合作提供基础保障。

---

① 余晓钟，等. 丝绸之路经济带建设背景下的中国—中亚能源合作战略研究[J]. 经济问题探索，2016（1）：150-152.

中国的工业门类齐全，基础雄厚，尤其是装备制造业发展迅速，在产业规模、技术水平等方面都具有国际竞争力，与俄罗斯和蒙古国开展国际产能合作潜力巨大、前景可观。

俄罗斯是中国推动国际产能和装备制造的重要支点之一，除了传统的能源领域，中俄在装备制造领域的合作步伐正在加快，如机械、航空、铁路、核能等领域，如中俄协作执行莫斯科—喀山700多千米的高铁干线的设计工作。

中亚在油气勘探开发、油气深加工、石油化工、油气管道铺设和改造、油气工程服务及技术创新、石油装备制造方面的市场需求潜力巨大，为中国乃至世界各国的油气合作提供了广阔的市场空间。

（二）是实现中国区域均衡发展的路径

丝绸之路经济带两端分布着国际经济最为活跃的两大经济圈（欧洲联盟、环太平洋经济带），共建国多为两大经济圈间的"塌陷区"。丝绸之路经济带能源合作自东向西拓展，贯通了中国西北贫困地区和一些欠发达国家，并以此为契机带动该区域的能源及基础设施建设，形成发展能力，最终促进区域经济协调发展。

中国贫困区域分布在"三重耦合地带"，即贫困地区与生态脆弱地区、民族自治地区、省界或边境地带高度耦合，族群型贫困特征突出。国家划定的14个集中连片特困地区中有9个片区属于少数民族主要聚集区，共有民族县366个。而这些区域既是"一带一路"倡议的实施空间，也是"一带一路"框架下推进反贫困战略的重点区域。

丝绸之路经济带南线起自珠三角，经广州—长沙—怀化—重庆—成都—阿坝州—格尔木—若羌—且末—和田—喀什—巴基斯坦伊斯兰堡—卡拉奇（印度洋沿岸），[①]与中巴经济走廊叠加，贯通了青海和新疆地区的贫困带。"一带一路"倡议启动后，建设基础设施，发展民生经济，可推进这些地区反贫困战略实施。

---

① 李雪梅，闫海龙，王伯礼. 丝绸之路经济带：新疆的布局和策略[J]. 开放导报，2014（2）：29-30.

在丝绸之路经济带能源合作的推进下民生工程"气化新疆"项目启动，已建成和在建南疆4条输气干线、6条支线，将建成环塔里木盆地2 485千米主管网和支线管网，以中亚进口天然气为主、辅之以新疆煤制天然气，重点解决少数民族地区民生问题，新疆所有县市区政府所在城镇100%实现燃气化。

丝绸之路经济带能源合作推进了少数民族地区贫困区基础设施建设和民生建设，带动特色产业发展、推动医疗和教育事业发展，形成了扶贫新机制，实现少数民族地区社会经济发展的"三大跨越"，即少数民族和民族地区发展实现新跨越、民族团结进步事业实现新跨越、边疆繁荣开放实现新跨越。

（三）符合多国利益，形成了良性的资源与市场互补

1. 能源合作形成了资源市场互补

中哈管道的油源供给由哈萨克斯坦和俄罗斯共同承担，50%的油源为哈萨克斯坦扎纳诺尔油田、阿克纠宾油田，另外50%油源为里海俄罗斯油田，形成中哈俄三国能源合作。同时，中哈原油管道项目还充分利用三国的资金、技术、管理等优势，完成了资源与市场的优势互补。

中石油在哈萨克斯坦能源领域投资总计超过100亿美元，实施十大油气合作项目，支持和促进了哈萨克斯坦经济社会发展。

在能源市场剧烈变化的背景下，国际能源价格变动存在变数，中亚形成共识：能源出口多元化，是降低政治经济双重风险、保证出口经济效益的唯一途径。丝绸之路经济带能源合作符合这些能源输出国的利益。

2. 能源合作带来直接的经济利益

（1）形成出口收入，扩大贸易额

丝绸之路经济带能源合作为共建国增加了贸易额和税收。中亚天然气A、B线管道投运达产300亿米³/年，为中国与中亚每年带来数十亿美元的贸易额，30年的贸易总额将逾数千亿美元。

（2）有助于吸引投资和拉动基础设施建设

丝绸之路经济带能源合作引发了对环里海区域油气开发追加投资，有助于通道经济带的开发及基础设施的建设，如带动了巴基斯坦瓜达尔港建设等。

（3）有助于经济带辐射区的物流畅通和资源供给

借助中亚天然气管道，哈萨克斯坦南部缺气各州每年可获得哈萨克斯坦西部100亿立方米天然气的供应，替代了乌兹别克斯坦进口气源。

（4）推进沿线及辐射区经济发展，带动就业、发展公益、引入技术

能源合作拉动能源通道沿线及辐射区经济，促进就业，促成设备业、材料及管道建设业发展。中石油在哈萨克斯坦建设的"恩巴—扎那若尔"铁路，不仅保障了生产需求，也为沿线的产品外销提供了物流运输平台。中亚油气合作极大地带动了资源国社会经济发展，吸收3.4万人就业，上缴300多亿美元税费，公益投入超过2亿美元。其中，中石油仅在哈萨克斯坦投资项目就向哈方上缴了税费260亿美元，公益投入超过2.3亿美元，累计吸收就业2.8万人。①同时，能源合作还带动了先进适用的油气储运技术外溢。

（四）强化了国际能源合作机制

丝绸之路经济带能源合作推动了上海合作组织（简称上合组织）能源一体化进程。早在2004年9月中哈原油管道建设期间，在上合组织总理会议上，俄方首倡上合组织能源俱乐部。2007年莫斯科上合组织能源部长会议形成共建上合组织能源俱乐部的共识，上合组织框架下区域性能源协调机构雏形形成。

能源开发和相关设施建设是中亚区域经济合作的重点，丝绸之路经济带能源合作符合各方意愿，丝绸之路经济带与欧亚联盟对接必将促进能源合作。

---

① 庞昌伟. 能源合作："丝绸之路经济带"战略合作的突破口[J]. 新疆师范大学学报：哲学社会科学版，2014（2）：11.

丝绸之路经济带能源合作成为各方能源对话合作的重要平台，并有望统一制定区域性能源战略、进行联合技术开发，甚至制度创新，共建政治法律领域，如试行统一的税制体系、能源价格市场化、统一能源运费标准、消除供应方的不当竞争等。①

---

① 许涛. 上合能源俱乐部显雏形[J]. 中国石油石化，2007（16）：32-33.

第二章
丝绸之路经济带构建框架下
能源合作概述

一、丝绸之路经济带能源合作空间布局

（一）丝绸之路经济带线路及空间界定

1. 丝绸之路经济带三条线路及辐射区域

丝绸之路经济带包括北、中、南三大经济轴线及其辐射空间。

北线路线为：中国京津唐地区（环渤海经济圈）—呼和浩特—额济纳旗—伊吾—将军庙—富蕴—吉木乃—哈萨克斯坦厄斯克门—俄罗斯莫斯科—圣彼得堡—芬兰赫尔辛基（波罗的海沿岸）。

北线从伊吾进入新疆，从阿勒泰地区穿过哈萨克斯坦厄斯克门和俄罗斯

鄂木斯克、莫斯科，抵波罗的海沿岸。辐射的新疆县市：伊吾县、巴里坤县、木垒县、奇台县、富蕴县、青河县、北屯市、阿勒泰市、布尔津县、吉木乃县、哈巴河县。

跨境支线通道：中国将军庙—克拉玛依—塔城—哈萨克斯坦阿亚古兹—卡拉干达—俄罗斯车里雅宾斯克—莫斯科。境外支线通道：俄罗斯莫斯科—白俄罗斯明斯克—波兰华沙—德国柏林—荷兰鹿特丹。辐射的新疆县市：木垒县、奇台县、吉木萨尔县、阜康市、克拉玛依市、托里县、和布克赛尔县、额敏县、塔城市。

中线路线为：中国上海—徐州—兰州—哈密—乌鲁木齐—精河—霍尔果斯—哈萨克斯坦阿拉木图—乌兹别克斯坦塔什干—土库曼斯坦捷詹—伊朗马什哈德—德黑兰（支线自德黑兰通波斯湾沿岸霍梅尼港）—土耳其安卡拉—德国慕尼黑—法国巴黎—加来（大西洋沿岸）。

跨境支线通道走向：中国吐鲁番—库尔勒—喀什—乌兹别克斯坦安集延—塔什干。

辐射的新疆县市：吐鲁番市、托克逊县、和静县、和硕县、焉耆县、博湖县、库尔勒市、尉犁县、轮台县、库车县、沙雅县、新和县、拜城县、阿克苏市、温宿县、柯坪县、阿瓦提县、巴楚县、伽师县、阿图什市、乌恰县。

南线线路为：中国广州—长沙—怀化—重庆—成都—阿坝州—格尔木—若羌—和田—喀什—巴基斯坦伊斯兰堡—瓜达尔（印度洋沿岸）。

区内支线通道：若羌—库尔勒—巴仑台—乌鲁木齐。

境内支线通道：防城—柳州—贵阳—重庆。

辐射的新疆县市：若羌县、且末县、民丰县、策勒县、于田县、和田市、洛浦县、墨玉县、皮山县、叶城县、英吉沙县、泽普县、莎车县、阿克陶县、麦盖提县、岳普湖县、疏勒县、疏附县、喀什市、塔什库尔干县。[①]

---

① 王伯礼. 丝绸之路经济带空间布局与伊宁市的战略定位[J]. 伊犁师范学院学报：社会科学版，2014（1）：72-75.

丝绸之路经济带三条线路从中国三大经济高地出发，贯通了亚欧大陆，形成广阔的经济辐射区域。从经济空间看，可涉及三大次区域：轴心区为中亚五国；重要区为环中亚经济带，包含俄罗斯—中亚、南亚次大陆和西亚地区（伊朗、伊拉克、叙利亚、约旦、土耳其、沙特等国）；拓展区包括环中亚地区、欧洲、北非等地，即俄罗斯、阿富汗、印度、巴基斯坦、伊朗、土耳其、沙特、伊拉克等国，还包括德国、法国、英国、意大利、乌克兰、埃及、阿尔及利亚、利比亚等地，涉及高加索的阿塞拜疆、亚美尼亚、格鲁吉亚以及东欧的白俄罗斯、乌克兰和摩尔多瓦等国。①

2. 丝绸之路经济带能源合作空间界定

目前丝绸之路经济带能源合作为"一轴两翼"的空间格局。"一轴"是以第二亚欧大陆桥横贯化石能源和矿产资源巨量的中亚成矿区域为主轴，从中国的连云港到中亚的里海，辐射到环里海地区哈萨克斯坦、俄罗斯、阿塞拜疆、伊朗等国，能源通道的主轴穿越第二亚欧大陆桥经济带，联合中国东、中、西三大地带，并通向中亚、西亚、中东和欧洲诸国，是拓展经济成长空间的一条最佳开发轴线。

"两翼"是第二亚欧大陆桥南北两翼的能源分布与生产布局，形成丝绸之路经济带的空间结构。在中国境内，南有柴达木盆地和四川盆地，北有鄂尔多斯盆地和银额盆地的能源与加工基地，形成若干与能源通道主轴相连的能源干线。在中国境外，形成南北两条能源干线：北线为从中国境内出发，穿越哈萨克斯坦到达俄罗斯西西伯利亚（秋明等）的线路；南线为穿越吉尔吉斯斯坦、乌兹别克斯坦，到达土库曼斯坦、并向伊朗延伸的线路。

在国内，丝绸之路经济带能源合作形成了以中国新疆为核心，以新亚欧大陆桥（包括精伊霍铁路）、南疆铁路及即将建设的中吉乌铁路、奎屯—克拉玛依—北屯铁路为扇轴，以阿拉山口、霍尔果斯等18个口岸为前沿，以南北疆中心城市及出口加工基地为依托，以石油石化产业支撑为扇面，向俄罗斯—中亚和南亚次大陆的开放体系。

---

① 胡鞍钢，等."丝绸之路经济带"：战略内涵、定位和实现路径[J]. 新疆师范大学学报：哲学社会科学版，2014（4）：2.

（二）丝绸之路经济带与中国西北陆上能源通道的路线比较

将丝绸之路经济带三条主要线路及辐射空间与能源基地空间、通道线路相比较，可以发现尽管丝绸之路经济带经济空间与现有的能源合作区域没有完全重合，但目前的能源通道与丝绸之路经济带中线、北线走向基本一致，而构想中的中巴、中吉能源通道也是丝绸之路经济带南线建设的重要内容。能源通道、能源基地完全分布在丝绸之路经济带沿线辐射空间中，反映出能源合作是丝绸之路经济带建设的重要内容。

二、丝绸之路经济带能源合作通道

（一）油气资源合作及能源通道拓展

1. 油气管道线路类

管道适用于陆路能源运输，具有运输量大、安全便捷、成本低等优点，可以连接并穿越各国油气田与炼制中心，是在国际石油贸易中与油轮海运相辅的最重要运输方式。20世纪60年代以来，世界输油管道发展迅速。在天然气国际贸易中，管道运输是主要形式，也是天然气经济发展的基础。

丝绸之路经济带能源合作以核心区新疆能源管线体系为依托，对接并融入了以下经新疆境内并延伸到其他区域的管道线路，并与中俄东管线相呼应。

（1）西气东输管道一线工程

作为"十五"期间国家建设的特大型基础设施，西气东输管道一线工程（西一线）将天然气富集的新疆塔里木盆地与豫皖苏浙沪地区相连。管道西起新疆塔里木轮南首站，经新疆、甘肃、陕西、宁夏、山西、河南、安徽、江苏、浙江至上海白鹤镇，依托干线管道和重要支线及储气库，连接沿线用户，形成了中国横贯西东的天然气系统。中石油从2005年开始启动西气东输"增输工程"，即在西气东输沿线建设20多座压气站，年输气能力由原来设计的120亿立方米提高到170亿立方米。西气东输正式运营后，随着中石油西气东输管道公司的增输工程和配套工程建设,冀宁支线、淮武联络线、续建和部分新建压气站及金坛储气库工程陆续投产。目前,西一线主干管道全长4 000千米,其运营管理的管道总长为6 722千米,管输能力西段达到170亿米^3/年,东段达到120亿米^3/年,覆盖人口近3亿。

①西一线线路

轮南首站—库尔勒—博斯腾湖以南—库米什南山—库鄯线减压站—南湖戈壁—红柳村—柳园—嘉峪关—张掖—武威—甘塘—中卫—定边—靖边—延川—临汾—郑州—淮阳—蚌埠南—南京—常州—苏州—上海。

②西一线的构建

2002年7月4日,中石油与壳牌、埃克森美孚、俄罗斯天然气公司以及中石化正式签署《西气东输工程合营框架协议》,西气东输项目启动。后来外资撤出,2003年12月,西气东输管道靖边—上海线先行投产,并开始向上海供气。2004年10月1日全线建成投产。2005年轮南—靖边段投产,实现全线贯通。投产至2008年年底,运营管理的管道总长度逐年增加,由投产时的1 483千米增加到6 722千米。管道已与塔里木、长庆、川渝和柴达木四大气区联网。管道工程投资400多亿元,上、中、下游投资额为1 400多亿元。

③西一线中新疆段的区位界定和主气源

A. 西一线中新疆段的区位界定

新疆塔里木盆地是西气东输的主力气源地,天然气从轮南首站进入西气东输管线。新疆在西气东输管道建设中担负1/4以上的工程任务,总计建设962千米的管道线路、28座阀室、5座站场和569千米的伴行路。新疆段起始轮南,途经轮台、库尔勒、博湖、和硕、托克逊、吐鲁番、鄯善、哈密等7个县市。

B. 西一线的主气源

1998年塔里木油田发现了大型整装天然气田克拉2,探明天然气地质储量2 840亿立方米。此后,这一区域又发现了大北、吐孜洛克、迪那、英买力、玉东、羊塔克等一批大中型天然气田。2007年塔里木油田已累计探明天然气地质储量8 400亿立方米，探明了库车—塔北、巴楚—塔西南、塔东3个天然气富集区。至2008年，塔里木油田生产天然气170多亿立方米，成为中国最大的天然气产区。2018年塔里木油田生产天然气260多亿立方米，累计探明天然气地质储量超过1万亿立方米，可以说是西气东输工程可靠的资源保证。

其中，2001年库车县境内迪那2气田已累计探明的天然气地质储量就超过1 700亿立方米。2007年10月，中石油塔里木油田分公司又在对新疆拜城县境内大北3井的勘探中获重大发现，初步探明大北3井构造区天然气资源总储量达1 300亿立方米。中石油发现了克拉2气田、迪那2气田、大北3井构造区3座储量超千亿立方米的大气田。

而位于新疆阿克苏地区的西气东输规划第二大主力气田英买力气田群，包括英买力、羊塔克和玉东3座油气田，探明天然气地质储量656.28亿立方米、凝析油及原油地质储量2 600万吨。英买力气田群产能建设项目设计天然气年产能力25亿立方米、凝析油年产能力50万吨、液化气年产能力4万吨。2007年4月，英买力气田群的内部集输、油气处理和外输管道等各项工程全面建成，达到设计生产能力。2007年4月始，气源注入西气东输管道干线，实现了西气东输首期规划的塔里木盆地"一大五中"①6座气田的全面建成。新疆英买力气田群与此前投产的克拉2号、牙哈和桑吉3座气田一道，使塔里木盆地具备了向西气东输一线年供气200亿立方米、稳定供气30年的储量资源。塔里木油田是我国陆上第三大油气田，目前已经建成克拉2、迪那2、克深、英买力、牙哈等多个大型气田，天然气产量占全国生产总量的1/6。

此外，2008年，吐哈油田实现了整装天然气勘探领域的实质性突破，在吐哈盆地北部山前带探明100亿立方米天然气储量。而新疆油田公司先后在准噶尔盆地南缘和腹地发现了多个大型气田，使这一区域天然气的探明储量达到1 348亿立方米，形成了西气东输的另一气源补充。

---

① "一大五中"：指位于新疆阿克苏地区境内的英买力气田群，以英买力气田为主，包括羊塔克、玉东、克拉2号、牙哈、桑吉5座油气田。

（2）中国—中亚天然气管道及西气东输二、三、四、五线工程

①中国—中亚天然气管道

A. 中国—中亚天然气管道建设的相关协议

1995年，中石油与美国埃克森公司、日本三菱公司共同开展了"土库曼斯坦—中国—日本"天然气管道的预可行性研究。后来又与壳牌、安然等多家石油公司共同对中国—中亚天然气管道的可行性进行研究。

1997年9月，中国政府与哈萨克斯坦政府在阿拉木图签署了《关于在石油和天然气领域合作的协议》，表示支持和鼓励双方的主管部门及相关企业直接联系，探讨进一步强化油气领域合作的途径，并不断扩大合作规模。2003年6月，中哈两国签署了《中华人民共和国和哈萨克斯坦共和国联合声明》，表示加强在双方油气能源领域的合作，并确保现有合作项目的顺利实施，对哈萨克斯坦—中国的天然气管道的可行性进行研究。2003年8月，中石油所属石油天然气勘探开发公司与哈萨克斯坦国家油气公司签署了《关于加快中哈原油管道一期工程建设与中哈天然气管道预可行性研究的备忘录》，并决定启动"分阶段建设哈萨克斯坦至中国天然气管道建设预可行性研究"项目。2003年11月，中石油和哈萨克斯坦国家油气公司签署了《关于共同开展铺设哈萨克斯坦—中国天然气管道工程预可行性研究工作的协议》。2004年5月，中哈两国签署的《中华人民共和国和哈萨克斯坦共和国联合声明》提出，"双方将加快对从哈萨克斯坦共和国—中华人民共和国的天然气管道铺设方案的研究"。2005年8月，哈萨克斯坦—中国天然气管道预可行性研究结束后，中石油又与哈萨克斯坦国家石油天然气公司签署了《关于联合开展哈萨克斯坦—中国天然气管道可行性研究的协议》。

鉴于哈萨克斯坦可供出口的天然气资源难以保障中国的需求，中国政府与中石油在进行土库曼斯坦购气的谈判的同时，开展了乌兹别克斯坦管道过境的谈判。2006年4月，中国政府和土库曼斯坦政府签署了《关于实施中土天然气管道项目和土库曼斯坦向中国出售天然气的总协议》，中石油和土库曼斯坦油气工业与矿产资源部签署了《关于建设中土两国天然气管道基本原则

协议》。根据框架性协议，土方承诺自2009年起的30年内，每年向我国出口300亿立方米天然气。2007年4月30日，我国与乌兹别克斯坦签署了《中华人民共和国政府与乌兹别克斯坦共和国政府关于建设和运营中乌天然气管道的原则协议》。2007年7月17日，国家主席胡锦涛与土库曼斯坦总统别尔德穆哈梅多夫共同签署了《中华人民共和国和土库曼斯坦关于进一步巩固和发展友好合作关系的联合声明》，并出席了阿姆河右岸油气田产品分成协议和中国向土库曼斯坦购买天然气协议的签字仪式。

2007年8月1日，中石油与乌兹别克斯坦国家油气公司签署了《中乌天然气管道建设和运营的原则协议》。8月18日，中国政府又与哈萨克斯坦政府签署了《中华人民共和国政府和哈萨克斯坦共和国政府关于中哈天然气管道建设和运营的合作协议》。8月29日，中国和土库曼斯坦天然气合作项目开工仪式在土库曼斯坦阿姆河右岸地区举行。土库曼斯坦总统别尔德穆哈梅多夫在仪式上将"土库曼斯坦阿姆河右岸勘探开发许可证"等文件授予中石油。11月8日，哈萨克斯坦总理马西莫夫和我国副总理吴仪共同出席了《中国石油天然气集团公司和哈萨克斯坦国家石油天然气公司关于中哈天然气管道建设和运营的基本原则协议》的签字仪式。至此，涉及中哈土乌四国的所有政府与油气公司层面的原则协议全部签署完成，中亚天然气管道工程进入了实质性建设阶段。①

2009年6月24日，中石油与土库曼斯坦石油天然气康采恩、油气署等签署天然气合作协议，形成从土库曼斯坦购买天然气的一项30年协议。中土两国石油企业将加大天然气合作开发力度，土库曼斯坦将逐步扩大对中国的天然气供应。中国政府已承诺提供30亿美元（合18亿英镑）的贷款，以开发土库曼斯坦靠近阿富汗边界的南约罗坦天然气田。同时，中石油将从巴格德天然气田向中国输送天然气。（巴格德气田位于土库曼斯坦与乌兹别克斯坦的边境附近，储量高达1.3万亿立方米，在2007年中石油曾获勘探及开采许可权。）

---

① 寇忠. 中亚输气管道建设的背景及意义[J]. 国际石油经济，2008（2）.

B. 中国—中亚天然气管道线路及建设

（a）中国—中亚天然气管道A、B线。

中国—中亚天然气管道项目是贯通土库曼斯坦、乌兹别克斯坦、哈萨克斯坦和中国4国，世界上最长的国际天然气运输管道。管道起自土库曼斯坦和乌兹别克斯坦两国边境的格达伊姆，再途经乌兹别克斯坦、哈萨克斯坦，最终到达新疆的霍尔果斯，并入西气东输二线工程管道。项目总投资预计达73.1亿美元，管道总长度1 833千米，分为A、B双线敷设。其中，乌兹别克斯坦境内525千米，哈萨克斯坦境内1 293千米。作为跨国天然气管道，中国—中亚天然气管道有4.9千米管线经过中哈边境军事管制区，其中哈萨克斯坦一侧4.1千米为沙漠段和沼泽段，中国一侧0.8千米为沼泽段。设计压力为10兆帕，设计年输量为300亿～400亿立方米，主要由中石油投资建设。建成后，该管线的年输气量将达到400亿立方米，其中300亿立方米供应中国，100亿立方米供应哈萨克斯坦南部地区。天然气管道从霍尔果斯至奇姆肯特，在奇姆肯特分为两条支线：一条进入乌兹别克斯坦—土库曼斯坦，另一条进入哈萨克斯坦的别伊奈乌气田。

中国—中亚天然气管道输送的天然气进入我国，目标市场包括我国中西部地区的新疆、甘肃、宁夏、陕西、四川，中南地区的河南、安徽、湖北、湖南、江西，长江三角洲地区的上海和江苏、浙江，东南沿海地区的广东、广西和香港特别行政区。管道贯通了土库曼斯坦、乌兹别克斯坦、哈萨克斯坦和中国。[①]

中国—中亚天然气管道A线起自土库曼斯坦与乌兹别克斯坦边境格达伊姆，经乌兹别克斯坦、哈萨克斯坦，进入中国境内的霍尔果斯压气站，管道长1 833千米，管径1 067毫米，设计年输量为150亿立方米。中国—中亚天然气管道B线的起点、终点、长度、管径、压力、设计输量和路由与A线均一致。A、B线于2008年7月同时开工，A线于2009年12月建成投产，B线于2010年10月建成投产。

中国—中亚天然气管道分两期。一期建设从土库曼斯坦至中国的管道，

---

① 陈其珏. 中国石油80亿增资中油勘探引中亚天然气[N]. 上海证券报，2007-12-29.

即中土天然气管道，主供气源由两部分组成：一是土库曼斯坦南尤拉屯气田和马莱气田（来自中石油与土库曼斯坦国家天然气康采恩签署的170亿立方米的天然气购销协议）；另一部分的130亿立方米的天然气将来自土库曼斯坦阿姆河右岸区块（2007年8月中石油获得了该区块的勘探开发许可证）。二期建设哈萨克斯坦支线，即中哈天然气管道。

2007年7月，中石油分别与土库曼斯坦油气资源管理利用署和土库曼斯坦国家天然气康采恩，在北京签署了中土天然气购销协议和土库曼斯坦阿姆河右岸区块天然气产品分成合同，基本保障了中土天然气的资源供应。中国—中亚天然气管线总长约1万千米，与中国的西气东输二线工程管道相连接，采用双线并行敷设方式。2008年6月30日和7月9日，中亚天然气管道项目中乌（乌兹别克斯坦）段和中哈（哈萨克斯坦）段分别开工建设。2009年10月由俄罗斯天然气运输公司承接的土库曼斯坦段（188千米）已经铺设完成，2009年12月12日已实现单管开通，2010年6月实现双管通气，2012年总体建成。中亚A、B线天然气管道在新疆霍尔果斯口岸进入我国，并与国内西气东输二线工程相连接，经4 978千米干线管道将进口中亚天然气输送至我国广州、深圳等东南沿海地区。截至2016年7月，中国通过管道已累计进口中亚天然气1 500亿立方米。

项目全面竣工后，在自2009年年底开始的30年的运营期内，管道每年将从中亚地区向我国稳定输送300亿立方米以上的天然气。

（b）中国—中亚天然气管道C、D线。

中国—中亚天然气管道C线与A、B线起点、终点相同，并且路由主体并行，管道长1 830千米，管径1 219毫米，设计年输量为250亿立方米，2014年5月31日建成投产。

该管道在新疆霍尔果斯压气站与国内西气东输三线工程相连，经5 200千米干线管道将进口中亚天然气输送至我国福州、厦门、广州等东南沿海地区。中国—中亚天然气管道C线和西气东输三线工程形成一个整体管道系统，干线长度超过7 000千米，是当今世界上干线最长的天然气管道。

中国—中亚天然气管道D线起自土乌边境，经乌兹别克斯坦、塔吉克斯坦、吉尔吉斯斯坦，在中吉边境伊尔克什坦口岸进入中国，并在乌恰压气站与国内西气东输五线工程天然气管道相连，全长约1 000千米，设计年输量为300亿立方米。2014年9月D线项目开工。

（c）中国—中亚天然气管道的气源保障问题。

中国—中亚天然气管道主气源由中石油在土库曼斯坦开发的年产130亿立方米的阿姆河气田和土库曼斯坦配套提供的170亿立方米天然气两大来源组成。按照中土协议，管线建成后土库曼斯坦每年向中国供气300亿立方米，稳定供气30年。而就在2008年9月1日，中土再次签订了补充协议，双方将气源扩增到每年供气400亿立方米。

为了保障资源供给，土库曼斯坦和中国达成协议，在产品分成协议的前提条件下，中土双方对土库曼斯坦阿姆河右岸包括现有矿产地在内的所有地区进行联合勘探、开采。该协议特别预先声明，当有必要经土库曼斯坦—中国天然气管道运送额外数量的天然气时，土库曼斯坦将从该国其他气田抽调天然气以满足供应。2009年6月，中国政府承诺提供30亿美元（合18亿英镑）的贷款，以开发土库曼斯坦靠近阿富汗边界世界上五大天然气田之一的南约罗坦天然气田。

此外，2008年10月，中石油与哈萨克斯坦国家石油天然气股份公司双方商定，将视新增天然气资源情况，适时对一期管道进行增输扩建。中哈还将共同研究、推动合作开发乌里赫套凝析气田，哈萨克斯坦每年组织50亿～100亿立方米天然气出口到中国。其中，中石油控股的阿克纠宾油田的天然气将直接进入管道。阿克纠宾油田是哈萨克斯坦阿克纠宾州最大的石油开采企业，中石油拥有60.2%的股份。

此外，管道建成后，俄罗斯天然气也能通过管道输入中国，保障了对接新疆能源通道的天然气资源供给。

C. 中国—中亚天然气管道一期、二期项目

（a）中国—中亚天然气管道一期：中土天然气管道。

中国—中亚天然气管道一期项目原计划有两套方案：一为从土库曼斯坦出境后直接穿越哈萨克斯坦国境进入中国；二为绕道土库曼斯坦的邻国乌兹别克斯坦、哈萨克斯坦对接新疆能源通道。在这两条线路中，中土双方选择

了第二套方案，即中土天然气管道起自土库曼斯坦阿姆河右岸（土库曼斯坦和乌兹别克斯坦两国边境的格达伊姆），穿越乌兹别克斯坦中部地区3个州和哈萨克斯坦南部地区的哈萨克斯坦南部州、扎莫里克州、阿拉木图州至中哈边境的中国霍尔果斯口岸。

（b）中国—中亚天然气管道二期：中哈天然气管道。

2008年2月15日，中哈天然气管道有限责任公司（Asia Gas Pipeline LLP）在哈萨克斯坦注册成立。2008年10月末11月初，中石油与哈萨克斯坦国家石油天然气股份公司（以下简称哈油气公司）签署了《关于在天然气及天然气管道领域扩大合作的框架协议》。[①]

据协议中哈天然气管道的走向分为两路：阿德劳—阿克托别—阿塔苏—阿拉山口，一期工程输气能力100亿米^3/年，管道的第一阶段长度约为1 333千米，从哈萨克斯坦—乌兹别克斯坦边境至中国边境；二期从里海地区开始，走向还包括别依涅乌—巴卓伊—克兹洛尔达—奇姆肯特，长约1 480千米，输气能力为300亿米^3/年。中哈天然气管道与中哈原油管道平行，经过独山子、乌鲁木齐，在吐鲁番与中国西气东输管道并网，并为西气东输二线工程提供气源。二期的中哈输气管道（中哈各占50%股份）设计输气量合计400亿米^3/年。项目已分别得到中国、哈萨克斯坦和乌兹别克斯坦政府批准，由中石油成立的中亚天然气管道公司实施该工程。中哈天然气管道总投资约65亿美元。

中哈天然气管道为两条平行支线，计划年送气量为400亿立方米（300亿立方米给中国，100亿立方米给哈萨克斯坦自用），建设工程的最后阶段已在2012年前后完成。该段管道将视哈萨克斯坦的资源量适时建设，按计划已在2010年6月开始向中国输送天然气，初步输送量为每年45亿立方米。该管道已在2013年达到输送量峰值。

（c）中国—中亚天然气管道二期配套项目：乌哈天然气管道。

依照规划，乌兹别克斯坦资源将汇入中哈天然气管道，增加气源供给。

---

① 中哈签天然气及天然气管道领域扩大合作框架协议[EB/OL]. http://www.gov.cn/jrzg/2008-11/04/content-1139825.htm.

2007年4月30日，中国与乌兹别克斯坦签订了在乌方境内建造过境天然气输送管线的协议。协议中的管线起自距土库曼斯坦边境20千米处的阿拉塔，中间利用现有的"布哈拉—乌拉尔"输气管网的部分线路，再经过乌兹别克斯坦的部分领土，最后抵达"哈萨克斯坦—中国"管线接口处。新建的这段530千米长的管线将把土库曼斯坦的天然气通过即将兴建的"哈萨克斯坦—中国"输气管线源源不断地输往中国，设计输气量为300亿米^3/年。

②西气东输二线工程

西气东输二线工程（西二线）西起新疆霍尔果斯口岸，途经新疆、甘肃、宁夏、陕西、河南、湖北、江西、湖南、广东、广西、浙江、上海、江苏、安徽等14个省区市。西二线管道主干线全长4 945千米，加上8条支干线，共计9 102千米（2008年中国液化天然气国际会议数据），工程总投资约1 420亿元。2012年12月30日，西二线广州—南宁支干线天然气到达南宁，标志着西二线1条干线8条支干线全部建成投产。[①]

A. 西二线干线、支干线线路

干线线路：西二线干线管道从新疆霍尔果斯口岸入境之后，经独山子，与西一线并行，越过海拔2 500米的西天山，进入乌鲁木齐，在红柳与西一线线路重合，然后向东经酒泉、山丹、武威，在宁夏中卫过黄河后与西一线线路分开，进入河南洛阳分流，一支干线继续和一线并行东达上海，另一支干线南下经武汉、南昌送至广州。

支干线线路：新疆轮南—吐鲁番、宁夏中卫—陕西靖边、河南洛阳—江苏徐州、江西南昌—上海、江西樟树—湖南湘潭、广东翁源—深圳、广东广州—广西南宁、广东肇庆—湛江。支干线总长3 849千米。

B. 西二线气源

作为我国陆上第一条利用境外天然气资源建设的能源管道，西二线主气源来自土库曼斯坦，由中石油开发的年产130亿立方米天然气的阿姆河气田和该国配套提供的170亿米^3/年天然气组成。按照两国协议，工程建成后土库曼

---

① 崔丽. 西气东输二线工程全线建成投产[N]. 中国青年报，2012-12-31(6).

斯坦每年向中国供气300亿立方米，稳定供气30年。而在2008年9月1日，中土再次签订了补充协议，双方将气源扩充到了年供气400亿立方米。同时，我国还与哈萨克斯坦、乌兹别克斯坦等中亚天然气生产大国签署了资源合作协议。管道建成后，俄罗斯的天然气也可以通过管道输送到我国。

此外，国内气源"联网"作为西二线补充气源，形成国内塔里木气田、准噶尔气田、吐哈气田、长庆气田、龙岗气田的配套供给。2012年12月西二线全线贯通，与西一线管道连接，形成网络，随时可以调剂气源。其中，西二线途经的塔里木和长庆气区可作为应急保障气源，随时向西二线提供约150亿米^3/年的备用气源，形成了整体保障、科学调剂的机制。

西二线2009年试运营输气45亿立方米，2012年达到设计年输气量300亿立方米。

C. 西二线新疆段的区位界定和建设

西二线管道干线途经新疆地区霍尔果斯、伊犁、博乐、奎屯、石河子、乌鲁木齐、昌吉、鄯善、吐鲁番、哈密等地，新疆段长度1 395千米，是西二线经过各省区市线路相对最长的省份，投资约180亿元，占全线总投资的18%。

西二线新疆段2008年2月22日开工，各项工程进展顺利。管线穿越铁路3处，穿越大中型河流13处，共设12座压气、分输站场。其中，从奎屯、沙湾、石河子至玛纳斯114.5千米的3A标段，已于2008年10月16日提前完工。

2008年新疆段完成近1 000千米施工进度，实现果子沟2号至6号隧道和赛里木湖景区管线主体贯通等。新疆果子沟隧道（即霍城县芦草沟镇大东沟隧道）、后沟地区以及霍尔西斯等地是西二线西段工程的控制性工程。

第1、2A标段管线起于霍尔果斯，经霍城县、博乐市，终止于精河县，线路全长254.474千米。其中第1标段线路长度138.279千米，2A标段长度116.195千米，共设阀室8座。西段2B标段自精河县沙泉子起，至乌苏奎屯河东岸，线路长132千米。2B标段管道沿线大部分位于天山北麓的冲洪积平原和冲洪积扇上，地貌类型复杂，管道穿越28.9千米风积沙地段、3条大中型河道和大片农田。

5A标段线路水平长度176千米，沿线穿越的主要河流有塔尔郎河、大河沿河及煤窑沟河，并需要穿越南疆铁路1次及兰新铁路2次及301省道和202省道。

西二线输气管道要穿越河流、水渠、冲沟70余处，高速、各类等级公路65处，铁路2处，光电缆12处，给施工带来了一定的难度。西二线以平均每天管道建设6千米左右的速度推进，全线于2011年建成。

③西气东输三线、四线工程

由于除土库曼斯坦外，乌兹别克斯坦又发现了新气田，哈萨克斯坦也有部分多余的气量可供中国，三国供给能力合计可在原有的基础上再增扩（200亿～300亿）米^3/年的资源量，而西二线设计规模仅为300亿米^3/年，无法承担新增供应量的输送。因此，规划建设了西气东输三线工程（西三线）。西三线干线管道西起新疆霍尔果斯首站，东达广东省韶关末站，全长3 807千米。从霍尔果斯—西安段沿西二线路向东行，途经新疆、甘肃、宁夏、陕西、河南、湖北、湖南、广东共8个省、自治区。[1]

由于西二线和规划中的三线工程不少线路是重合的，因此在建设二线的一些关键性工程上，已为三线的拟建预留了空间。如隧道、河流的穿越，包括管线的铺设，都不是按300亿立方米，而是按600亿立方米的输送规模建设，实际上是二线完成了三线的部分工程。[2]西一线、西二线、西三线同时经过河西走廊，以宁夏中卫作为输气中转站。2014年西三线全线贯通。

塔里木盆地是中国最大的天然气主产区，累计探明天然气地质储量超过1万亿立方米。中国最大的凝析气田迪那气田2009年6月底投产，建成后可年产天然气40亿立方米。同时，克拉苏大气田已有1万亿立方米天然气储量。考虑到新疆这一资源潜力，西气东输四线工程于2019年完成初步设计，2020年3月开工建设，2022年投产运行，气源视塔里木盆地的进一步开发成果而定。

---

[1]　西气东输三线改写供气格局天然气"网络时代"将临[EB/OL]. http://www.china5e.com/news/news-58270-1.html.

[2]　马晓芳，王康鹏. 中石油：已为西气东输三线"降生"预留空间[N]. 第一财经日报，2009-03-12（A10版）.

④西气东输五线工程

全长3 200千米的西气东输五线工程（西五线）（乌恰—中卫），乌恰—连木沁段长1 495千米、连木沁—中卫段长1 705千米，终点在江浙一带，管线的年输送能力达到450亿立方米。与西五线连接的国外段为中亚天然气管道D线。中亚天然气管道D线线路在乌恰县境内由77号界碑入境，沿G3013喀伊公路，经斯木哈纳、吉根乡、乌鲁克恰提乡、吾合沙鲁乡、康苏镇、黑孜苇乡到达乌恰县乌恰镇，途经乌恰县水泥厂北侧，沿喀什经济开发区（伊尔克什坦口岸园区）北侧至黑水河，穿越黑水河后，进入乌恰工业园区中亚天然气管道D线乌恰计量站。

（3）中哈原油管道

中哈原油管道是我国第一条国际原油长输管线，西起哈萨克斯坦西部的里海港口城市阿特劳，途经中石油在哈萨克斯坦购买的阿克纠宾斯克和乌津两大油区，沿阿塔苏—阿卡德里—阿克恰套—阿克托盖—乌恰拉尔线，横穿哈萨克斯坦全境至中哈边境阿拉山口，再从阿拉山口至中国新疆的独山子，总长3 088千米，其中哈萨克斯坦境内2 818千米，中国新疆境内270千米。整个石油管道分为三段：第一段是从阿特劳到肯基亚克，管道全长448千米，已于2003年贯通，输油能力为600万吨/年，管道设计输油能力2 000万吨/年，俄罗斯及伊朗等环里海国家的原油均能通过该管道运输出口到中国新疆；第二段是从肯基亚克至阿塔苏；第三段是从哈萨克斯坦境内的阿塔苏到中国新疆的阿拉山口。

①中哈原油管道协议的形成

1997年中哈两国政府签署了《关于在石油和天然气领域合作的协议》。同时，中石油与哈萨克斯坦能矿部签署了《关于油田开发和管道建设项目的总协议》。1999年，中哈双方已经完成了管道建设的可行性研究报告，规划管道在2005年建成投入运营。但由于哈方石油产量不足，加之巨额管道建设成本以及石油开采成本等因素，计划未能如期实施。

直到2001年，哈萨克斯坦石油资源勘探取得突破性进展，2002年石油产量达到5 000万吨，出口接近3 500万吨，当时预计2015年石油产量将超过1亿吨，这促成了中哈原油管道（简称中哈管道）建设。于是2002年提出了"分阶段建设中哈管道"的设想，解决了阻碍中哈管道建设资源量问题。这一设想的目的：在整条管线无法建设的情况下，先建设可先期投入运营的管道段，然后再视资源增加量进行连接。

2003年6月，中国国家主席胡锦涛在哈萨克斯坦访问期间，中哈发表联合声明，表示将加强石油天然气领域的合作，采取有效措施，确保现有合作项目的顺利实施，并继续就中哈石油管道项目、相应的油田开发项目以及建设由哈萨克斯坦至中国的天然气管道的可能性进行研究。双方签订了《关于两国共同开展中哈石油管道分段建设投资论证研究的协议》，将中哈管道分为三段，即西段"肯基亚克—阿特劳"、中段"肯基亚克—阿塔苏"和东段"阿塔苏—阿拉山口"，并同意将整个石油管道的输油能力增扩到5 000万吨/年。哈油气公司和中石油又签署了关于共同就分阶段建设中哈管道问题进行投资论证的协议。作为中哈管道建设的一种尝试，2003年年初西段正式投产。

2003年7月，中石油与哈油气公司还签署了关于加快建设中哈管道前期工程和对建设中哈天然气管道进行可行性研究的备忘录。2004年5月17日，中哈双方又签署了《关于哈萨克斯坦共和国阿塔苏至中华人民共和国阿拉山口原油管道建设基本原则协议》。6月28日，双方又签署了该协议的补充协议。这一协议的签署，标志着中哈管道项目正式启动。

②中哈原油管道建设的概况

中哈原油管道工程分三期完工，总造价约为30亿美元，设计年输油量2 000万吨，最终达到年输油量5 000万吨。

A. 中哈管道的一期工程

2003年，全长448千米的肯基亚克—阿特劳输油管（中哈管道的一期工程）投产，年输油能力为600万吨。这条管道由哈萨克斯坦石油运输公司（KTO）和中石油共同兴建，向西部和阿特劳—萨马拉输油管线以及里海管道财团（CPC）输送位于阿克纠宾州境内（哈萨克斯坦西北部）的石油。

将来两条输油管道投产后就可以将哈萨克斯坦的西部和东部连接起来并将石油输送到中国。一期工程阿塔苏—阿拉山口段，全长962千米，2005年12

月15日竣工投产，2006年5月全线通油。2006年7月11日，中哈管道原油油头流过中哈边境阿拉山口计量站，进入阿拉山口至独山子原油管道，哈萨克斯坦石油正式进入中国。

B. 中哈管道的二期工程

中哈管道的二期工程西起哈萨克斯坦中部卡拉干达州的阿塔苏，沿阿塔苏—阿卡德里—阿克恰套—阿克托盖—乌恰拉尔线抵达中国阿拉山口。2004年9月28日，阿塔苏—阿拉山口输油管段（中哈管道的二期工程）开始铺设，起点是卡拉干达州的阿塔苏泵站的铁路装油栈桥，然后延伸到离中国边界不远的德鲁日巴（友谊）铁路终端，最后进入中国的阿拉山口口岸的计量站。管道长度962.2千米，第一阶段的设计输送能力为1 000万吨/年，最终运输能力达到2 000万吨/年。管道工程已经于2005年年底完工，2006年输油600万吨。哈萨克斯坦石油运输公司准备对全长627千米的库姆科尔—卡拉科因—阿塔苏输油项目进行改造并使其现代化。2005年年底管道铺设完成，2006年投入运营。

中哈管道的二期工程分两个阶段进行：

第一阶段起于哈萨克斯坦阿克纠宾州的肯基亚克，终止在哈萨克斯坦科兹洛尔达州的库姆科尔，线路全长792千米。目前，肯基亚克至库姆科尔段2009年7月11日实现首站投油。经过试投油，10月7日管道正式通过哈萨克斯坦国家验收，10月8日得到哈萨克斯坦反垄断委员会关于管输费的批复。1 000万吨输油能力的中哈原油管道二期一阶段肯基亚克至库姆科尔管道开始输油。若由哈萨克斯坦西部到中国新疆全线贯通，管道输油能力将达到2 000万吨/年。

第二阶段是对全线的站场进行扩建。管道西向达北里海，连接肯基亚克、阿特劳。管道输油量从原来的1 000万吨/年增加到2 000万吨/年，2010年竣工。通过该管道，新疆能源通道可获卡沙甘油田的石油。

中哈原油管道二期工程竣工后，不但北里海达尔汉区块生产的原油可以直通中国新疆，在新疆能源通道运输实力保障下，中国企业还可在里海地区拓展能源合作空间。

C. 中哈管道的三期工程

中哈管道的三期工程是肯基亚克—阿塔苏（全长约1 344千米），建成后整个中哈原油管道将全部正式投入运营。

管道由中石油和哈油气公司合资建造，双方已经成立了中哈原油运输合资公司，持股各达50%。哈油气公司和中石油达成协议，建成全长752千米的肯基亚克—阿拉尔斯克—库姆科尔输油管之后，就要考虑完成中哈跨国输油管道的下一步规划，而后将3条管道纳入统一运输系统。

D. 中哈原油管道的使用情况

中哈原油管道2005年12月正式竣工投入使用，中哈双方各出资7亿美元，于2006年5月25日通油。2006年7月11日，该输油管道正式进入商业运作，2006年当年输油176万多吨；至2007年12月25日，中哈原油管道2007年度输油总量达471.69万吨；至2008年12月26日，中哈原油管道2008年度输油总量达到601.47万吨，同比增长25.9%。中哈原油管道正式运营后已累计输油超过1亿吨。

据中石油油品输送要求和新疆油田公司原油输送结构的需要，新疆油田油气储运公司自2007年9月24日始，将中石油新疆独山子石化公司的部分哈萨克斯坦原油通过独—克—乌输油管道输往乌鲁木齐，最后经王家沟油库交输给西部原油管道和成品油管道网。独—克—乌反输哈油管道由独—克D377原油管道和克—乌D377原油管道两部分组成，全长460多千米。独—克—乌反输哈油管道首起新疆油田油气储运公司独山子站，末站是新疆油田油气储运公司乌鲁木齐王家沟油库。该管道从2007年9月扩能改造投产输送哈萨克斯坦原油至2009年年初，在新疆油田油气储运公司的运营管理下，已安全平稳反输中石油新疆独山子石化公司哈萨克斯坦原油280多万吨，改变和满足了天山北坡经济带及准噶尔盆地目前现有的原油输送格局、结构以及原油油品的供需关系。①

E. 中哈原油管道的油源

哈萨克斯坦阿塔苏到新疆独山子段石油管道的油源呈现多元化的特点。哈方把中哈管道同现有的鄂木斯克（俄罗斯）—巴甫洛达尔（哈萨克斯坦）

---

① 独—克—乌输油管道累计反输哈油突破 280 万吨[N]. 新疆石油报，2009-01-13.

—希姆肯特（哈萨克斯坦）—查尔珠（土库曼斯坦）石油管道接通，使西伯利亚石油成为中哈原油管道的油源。

其中，阿塔苏东北与俄罗斯的巴浦洛达尔、鄂木斯克、秋明、乌拉尔管道相连，西南越过乌兹别克斯坦与土库曼斯坦的查尔珠油田相接，因此俄土两国丰富的原油可以经过阿塔苏直接进入独山子。中哈原油管道向中国输送的原油中，50%来自哈萨克斯坦的扎纳诺尔油田和阿克纠宾油田，50%来自里海地区的俄罗斯油田。

具体地说，"阿塔苏—阿拉山口"全长约970千米的管道段，西起哈萨克斯坦中部的卡拉干达州，东至中国同哈方交界的阿拉山口地区。这段管道的最初任务并不完全是运送哈方石油的。由于卡拉干达州并无大型油田，仅有"库姆克尔"油田，它仅能向中哈管道提供少量油源。因此利用哈方当地生产的石油难以保证管道一期工程的1 000万吨/年的供给。从俄西伯利亚地区的产油情况看，俄卢克石油公司、西伯利亚石油公司等加起来可以每年向中国出口1 500万吨石油。

中哈管道的中间段，即"肯基亚克—阿塔苏"段将在哈里海石油进入稳定开采后修通，届时哈石油年产量将达1亿吨，使得哈萨克斯坦有足够的资源提供给中哈管道。

同时，一批中资控股、参股的哈萨克斯坦油田保证了中哈原油管道稳定的供给，包括：中石油控股经营的扎纳茹尔油气田和肯基亚克油气田、北布扎奇油田；中石化控股的里海田吉兹地区油田；中石油收购哈萨克斯坦石油公司（PetroKazakhstan，简称PK公司）在哈萨克斯坦中南部南图尔盖盆地的油田；中信集团控股94.62%的卡拉赞巴斯（Karazhanbas）油田；中新资源有限公司控股的东莫尔图克油田；中油勘探参股的南图尔盖的克尼斯油田、贝克塔斯油田。

F. 中哈原油管道输送俄罗斯原油

中哈输油管道一期工程首站阿塔苏，位于俄罗斯鄂木斯克—土库曼斯坦查尔珠输油管道的中间点，即俄罗斯已拥有通过中哈原油管道输送石油的连接点，俄罗斯的石油也经这条管道输入新疆。

在俄罗斯各大石油企业寻找对中国石油出口路线的替代途径时，特别是在中俄东西线油气管道建成之前，借道哈萨克斯坦，阿塔苏—阿拉山口管道可成为俄对中国主要输油管线。

2007年9月，俄罗斯和哈萨克斯坦签署了石油相互运输议定书。11月，俄罗斯与哈萨克斯坦签署了石油过境运输协议。协议规定，俄方可经中哈原油管道每年向中国出口500万吨石油。俄罗斯利用阿塔苏—阿拉山口石油管道，从2008年年底开始输油，第一季度输油15万吨，以后每季度计划供油36万吨。

2008年1季度俄罗斯天然气工业石油公司（GazpromNeft）和俄罗斯秋明英国石油控股（TNK-BP公司）允许通过该管线出口石油1.2万桶/日。2008年3月，TNK-BP公司获得了在2008年年底前经哈萨克斯坦通过阿塔苏—阿拉山口石油管道向中国出口50万吨石油的许可。2008年9月，俄罗斯天然气工业石油公司从能源部获得了第四季度对中国石油供应许可，供应量为25万吨。2008年，俄罗斯成为阿拉山口口岸管道原油进口的新来源。2008年，经中哈输油管道从俄罗斯进入中国的原油超过90万吨，占管道原油进口总量的近15%。[①]

俄罗斯天然气工业石油公司同中国石油国际事业有限公司（中石油子公司）签署了2009年通过哈萨克斯坦供应120万吨石油的协议。

TNK-BP公司、俄罗斯石油公司，可以将新西伯利亚州的上塔尔斯克油田轻质原油（可采储量2 080万吨），先经"鄂木斯克—巴甫洛达尔—奇姆肯特"油管输送西西伯利亚石油，再通过火车运至哈萨克斯坦阿塔苏汇入中哈管道；另一油源地南图尔盖盆地库姆科尔油田石油则从库姆科尔—阿塔苏管道运至，再经阿塔苏—阿拉山口入中国。

从俄罗斯鄂木斯克到哈萨克斯坦阿塔苏的输油管道2004年已经正式开始输送石油。阿塔苏泵站把来自哈萨克斯坦的库姆科尔（Kumkol）原油与来自俄罗斯西西伯利亚的原油混合在一起，通过阿塔苏—阿拉山口石油管道输送到中国。

借助中哈原油管道，俄罗斯的石油可以从阿塔苏运送到新疆的乌鲁木齐，中国以石油资源丰富的中亚为起点的管线输送战略已经取得稳步进展。

---

① 哈萨克斯坦和中国原油管道进口量突破千万吨[N] ．中国国土资源报，2009-02-25.

俄罗斯各大石油公司以中哈原油管道为对中国原油供应的捷径，是因为费用较低、出口利润率高、竞争力强，而且能够持续稳定增加对中国石油出口。俄通过铁路运输，对中国石油出口已由2001年的25万吨增至2006年的1 500万吨，已占俄罗斯2006年向中国出口石油总量的61.5%。（2011年中俄原油管道正式投产输油，通过该管道俄罗斯每年输送1 500万吨原油到中国，为期20年）而经过中哈原油管道运往阿拉山口的运费较低，仅为1.4美元/桶，即使加上从俄罗斯境内通过西伯利亚—鄂木斯克—帕夫洛达尔—阿塔苏石油管道先把原油注入中哈管道之内的费用，也比现行"管道＋铁路运输"运营费用低许多，运输成本大幅降低自然会提高出口利润和竞争能力。目前，从西伯利亚通过石油管道输送到安加尔斯克，然后再由外贝加尔用铁路油罐车运到中国边境，俄石油公司需要为此支付12.3美元/桶的费用。东西伯利亚—太平洋石油管道建成后，管道输油费用也会降低许多，尽管俄石油管道运输公司尚未明确未来管道运费标准，但已计划对从西西伯利亚到斯科沃罗季诺段石油输运先征收7美元/桶的费用，减轻管道工程资金压力。①

G.　中哈原油管道开通的意义

新疆大学教授、"天山学者"潘志平指出，中哈原油管线作为一条中国境外陆路管线不经第三国，直接对接新疆能源通道，其建成在提供石油供给的同时，极大地推进了新疆能源通道建设的进程。而随着新疆能源通道的启动，中国进入了更加稳定、安全、持续供油的时代，维系着国家经济安全。同时，这条管道形成中哈两国的经济互补，既推动了哈萨克斯坦原油出口多元化，也为中国提供了安全可靠的石油资源。该管线可以为中国提供长期、稳定的陆路能源供应，还使中哈俄三国的石油管道运输体系得以联网，为互利合作伙伴关系奠定坚实基础。

作为与国外合作修建的第一条境外陆路石油管道、第一条实现供油的境外陆路石油管道、中亚地区首条对中国供应石油管道，该管道的建成标志着中国境外陆路管线供油时代的开启和中国建设陆上能源安全大通道时代的来

---

① 俄寻找对华石油出口替代路线，哈中管道成捷径[EB/OL]. http://finance.sina.com.cn/j/20070108/15223226001.shtml.

临。这条管线也为整个中亚国家在上海合作组织的框架内与中国能源合作开辟了一条新道路。

中哈原油管线一期工程输原油量为1 000万吨/年，2010年以后实施二期工程，输原油量达到2 000万吨/年。中哈原油管线项目的实施，是新疆能源通道建设的良好开端，也是中国石油战略的重大突破之一。作为我国唯一由陆上通过原油管线大规模进口原油的项目，中哈原油管线项目不仅有利于实现我国原油进口资源多元化，也有利于突破"马六甲困局"对中国经济安全的制约，实现能源进口通道多元化，同时对优化配置我国西部原油资源，形成西部石油大通道，都具有战略性的重大影响。

中哈原油管道的开通表明了中哈俄三方密切的能源合作关系。该管线不经过第三国，所经地区政治稳定、社会安定，因此更加安全可靠，能够为我国稳定、安全、持续地供油。中哈原油管线建成后，向西与哈萨克斯坦中部通往里海港口的原油管线相连，可以通过中哈管线将原来通过里海国际石油管线从里海港口销售到欧洲的原油输往中国，向东可以将过去通过中亚原油管线输往俄罗斯奥姆斯克的原油通过中哈管线输往中国。

因此，中哈原油管线建成后，中国—哈萨克斯坦—土库曼斯坦—俄罗斯的过境石油管线全部连通，中国—俄罗斯—中亚石油销售管网体系基本形成。此外，该管道还可从土库曼斯坦的查尔珠油田向西南延伸，连接伊朗北部大油田。2006年6月中旬伊朗总统内贾德访问中国时，中伊两国在联手开发油气资源方面签署了一系列协议。伊朗国家石油公司总经理扎里认为，内贾德总统对中国的访问是两国能源合作的"拐点"。中哈原油管线通过中亚国家内部的石油管网不断地延伸和拓展，能够将中东、里海、俄罗斯这3个世界能源战略枢纽地区连接起来，其输油潜能可以成倍增长，对我国能源安全具有重大意义。[①]

中哈管道项目是维护哈萨克斯坦能源出口安全的基础，对哈萨克斯坦具有深远的战略意义。利用这一通道，哈方不仅获得稳定的能源需求市场，而且由此增加了同里海周边的俄罗斯管道（田吉兹—新罗西斯克）、美国管道

---

① 蒋新卫. 中亚石油地缘政治与我国陆上能源安全大通道建设[J]. 东北亚论坛，2007（3）：63.

（巴库—杰伊汉）的谈判实力。

中哈原油管道建设项目的完成，使中国成为有输油管道通往世界上可开采石油储量最大的里海地区卡沙甘油田的第三个国家，也标志着中国成功打通了经过新疆的境外陆路石油运输通道。

长江大学能源专家梅博文认为，中哈原油管道项目对于中国和土库曼斯坦、乌兹别克斯坦等中亚国家的能源合作具有示范作用。对于屡经波折的中俄石油管道建设，也将起到一定的促进作用。[①]

（4）西部原油管道和成品油管道网

西部原油管道和成品油管道网（简称"西部管道"）包括乌鲁木齐—兰州1 000万吨/年成品油管道、鄯善—兰州2 000万吨/年原油管道，是承担国家西油东送战略任务的国家重点项目，是国内首次采用工程总承包（EPC）、多家设计联合体联合设计、同沟敷设的工程，也是西部大开发的标志性工程之一。

西部成品油、原油管道工程分别于2005年、2006年建成投产，并被确定为国家重点工程。西部管道项目西起新疆乌鲁木齐市，途经吐鲁番、鄯善、哈密进入甘肃，过嘉峪关、张掖、武威到达兰州，涉及两省区28个市县。线路总长度为1 858千米，工程敷设管道近4 000千米，总投资近150亿元，包括2条干线管道和7条支线管道。原油管道干线起自新疆维吾尔自治区鄯善县，止于甘肃省兰州市，长1 546千米，新疆段长度为787.4千米，设计输油量2 000万吨/年，输送新疆三大油田（塔里木油田、吐哈油田、克拉玛依油田）的混合原油。成品油管道干线长1 842千米，新疆段长度为787.4千米，设计输油量1 000万吨/年（2006年9月25日已投产运营），分别输送克拉玛依石化、独山子石化、乌鲁木齐石化、玉门炼化的外输成品油。西部管道共设2个首站、2个末站和9座中间站，50座阀室，全线新建储罐罐容量达94.2万立方米。

---

① 能源战略布局落子——中哈石油管道新疆段开工[N]. 第一财经日报，2005-03-25.

西部管道将新疆境内乌鲁木齐、克拉玛依和独山子三大炼油厂生产的油品输送到兰州。油品通过兰成渝成品油管道送往西南地区，通过兰州—郑州—长沙成品油管道输往东部地区。

2007年6月30日西部原油管道投产后，西部原油管道与中哈原油管道贯通起来，结束了50年来兰州石化原油进厂靠铁路运输的历史，减少了油品转运环节，降低了运输成本。而中哈原油管道一期工程设计输油能力1000万吨/年，二期工程设计输油能力2000万吨/年，这些原油都可以最终通过西部原油管道输往内地。

西部原油管道是目前国内运距最长的大落差原油管道，是我国"北油南调、西油东送"战略的重要组成部分。投运以来，管道一直以顺序输送的方式将塔里木、克拉玛依、吐哈3个油田的原油和阿独管道哈萨克斯坦来油输送到下游的兰州炼厂和玉门炼厂。北京油气调控中心和西部管道公司联手开展低输量运行研究，西部原油管道混合输送及相关试验取得成功，有效降低了管道最小输量限值，延长了管道允许停输时间，可有效缓解库容紧张的局面。

西部管道与新疆的鄯乌线、阿独线、轮库线、库鄯线、克乌线、独乌线、克独线等其他油气管道，在新疆境内总里程已达8300千米。过去新疆成品油50%以上需要铁路东运，但使用自备罐成本高，受天气和运力影响难以保证充分正常运输。现在西部成品油管道可大幅度降低油品运输成本，缩短运输周期，提高炼化企业的经济效益和市场竞争力。

西部管道改变了乌鲁木齐、独山子、塔里木三大石化基地的原油、成品油长期依靠铁路东输的状况，并同中哈原油管道形成了中国大陆上第一条能源国际大通道，形成了完整的新疆地区油气管网体系，构建了西油东送的新疆能源战略大通道，向中国东部地区提供稳定的油气资源。这条输量大、距离长、压力高的管道干线，已把新疆境内、甘肃境内和东部地区的输油管道及石化企业连接起来，形成庞大的石油传输网络，使西北地区石油资源得到充分开发利用。

西部管道以现代化的管道运输替代原有的铁路运输，把俄罗斯—中亚、新疆境内、甘肃境内和东部地区、西南地区的输油管道以及石油石化企业连接起来，形成西部输油管网，实现了国内外能源市场的资源共享、西部资源与东部市场的对接，为建设兰州南下东进的成品油管道奠定基础，形成中西部成品油外输的骨干管网。西部管道工程实现了西部地区由资源外输向产品外输的转变，形成产、炼、化、运、销的完整经济链，进而与东北—华北成品油管网连接，形成"北油南调、西油东送"的油品输送"大动脉"。西部管道对实现我国能源供应的多元化，保障能源供应安全，带动西部地区经济的发展具有十分重要的意义。

总之，西部管道是打通我国陆上进口石油通道，合理利用新疆地区原油资源和中亚地区原油资源，实现我国能源供应多元化，保障能源供应安全，以及促进新疆地区优势产业发展，缓解兰新铁路运输瓶颈制约的能源大动脉。

（5）丝绸之路经济带核心区内其他主要管线

目前，新疆境内主要油气输送管线长达8.3万千米，年输油能力为8 154.3万~10 436万吨，年输气能力为150.5亿~233.5亿立方米，成为中国油气管线最长的省区。

除中哈原油管道新疆段、西气东输线路、西部原油管道新疆段外，新疆境内还有以下主要输油管线（见表2-1、表2-2）。

表2-1　新疆境内的其他主要石油管线一览表

序号	名称	起止点	建成时间	长度/千米	输送能力/万吨
1	克独输油管线	克拉玛依—独山子炼油厂	1958	148.62	130
2	克独输油新线	克拉玛依—独山子炼油厂	1991	148.62	250
3	克乌输油管线	克拉玛依—王家沟油库	1972	295.42	259
4	克乌复线	克拉玛依—王家沟油库	1981	293.6	400
5	百克线	百口泉—克拉玛依	1979	45.8	100
6	九克稠油管线1	克拉玛依市91号站—炼油厂	1987	28.7	100

续表

序号	名称	起止点	建成时间	长度/千米	输送能力/万吨
7	九克稠油管线2	克拉玛依市91号站—炼油厂	1989	32.5	150
8	火三输油管线	火烧山—北三台	1989	85.2	68.3~150
9	红炼线	红线站—克拉玛依炼油厂	1991	26.92	80
10	柯泽输油线	柯克亚—泽普石油化工厂	1988	76.5	15
11	三王线	北三台油库—王家沟、石化总厂	1993	107.78	350
12	吐哈联库线	鄯善联合站—油库	1991	6.4	50
13	温米联库线	温米联合站—油库	1995	13.5	70
14	丘陵联库线	丘陵联合站—油库	1995	7.0	160
15	温轻联库线	温轻联合站—外库	1995	15.97	2
16	轮库线	轮台—库尔勒	1992	190	100~300
17	轮库复线	轮南—库尔勒	1996	162	500~1 000
18	东轮输油管道	东河塘—轮南	1993	93.8	60
19	塔轮线	塔中—轮南	1996	605	300
20	库鄯线	库尔勒—鄯善、大河岩	1997	634	500~1 000
21	轮库石化线	轮台—库尔勒	1996	69.52	50
22	彩火输油管道	彩南油田—火烧山油田	1998	55	150
23	彩克	彩南—石西—克拉玛依	1998	295.92	150
24	哈轮	哈德—轮南	2001	56	30
	合计			3 497.97	4 024.3~5 306

表2-2　新疆境内的其他主要成品油管道一览表

序号	名称	起止点	建成时间	长度/千米	输送能力/万吨
1	克乌成品油管线	克拉玛依—乌鲁木齐	1998	374.1	130
	合计			374.1	130

目前，新疆共有8条输气管线，长达2 566.3千米，输气能力为（150.5亿～223.5亿）米³/年。（见表2-3）其中，克乌D925输气管线、塔轮线是塔里木盆地第一条长距离输气管道，新疆油田公司准备新建长度为285.34千米的克乌D610线替代克乌D925输气管线，起点为克拉玛依金龙一级配气站，终点至王家沟门站，输气量达10亿立方米。

除去西气东输一、二、三、四线工程新疆段，新疆境内的主要输气管线如下（见表2-3中序号1～7）。

表2-3　新疆境内主要输气管线一览表

序号	名称	起止点	建成时间	长度/千米	输送能力/亿立方米
1	柯泽输气管线	柯克亚—泽普石化厂	1988	76.5	2.5
2	鄯乌输气管道	鄯善—乌鲁木齐石化总厂	1996	302	6
3	彩克输气管线	彩南—石西—克拉玛依	1996	296	6
4	呼克油改气管道	呼图壁—克拉玛依	1998	273.4	7
5	塔轮线	塔中—轮南	1996	302	2
6	轮库线	轮台—库尔勒	1996	192	2～25
7	和田输气管道	和田河气田—和田	2004	182	5
8	西气东输新疆段	轮南—甘新交界处	2004	942	120～170
	合计			2 566.3	150.5～223.5

（6）新疆境内其他新建管线

新疆境内其他新建管线：独山子—乌鲁木齐市、王家沟—乌石化原油管道，乌石化—王家沟成品油管道；轮南—吐鲁番、伊宁—霍尔果斯、木垒—韵关等干线及支线天然气管道和18条城市供气支线；新鲁粤、新浙两条各300亿立方米煤制气外送管线。

（7）"萨拉布雷克—吉木乃"天然气管道

《中哈两国政府间萨拉布雷克—吉木乃天然气管道建设和运营合作协议》签订后不久，萨拉布雷克—吉木乃天然气管道跨境路段正式铺设和对接完成，输气管道全线贯通。广汇能源建成了长达115千米的中哈跨境长输管道"萨拉布雷克—吉木乃"天然气管道，广汇能源控股子公司新疆吉木乃广汇液化天然气发展有限责任公司在新疆阿勒泰地区吉木乃县投资建设的一座日处理150万立方米液化天然气装置投入使用。

（8）新疆煤制气外输管道

2015年11月，国家发展和改革委员会正式核准了中石化新疆煤制气外输管道工程（简称"新气管道"）项目。新气管道项目总投资1 300多亿元，主要建设内容包括1条干线和6条支干线，全长合计约8 400千米。其中干线起自新疆昌吉州木垒县，终于广东韶关，设计输量300亿米^3/年。

新气管道配套多个气源。主供气源为新疆准东综合示范区的煤制天然气（包括中石化80亿立方米煤制气项目及新疆多个煤制气项目）。远期气源为伊犁地区的煤制天然气、中石化西北地区的常规天然气等，以及煤层气和页岩气。

（9）拟建的中（克拉玛依）俄（新西伯利亚）原油、天然气管道

俄罗斯与中国之间的主要原油输送途径有3条，除中哈原油管道外，另外2条都是铁路：通过外贝加尔斯克—满洲里边境通道向中国运送石油；通过俄罗斯与蒙古边境口岸纳乌什基对中国出口石油。然而，这两条铁路运油走廊中，只有外贝加尔斯克—满洲里边境通道仍在运营（见俄塔社2008年3月14日报道）。而另一条通道，由于供油的尤科斯公司的问题，通道的运营被搁

浅中止。目前，在"贷款换石油"推进了中俄东线管道建设的背景下，推进中俄油气西线管道建设意义重大。

①中俄石油天然气西线项目的由来

从1994年俄罗斯石油企业向中方提出修建中俄油气管道的建议算起，中俄酝酿、谈判油气管道建设计划已有15年，直到2009年2月达成了"贷款换石油"协议，中俄石油管道东线才得以开工建设。而15年来，西线的天然气管道线路始终处于研究、论证阶段。

西线管道是中俄协定的俄罗斯天然气工业股份公司（Gazprom，以下简称"俄气公司"）将修建2条通往中国的天然气管道之一。2006年3月22日俄气公司与中石油签署的《关于从俄罗斯向中国供应天然气的谅解备忘录》，规定了供气的期限、供应量、路线（东线和西线）和定价公式形成原则等基本内容。根据这份文件，俄计划修建东、西两条通往中国的天然气管道。西线管道（也称"阿尔泰管道"）将运送西西伯利亚开采的天然气，由俄罗斯阿尔泰共和国出境，进入中国新疆。2006年6月30日，俄气公司曾表示，将优先修建西线天然气管道；9月15日，普京总统召见俄气公司总裁米勒，要求其尽快确定西线天然气管道建设的开工日期；10月23日，阿尔泰共和国副总理帕利塔列尔提出，西西伯利亚至中国的天然气管道项目要在该国启动，有关部门对线路工程着手勘查。

中俄西线工程曾规划2008年动工、2011年建成，输气超过300亿米^3/年。西线阿尔泰项目计划从西西伯利亚气田经俄中西部边境，连接至中国新疆，接入中国西气东输管道。气源地为西西伯利亚的秋明油田，位于克维克金气田以西。

尽管在2007年11月中俄石油管道得到两国总理的承诺：双方将确保该管道于2008年年底建成并投入运营，但西线停留在双方谈判上未有实质性突破。2009年10月13日俄罗斯和中国草签了有关从西西伯利亚、远东和萨哈林大陆架向中国出口天然气的协议。西线方案从西西伯利亚向中国出口天然气，东线方案从东西伯利亚、远东和萨哈林向中国出口天然气。[①]2014年11月8日，

---

① 中俄草签每年700亿方天然气进口大单[EB/OL]. http://finance.sina.com.cn/world/gjjj/
20191014/03496835318.shtml.

中石油与俄气公司签署《关于沿西线管道从俄罗斯向中国供应天然气的框架协议》，确定俄气公司每年将通过中俄西线天然气管道向中国提供多至300亿立方米天然气，供气期限为30年。该管道气源来自俄罗斯西西伯利亚气田，由新疆喀纳斯山口进入中国，与国内西气东输管道系统相连，输往我国东部地区，规划2020年以后建成投产。

②中俄西线管道项目概况

西线管道起点位于西西伯利亚俄气的传统开采区内，始于俄罗斯统一天然气供应系统的乌拉尔端口，将穿行俄罗斯的亚马尔—涅涅茨自治州、汉特—曼西斯克自治区、托木斯克州、新西伯利亚州，贯通阿尔泰边疆区和阿尔泰共和国舍巴利诺、翁古达伊、科什阿加奇4个地区，经过克拉斯诺亚尔斯克—新西伯利亚—新库兹涅茨克输气管道，经戈尔诺—阿尔泰斯克穿越俄罗斯中南部54.57千米边界线处，到达中国新疆阿尔泰地区，在新疆的克拉玛依与"西气东输"管道连接。西线管道需要将目前正在修改的巴尔瑙尔—比斯克—戈尔诺阿尔泰斯克输气管向科什阿加奇—喀纳斯—布尔津—克拉玛依—乌鲁木齐方向延伸，即中俄喀纳斯天然气管道。

规划中的中俄"阿尔泰"管道方案确定总长度为6 700千米，在俄罗斯境内的长度为2 700千米，在中国境内长4 000千米，与西气东输管线相接。俄气公司子公司Giprospetsgaz公司最初预计西线的造价是40亿～50亿美元，而阿尔泰共和国副总理帕里塔列尔于2006年10月16日在俄新社宣称，项目造价达110亿美元。修建的输气管道直径将达50厘米，供气量每年可达300亿～400亿立方米。如能建成，至2020年，东、西两线对中国年输气量约为680亿立方米。（东部管道是指修建萨哈林—符拉迪沃斯托克输气管线通往中国的支线，东线管道可能会运输科维克塔的天然气，也可能运输萨哈林和位于雅库特的恰扬金油气田的天然气）。若西线建成，俄气公司将在建设期的5年时间内投资20亿卢布（约7 500万美元），用于新建相关公共设施。阿尔泰共和国境内的天然气管线运营每年将给当地政府带来约30亿卢布（约1.12亿美元）的收入，约占该国年度财政预算的1/2。

2014年11月9日，中俄在北京签署西线供气协议。供气的气源地位于亚马尔涅涅茨自治区，与欧洲供气共用一个主力气田。供气线路通过阿尔泰共和国与中国新疆阿勒泰地区54千米边界进入中国新疆与西气东输干线对接，实现对中国的供气。2015年5月8日，俄气公司与中石油在莫斯科签署《从西西伯利亚气田通过西线（西伯利亚-2）对中国输送管道气的基础条件协议》。2016年3月双方开始就"按照市场原则"达成价格问题进行谈判。俄方内部始终认为，西线（阿尔泰线）对中国供气对俄最有利。俄气公司希望通过西线管道对中国供气300亿米³/年，为期30年。可先铺设1条管线，未来可以再新增2条输气线，最大输气量可提高到1 000亿米³/年。该管线气源地为亚马尔半岛采气中心，该气田是俄气公司未来几十年的关键气源地。

未来中俄天然气西线管道和新的油气管道将作为中蒙俄走廊建设的组成部分，规划从蒙古国—中国内蒙古与甘肃交界处进入我国河西走廊，连接西气东输管道。

③中（克拉玛依）俄（新西伯利亚）原油、天然气管道项目存在的不确定因素

2008年10月28日，俄罗斯石油管道运输公司与中石油签署了"斯科沃罗季诺至中国边境石油管道"的建设和运营协议，而针对天然气管道西线阿尔泰项目，双方商业谈判也取得了突破，对供气路线进行了经济技术论证和投资论证。但由于环保、价格、气源和俄方国内的利益纷争，中俄天然气管线建设进展缓慢，这一设想一直被拖延。

A. 项目需要解决的环保问题

西线管道必经的乌科克高原、金山—阿尔泰山是被联合国教科文组织列为世界遗产的自然保护区，被当地居民奉为宗教圣地。区内栖息着雪豹等多种珍稀动物，并有400余处古代遗迹和1 000多处古墓，包括列入世界历史文化遗产的古墓葬、古城池、岩画，其中一部分集中在卡尔古特河谷（岩画、巨大的计算石阵、古墓）和阿克拉哈尔河谷（岩画、古墓），还有的分布在别特苏—喀纳斯河谷，考古价值极高。世界遗产基金会、俄罗斯国际保护野生动物基金会等组织、社会各界及当地居民都会反对西线管

道项目的建设。至于道路建设，西线管道沿线要途经阿尔泰区域的中俄边境地带，分别要途经两国的自然环境保护区，平均海拔3 000米以上，而且经过森林植被区，生态保护难度极大。如何能够在天然气管道铺设和修路过程中将沿途生态环境的破坏降低到各方面都认可的程度，将是中俄两国面临的一个很重要的难题。①

远东石油管线贝加尔湖段只有北移40千米后，其方案才能顺利通过。为确保环保不会发生问题，负责施工的俄石油管道运输公司追加了10亿美元的造价。由于远东石油管线曾为贝加尔湖付出了10亿美元的"环保费"，西线天然气管线也面临巨额的环保成本。

B. 气源问题

2019年俄气公司计划开采天然气总量为4 951亿立方米。②俄气公司顾问马斯捷帕诺夫也曾提到，未来俄罗斯在东西伯利亚和远东的天然气开采量预计将达1 136亿米³/年，几乎超过中俄天然气管线输送能力的一倍。这些数据表明中俄管线并不存在气源问题。

但是，中俄"阿尔泰"管道依托的是亚马尔半岛气田和西伯利亚的恰扬达气田，尽管俄罗斯天然气储量世界第一，但由于投资不足和俄气公司的长期垄断，其产能增加无法在短期突破，管道竣工后依然可能面临气源问题。中俄能源合作有别于中哈、中苏（苏丹）能源合作。中哈、中苏能源合作的形式是，中国公司去资源方勘探开发油气资源，运回份额油气。而中俄能源合作的形式主要是，俄罗斯以贸易形式向中国输出油气。③因此俄罗斯天然气能否及时开采、中俄能否达成贸易协议存在变数。

C. 价格问题

尽管2006年3月俄气公司同中石油签署了向中国供应天然气的议定书，规

---

① 朱建军，翟玲红. 绿色青藏铁路对中俄阿尔泰区域通道建设的启示[J]. 决策咨询通讯，2008（1）：36-38.

② 俄气公司预计2019年其天然气出口量价齐降[EB/OL]. http://ru. mofcom.gov.cn/article/jmxw/201909/20190902898020. shtml.

③ 夏义善. 中俄石油天然气管道建设的现状、动因和前景[J]. 当代石油石化，2007（5）.

定了供气的期限、供气量、定价公式和路线，但一直未落实。其中，气价是关键性问题。西西伯利亚的天然气开采成本为26美元每1 000立方米，前些年俄罗斯向欧洲国家出售的价格为180～230美元每1 000立方米，后来价格上升为230～250美元每1 000立方米。2007年欧洲需求者按267美元每1 000立方米的平均价进口天然气，白俄罗斯按100美元每1 000立方米进口。2008年上半年，白俄罗斯按119～130美元每1 000立方米进口天然气，2018年俄天然气出口平均价为243美元每1 000立方米。

2006年俄罗斯外长拉夫罗夫曾表示，俄罗斯将以"市场价格"向中国销售天然气，该价格是根据向欧洲销售石油/柴油价格的公式计算得出的。中方表示，利用煤和天然气的费用应采用大致相等的原则。中石油的报价仅为90美元每1 000立方米，参照的是与土库曼斯坦签订的进口天然气90美元每1 000立方米的标准。俄气公司对中方的报价为125美元每1 000立方米，远高于独联体内部的55美元每1 000立方米，同时，俄方坚持已经很难再降低价格标准。

此外，韩国和俄罗斯也计划签署超过30年的天然气长期供应合同，俄方向韩国出口大约100亿米³/年的天然气。俄气公司已与韩国国家天然气公司展开商业谈判。目前韩国国内天然气市场均价高于我国，韩国将更能接受俄方的报价。一旦韩国先行与俄气公司达成商业协议，形成与中俄西线管道供给的竞争，将对中俄天然气谈判产生压力。

俄罗斯天然气的开采成本大约是100美元每1 000立方米，供应本国的价格大约是150美元每1 000立方米，供应白俄罗斯的价格是200美元每1 000立方米，出口欧洲的价格接近400美元每1 000立方米。随着能源价格的波动，俄罗斯希望出口到中国的天然气按照欧洲400美元每1 000立方米价格计算，而中国则希望参照中亚235美元每1 000立方米的价格商议。

D. 俄方态度不明朗

《俄罗斯2030年天然气行业总体发展纲要》（以下简称《纲要》）对向中国供气的西线方案进行了分析，认为项目的实施面临一系列问题，气候和工程地质条件、管线途经特别环境保护区的风险以及超过6 000千米的输气距离等因素降低了该项目实施的经济性，也降低了俄罗斯天然气在液化天然气目标市场上与土库曼斯坦天然气较量的竞争力。因此，在东西伯利亚和远东地区的天然气出口需求预测中并未考虑西线方案。但《纲要》还说明，如果与中国达成商业协议，并获得环保机构的许可，将保留该项目的实施。

实际上，从俄气在2006年和2007年的年报中对东部地区的天然气开发与输送规划可以看出，从统一供气系统的新库兹涅茨克向中国新疆供气的西线方案已经取消。[①]

（10）中巴（中国—巴基斯坦）原油管道

①巴基斯坦的地缘优势及对中国安全的重要性

巴基斯坦位于南亚次大陆西北部，南濒阿拉伯海，东、北、西三面分别与印度、中国和伊朗为邻。它的西面与伊朗、阿联酋、巴林、沙特、土库曼斯坦等原油输出国相接近。东面则是世界最大的3个石油进口国：中国、印度、日本。位于中亚、南亚、西南亚和阿拉伯海的中间地带的这一区位，使巴基斯坦在由西亚到东亚的油气传输通道上，占据了独特的地位。

巴基斯坦拥有发达的天然气输送管线和使用设施，管线长达8 600千米，配送网络长6.3万千米，遍布全境。出于地缘政治与能源战略的考虑，20世纪90年代始，巴基斯坦积极推进跨国能源管线建设，强化"能源管线外交"和"能源走廊外交"，希望输入海湾国家、西亚、中亚的油气资源以缓解国内能源供需矛盾，并通过能源过境输送获得经济利益和政治影响力。

建成中巴能源通道，将形成从波斯湾到中国的"能源走廊"，可以连接中东陆地能源通道。中巴能源通道是我国大量进口石油且距离主要油源地——波斯湾最近的通道。

其中，位于巴基斯坦西南部俾路支省的深水港瓜达尔港战略地位非常突出。瓜达尔港北距伊朗72千米，西距波斯湾口的霍尔木兹海峡420千米，位于波斯湾出口的东翼，紧扼海湾国家经霍尔木兹海峡、非洲和欧洲经红海通向

东亚乃至太平洋数条海上航道咽喉。瓜达尔港离奎达400千米，距巴基斯坦北部城市白沙瓦700千米，既是欧洲、非洲和西亚地区与远东地区海上交通运输的枢纽，也是中亚地区通往印度洋的最近出海口。

由于巴基斯坦地处海湾国家、中亚、中国和南亚四大地缘政治板块的中心位置，且东临3个石油进口需求大国——中国、印度、日本，因此它在西亚到东亚的通道枢纽中占优势。其中，南亚正谈判的4条油气管线中3条经过或终止于巴基斯坦，包括：卡塔尔—巴基斯坦（QP）管线；伊朗—巴基斯坦—印度（IPI）管线；土库曼斯坦—阿富汗—巴基斯坦—印度（TAPI）管线。

卡塔尔—巴基斯坦（QP）管线，拟将卡塔尔天然气从海底管道输送至巴基斯坦，技术难度大、建设成本高，两国就天然气供应、成立联合技术委员会、构建海湾南亚输气系统达成协议，但实施建设时间不可知。

伊朗—巴基斯坦—印度（IPI）管线，亦称"和平管道"，西起伊朗南部的帕斯天然气田，经过巴基斯坦抵达印度，全长2 775千米，总投资75亿美元，建成后伊朗每年输送500亿立方米的天然气。该项目20世纪80年代末酝酿，但因印巴关系和气价问题，未能实施。直至2003年印巴关系缓和后，2005年三国才达成合作意向。随着国际形势的发展与变化，印度放弃了IPI管道。2008年4月，土库曼斯坦、阿富汗、巴基斯坦和印度四国在伊斯兰堡签署关于修建TAPI管道的框架协议。

土库曼斯坦—阿富汗—巴基斯坦—印度（TAPI）管线，将土库曼斯坦南约洛坦气田的天然气，经阿富汗坎大哈和巴基斯坦中部城市木尔坦，最终输送到印度西北部，全长1 680千米，输气能力330亿米³/年，其中阿富汗约50亿立方米，巴基斯坦和印度各约140亿立方米。土库曼斯坦希望借此打通油气产品的印度洋出海口，土库曼斯坦—阿富汗—巴基斯坦的项目方案在1991年提出，但由于阿富汗战争及对土库曼斯坦供气能力的质疑，计划搁浅。近年来，印巴关系缓解，项目又将印度作为线路终端。但由于阿富汗、巴基斯坦的安全形势，项目未能取得实质性进展。

这3条油气管线中，IPI管线也只是草签协议，正式协议待定，而其他两条管线变数则更大。资金方面的障碍更大，除了TAPI管道已由亚行承诺可提供150万美元贷款用于前期考察，其余的均未定。

　　与这些设想相比，唯有瓜达尔港—新疆输油管道的设想是连通中巴两国的，相比而言，风险有所降低。可以设想瓜达尔港将成为"泛喀喇昆仑走廊"的起点，使阿拉伯海与中国连接在一起。中国已与巴基斯坦签订了一份谅解备忘录，准备将"泛喀喇昆仑走廊"打造成"能源走廊"。中国已经向巴基斯坦修建达尔本丁—瓜达尔铁路提供援助，该铁路连接喀喇昆仑公路（此公路连接中国新疆喀什与巴基斯坦吉尔吉特）。

②中巴原油管道（喜马拉雅油气管道）

　　中巴能源走廊由是巴基斯坦首先提出的，采取管道和陆路两种形式。这条走廊西南从巴基斯坦的瓜达尔港起，翻越红其拉甫山口到达新疆泽普。如能实施，中国将参加瓜达尔港建设，占80%的股份。港口一旦建成，巴基斯坦将成为我国的"能源走廊"，波斯湾的原油、非洲的原油可以通过管道输送到中国新疆。因此，中国与巴基斯坦的油气合作对于中国石油进口是一条重要的线路。

　　中巴能源走廊的具体线路有两条：一是非洲、中东油轮的油气资源在瓜达尔港，经伊斯兰堡，沿着中巴公路方向，从红其拉甫进入新疆境内；二是伊朗的油气，经巴基斯坦中转，输往中国或印度。后者由于投资巨大、地理因素、技术复杂，仅为设想。

　　目前，全球石油运输量中的40%、中国进口石油的60%要通过波斯湾霍尔木兹海峡；中国进口石油的80%须经过马六甲海峡。中巴管道项目的最大优势就是，使中国进口石油的80%以上可能绕开波斯湾霍尔木兹海峡和马六甲海峡，直接从印度洋对接产油国；同时，可以缩短我国海上石油运输里程，节约成本。

A. 中巴原油管道的油源

　　巴基斯坦储油气构造主要集中在两个沉积岩盆地，即北部的Potwar盆地和南部的印度河盆地。巴基斯坦的石油并不丰富，但天然气储量较多。石油储量仅为37亿吨，探明可采储量1.2亿吨，主要油田为图特、多达克油田；天然气储量为7.98亿立方米，探明可采储量为1.491 4亿立方米，为亚太地区第六大天然气储量国。从消费上分析，自1952年在俾路支省发现苏伊气田后，天然气使用比例不断上升，目前已占总能耗的一半以上，且基本上实现自给自足，但原油产量仅占需求总量的18%，需大量进口。尽管巴基斯坦的石油、天然气储量并不丰富，但西面与伊朗、阿联酋、巴林、沙特、土库曼斯坦等原油输出国相接近，中巴原油管道必须利用他国资源。要使中巴油气管道建成，需要巴基斯坦方面加强同伊朗等油气资源国的联系，保障充足稳定的油气资源，这是巴基斯坦"能源走廊"的设想变成现实的前提。

B. 中巴原油管道的建设

2001年中国做出了援建瓜达尔港的决定。2001年8月，中巴两国政府在北京签署了该项目一期工程的融资协议，明确了中方以无偿援助、无息贷款、低息贷款及其他援建瓜达尔港的融资形式。一期工程双方总投资2.48亿美元，其中1.98亿美元由中方提供。一期工程由中国港湾建设（集团）总公司援助建设，中国同时提供相关技术与施工支持。一期工程于2002年3月22日开工，2007年3月20日竣工。整个一期工程的建设，中方最终提供了1.99亿美元的融资，而巴方投入了5 000万美元。

对瓜达尔港二期工程，中方的援助或高达5亿美元，二期工程将增建9个泊位以及油罐区等设施，这也是中国迄今最大的援外工程。

2006年是中国和巴基斯坦建交50周年。2006年2月巴基斯坦总统穆沙拉夫访华期间，中巴双方同意加强能源领域合作，并签署了内容广泛的《中巴能源领域合作框架协议》。2015年，习近平主席访问巴基斯坦，中巴双方同意，以中巴经济走廊为引领，以瓜达尔港、能源交通基础设施和产业合作为重点，形成"1+4"经济合作布局。2016年11月，瓜达尔港正式开航。

由于中国援建了瓜达尔港工程，中方的努力为中巴能源通道的建设奠定了基础。

C. 中巴原油管道建设的战略意义

（a）中巴原油管道对接新疆能源通道，为中国提供了能源战略破解"马六甲困局"的途径。

中巴原油管道西起巴基斯坦海港城市瓜达尔，东至中巴边境的输油管线，不经过第三国，距离中国新疆较近。瓜达尔港处在波斯湾海口，距离中东产油区非常近。这条油管能使中国直接获得中东和海湾地区的石油，大大缩短从中东进口石油的运输距离，并使一部分进口石油绕开马六甲海峡甚至霍尔木兹海峡，降低长途海路运输的风险，安全意义重大。

修建中巴石油运输管线可以避免让80%以上的进口石油经过马六甲海峡运输。鉴于印度正在谋求修建横穿巴基斯坦的从伊朗至印度的石油运输管道，随着中印关系的改善，中国可以谋求参与此管道线建设。届时从伊朗获取的原油占中国原油进口总量比重将增大，且原油可以通过此线运至新疆喀什，缩短交通时间和运输距离，并绕过霍尔木兹海峡。

（b）中巴原油管道将成为"泛亚能源走廊"的组成部分，影响世界格局。

如果修建的中哈管道与待修的哈伊（伊朗）管道串联，油气就能够通过巴基斯坦再到中国的新疆，甚至将来直接输送到日本、韩国，形成"泛亚能源走廊"。"泛亚能源走廊"战略构想如能实现，将影响亚洲地缘政治态势。中亚到东亚的能源管道一旦建成，中日韩三国在石油问题上利益将趋于一致，日韩可能会更重视中国因素。

（c）中巴原油管道的建设符合巴基斯坦、印度等国利益。

巴基斯坦借助中巴原油管道的建设可以改造恶劣的自然环境，并通过中国的帮助在重要的战略区域扩展其影响，为未来的发展奠定基础。巴方还设想如油气暂时运不出去，希望瓜达尔港成为中国油气储备基地，这样可带动俾路支省和沿海地区石化加工业。为此巴方已在瓜达尔港附近规划了一个炼油厂，并将设置专门对中国企业开放的经济特区。

而利用巴基斯坦的地理优势，在瓜达尔港投资石化业，也有助于提升中国在石油市场的地位。能源通道的方案可视为巴基斯坦寻求加强与中方战略合作关系的一种经济努力，中巴能源合作也有利于突破传统单纯的地缘政治色彩，构建更全面的伙伴关系。

此外，印度拓展土库曼斯坦、哈萨克斯坦的油气开发市场，并希望中国加入对中亚的油气资源开发，提出了伊朗—巴基斯坦—印度输油管道的建设。为了安全及可行性，印度希望这条输油管道通过中国。

目前，印度的天然气管道建设提出了"三线计划"。第一条是北向的"土库曼斯坦—阿富汗—巴基斯坦—印度天然气输送管线（TPI管线）"①，项目基本上处于设想阶段，因为难以协调四国立场、管道需过境巴基斯坦而印巴尚无正常贸易关系；第二条是西向的"伊朗—巴基斯坦—印度天然气管线（IPI管线）"，线路起自伊朗的南部油田，穿过巴基斯坦最终抵印度新德里，由于印巴关系紧张，过境费又未达成一致，加上美国的影响，亚行无投资意向，该工程也还在设想中；第三条是东向的"缅甸—孟加拉国—印度天然气管线（MBI管线）"，由于孟加拉国态度不积极，再加上印度东北部地区武装叛乱问题，项目无法启动。

因此，从某种意义上说，中巴能源合作将会为保证印度能源引进增加安全系数。构建中巴能源走廊，将会更有力地推动美国、印度在整个中东和中亚地区的能源平衡，甚至还可能会带来政治平衡。

与此同时，沙特也寄望通过此计划加大对中国石油出口，支持巴基斯坦充当中沙石油贸易的中介。

总之，巴基斯坦的"能源走廊"作为紧急状态下的备用供应线路将发挥安全作用，是与新疆油气管道合并以降低运营成本，支援"西气东输"和"西油东送"的能源战略通道。②

D. 中巴原油管道建设存在的障碍

（a）油源问题。

巴基斯坦一直存在能源短缺问题，且随着经济的不断增长，能源缺口越来越大。其中，自产石油和石油产品仅能满足国内需求量的15%，其余85%需要进口。同时，该国也是世界上最依赖天然气的国家之一，目前天然气占其能源供应的49%，需进口。2006年按当时的消费量计算，巴基斯坦已探明的天然气储量可保障其23年的市场需求，如果按增长的市场需求测算，仅够使用17年；探明的石油储量按当时的消费量计算，可保障其市场需求14年。

---

① 涂竞. 亚行将投资 50 亿美元修建"土—阿—巴—印"油气管道[N]. 巴基斯坦黎明报, 2008-04-24.
② 李岩，王礼茂. 从地缘政治角度看中国石油进口运输安全[J]. 资源科学，2008（12）: 1789.

尽管巴基斯坦政府已经与土库曼斯坦、阿富汗达成初步协议，将建设一条从土库曼斯坦经阿富汗到巴基斯坦的总长度为1 400千米的天然气输送管道，由土库曼斯坦向巴基斯坦输送天然气300亿米³/年，但是除亚行已承诺的可供项目前期考察的150万美元贷款外，其余资金没有投入方。此外，巴基斯坦还考虑建一条引自卡塔尔的海底输气管线，也有意将该管线延至印度。

同时，巴基斯坦与俄罗斯最大的天然气生产公司俄气公司积极开展合作并结成合作伙伴关系。巴基斯坦正在积极促成一条连接沙特阿拉伯和中国的全新石油管道，如果这一计划能够实现，将成为跨区域能源合作的又一重大成果。[①]

（b）经济技术因素。

从巴基斯坦瓜达尔港到新疆喀什，总里程7 000多千米。中巴能源通道需要突破技术复杂和成本高昂两大障碍。

其一，地理因素是通道的最大障碍。在中巴之间的喜马拉雅山和帕米尔高原是通道的最大障碍。虽然历史上中巴曾打通了喀喇昆仑公路，但中巴之间坐落着喀喇昆仑山脉及帕米尔山脉，其中的红其拉甫口岸海拔已经超过4 500米，在这样的地理条件下铺设和维护石油管道，难度较大。因此，中巴油气通道建设的技术可行性还需深入研究。

其二，从经济因素分析，如果修建从波斯湾到中国新疆的石油管道，成本超过海运，投资巨大，运输成本高。中国石油大学的庞昌伟以跨国的中哈原油管道为例分析，该管道3 088千米，设计运量2 000万吨/年，总投资为30亿美元，按这一运量和造价推算，从巴基斯坦瓜达尔港修建通往中国新疆至上海的管道，总里程7 000千米，总投资至少需要60多亿美元。而通过海运将波斯湾石油运往上海运价一般不超过10美元/吨，2 000万吨运量的运费为2亿美元。[②]

（11）中俄东线油气管线

1994年叶利钦访华时与中国签订《关于共同开展能源领域合作协定》。1997年12月25日，俄气公司和中石油签署了《关于实施向中国东部地区供应

---

① 刘伟. 巴基斯坦的能源状况及政策[J]. 国土资源情报，2006（5）：39-42.
② 东引西进南下北连，新"石油路线图"布局提速[N]. 香港商报，2007-04-20.

俄罗斯天然气项目的备忘录》，奠定了双方在天然气领域的合作基础。2004年10月14日，俄气公司与中石油签署了战略合作协议，包括研究俄气公司组织对中国天然气供应问题。2006年3月，中俄两国签署《关于从俄罗斯向中国供应天然气的谅解备忘录》，双方计划修建东西两条天然气管道：西线穿越阿尔泰山脉，主要气源是乌连戈伊的天然气；东线则存在三种可能的气源：科维克金天然气田、萨哈林天然气项目、萨哈（雅库特）共和国的恰扬金油气田。东西两线将共向中国每年出口680亿立方米天然气。2009年4月，中俄签署东西伯利亚—太平洋石油管道（The Eastern Siberia-Pacific Ocean oil pipeline，以下简称ESPO管道）中国支线建设的政府间协议，2011—2030年，俄罗斯通过ESPO管道中国支线向中国提供石油1 500万吨/年，改变了中国从俄罗斯进口原油靠铁路的模式。

2013年9月，中石油与俄气公司签署《俄罗斯通过东线管道向中国供应天然气的框架协议》，还与俄罗斯诺瓦泰克（Novatek）公司签署《关于收购亚马尔液化天然气股份公司股份的股份收购协议》。

中俄原油管道工程2010年9月27日竣工，起于俄罗斯的斯科沃罗季诺，止于中国黑龙江大庆。管道全长近1 000千米，设计年输油量1 500万吨，最大年输油量3 000万吨。根据两国达成的"贷款换石油"协议，2011年1月到2030年，即未来20年内，中国将获得总供应量达3亿吨的石油。相应的，中国将向俄罗斯提供250亿美元长期贷款。中俄原油管道工程竣工，标志着中俄能源合作进入全新的阶段。2014年中俄原油管道开通以来，中国对俄罗斯的原油进口大幅增加，2015年5月俄罗斯首次取代沙特，成为中国最大的原油供应国。目前，941千米的中俄原油管道二线启动，输送量达1 500万吨/年。

2014年5月，中石油与俄气公司结束10年之久的天然气谈判，签署了为期30年、价值4 000亿美元的《中俄东线供气购销合同》。从2018年开始，俄方每年向中国供应380亿立方米天然气，以后输气量逐年增加，最终达到600亿米³/年，全长1 629.3千米的俄中天然气东线管道——"西伯利亚力量"中国支线2019年12月20日启动供气。气源地为雅库特恰扬金气田（证明储量1.2万亿立方米，氦气74亿立方米）和伊尔库茨克科维克金气田（可采工业储量2.72万亿立方米，证明储量1.5万亿立方米，氦气77亿立方米），气田计划2022年投产。恰扬金气田产能250亿米³/年，凝析油40万吨/年；科维克金气田产能250亿米³/年，凝析油140万吨/年。

2014年9月国家发展和改革委员会下发的相关路条文件《国家发改委办公厅关于中俄东线天然气管道项目有关问题的复函》指出，中俄东线天然气管道起于黑河入境点，途经黑龙江、吉林、内蒙古、辽宁、河北、天津、山东、江苏、上海9个省市，止于上海市，将进口天然气输往环境治理迫切的京津冀、市场承受能力较高的长江三角洲和管道沿线东北地区。干线管道长约3 000千米，管径1 422/1 219毫米，设计输量380亿米³/年，计划2020年建成投产。该管道建成后将成为国内管径最粗、输量最大、系统最复杂的天然气管道。

（12）设想中的俄中印输油管线

印度计划铺设经过新疆的俄中印输油管线，其中两条始于西西伯利亚。俄罗斯、印度和中国能源通道的三条线路为：

（a）西西伯利亚—秋明—鄂木斯克—塞梅伊—德鲁兹巴—乌鲁木齐—库尔勒—库车—阿克苏—塔里木—印度；

（b）西伯利亚—秋明—阿斯塔纳—卡拉干达—比什凯克—伊苏库尔—喀什—印度；

（c）东西伯利亚—伊尔库茨克—乌兰巴托—玉门—敦煌—和田—印度。

在这一纵贯亚洲的超长管线中，新疆的乌鲁木齐、喀什成为重要枢纽。这一管线系统对于推动中印俄建立良好的战略合作关系、促进亚洲稳定发展起到积极作用。

2005年6月，中俄印三国外长在俄罗斯的符拉迪沃斯托克会晤。印度外长认为能源合作为中俄合作的重中之重，2006年8月底在新德里首次召开了三边商务会议。

由于管线距离超长，且存在高山峻岭、冻土冰川等地理屏障，投资巨大，技术复杂，国家之间利益平衡等因素，俄罗斯与中国未见明朗态度。

中国现代国际关系研究院许涛认为，首先，设想中的俄中印输油3条线路在设计上几乎只有一个出口，3条线南下印度都集中在中国新疆的喀什、和田地区；其次，这一管道体系的修建成本较高，尤其3条管线由中国新疆南部进入印度北部，要通过海拔5 000～8 000米的"生命禁区"喀喇昆仑山，还要经过巴丹吉林沙漠、古尔班通古特沙漠、塔克拉玛干沙漠，修建和维护成本巨大，影响了管道的经济性。

中国社科院世界经济与政治研究所刘明则认为，管道一次性投资大，地跨3国，要进行一场艰难和耗时的谈判，交易成本高，而印度方案看来会建立在俄中管道基础上，按俄方专家设计，中俄管道一旦投入使用，进入印度北部，少则10年，其中俄方态度是关键，西西伯利亚的能源供给能力将受到挑战。[①]

（13）泛亚石油天然气管道

2005年11月，印度石油和天然气部长艾亚尔在亚洲主要油气生产国和消费国的第一次圆桌会议上，提出修建泛亚石油天然气管道的设想，建设连接俄罗斯、中国、日本、韩国、泰国、缅甸、孟加拉国、印度、巴基斯坦、伊朗及中亚里海地区的油气管道，长度22 490千米，投资225亿美元。如果修建的中哈管道与待修的哈伊（伊朗）管道串联，油气能够通过巴基斯坦再到中国的新疆，甚至将来直接输送到日本、韩国，形成"泛亚能源走廊"。

（14）拟建的其他管道线路

①中吉乌石油天然气管道

管线起点为安集延，接费尔干纳盆地和中亚腹地相关油气输送管线，以乌兹别克斯坦为油源地、土库曼斯坦为气源地，沿中吉乌铁路，经吐尔尕特口岸进入新疆喀什，全长4 000千米。

②喀什—和田—若羌—格尔木—成都油气管线

管线起点为喀什，对接中巴原油管道、中吉乌石油天然气管道，以伊朗、乌兹别克斯坦、土库曼斯坦油气产区为资源地，贯通塔里木盆地、柴达木盆地、四川盆地油气主产区，向中国西南和中南地区输送能源。

---

① 唐风. 能源新战争[M]. 北京：中国商业出版社，2008：77.

③独山子—乌鲁木齐—伊吾—临河—包头（—北京）天然气管道

管线以独山子为起点，对接中俄喀纳斯天然气管线，以俄罗斯西西伯利亚为主气源，以三塘胡盆地、银额盆地，甚至是鄂尔多斯盆地气源为支撑点，沿天山北坡、哈密—临河公路线路，连接鄂尔多斯盆地能源输送网络，向中国华北输送天然气。

④斋桑—吉木乃—克拉玛依石油管线

管线起自哈萨克斯坦斋桑湖沿岸油气储藏区，经吉木乃口岸，直接进入克拉玛依。

⑤北三台油田—伊吾—临河—包头（—北京）石油管道

管线起点为准东北三台油田，承接新西西伯利亚市—塔尚塔—查干诺尔口岸—大洋—红山嘴口岸—火烧山石油管线及准东石油管线，主油源地为西西伯利亚和准东油田，输送石油至华北环渤海地区。如查尔朱—奇姆肯特—鄂木斯克石油管道与中哈管道输入的俄罗斯石油无法经西部原油管道输送，则可以通过王家沟—北三台石油管道与本管道分输。

2. 铁路能源运输线路

铁路能源运输是海运和管运的重要补充形式。但铁路运量有限，运输成本较海运、管道运输高，而在货运领域，铁路的运输成本相当于公路的1/10，相当于航空运输的1/100，与内河运输成本类似。因此，在陆地上缺乏管道的地方，它是唯一的选择，也是新疆能源战略通道的组成部分。

同时，从经济、能源、环境角度来看，铁路能源运输也是较优的选择。通过对各种运输方式完成等量的换算周转量所要消耗的能源比较，民航、公路、铁路的单位运输量平均能耗之比约为11：8：1，铁路是最节约能源的交通运输方式。特别是电气化铁路不需直接排放污染物，是更为清洁的运输方式。这一"以电代油"的交通方式，可以将石油资源的直接消费，转变为较为丰富的煤和水能资源的间接消费，有利于能源的合理利用。无论是从构建能源供应链，还是从降低能耗的角度，铁路运输在国家能源安全体系中都占据重要地位。

铁路能源运输是构成新疆能源安全大通道的重要组成部分，具体线路如下。

（1）新疆与哈萨克斯坦的接轨铁路

①第一条欧亚大陆桥铁路——北疆铁路

北疆铁路（乌鲁木齐—阿拉山口）亦称兰新铁路西段，始于乌鲁木齐，经昌吉、石河子、乌苏、精河等地，至中哈交界阿拉山口，全长460千米，出境后在哈萨克斯坦的阿克斗卡与土西铁路（塔什干—多瑙尔市）相接，构成了第一条欧亚大陆桥铁路。该铁路与拟建的奎屯—阿勒泰铁路、阿勒泰—富蕴—吉木萨尔—木垒—鄯善铁路、乌鲁木齐—阜康—吉木萨尔铁路一起，组成环准噶尔盆地铁路网。

随着中国与中亚国家贸易关系的发展，哈萨克斯坦拟建穿越哈萨克斯坦、土库曼斯坦与伊朗接轨的长4 000多千米的铁路。目前中哈铁路已在发挥作用，在我国从哈俄进口的物资中，阿拉山口过货量达1 000多万吨/年，其中原油数百万吨。

②第二条欧亚大陆桥铁路——精伊霍铁路

为了亚欧大陆桥的畅通，并拓展新疆能源通道，与哈萨克斯坦铁路接轨的第二条欧亚大陆桥铁路——精（精河）伊（伊宁）霍（霍尔果斯）铁路已经建成。

新疆首条电气化铁路精伊霍铁路位于新疆博尔塔拉蒙古自治州和伊犁哈萨克自治州境内，线路全长286.212千米，投资达59.8亿元。精伊霍铁路从兰新铁路西段的精河站引出，沿天山北麓西行，跨尼勒克河，穿越天山进入伊犁河谷，经过尼勒克县、伊宁县、伊宁市和霍城县，终点为霍尔果斯边境口岸，是连接中亚的又一条交通动脉，对新疆经济发展、能源运输、国防建设都有着重要的作用。随着铁路的贯通，中国计划将该铁路向西延伸与哈萨克斯坦铁路接轨，建设霍尔果斯至萨雷奥泽克铁路，而哈方铁路（全长235千米的科尔加斯—萨雷奥捷克铁路）在2009年10月完工，极大地缓解了阿拉山口的能源运输压力。

（2）第三条欧亚大陆桥铁路——中吉乌铁路

中吉乌国际铁路，起自中国新疆南疆铁路的终点喀什站，经中国与吉尔吉斯斯坦边境的伊尔克什坦叶尔尕特山口，再经吉尔吉斯斯坦的卡拉苏或贾拉尔拉巴德，至乌兹别克斯坦的安集延。根据1999年铁道部第一勘测设计院的《新建中吉乌国际铁路中国境内段可行性研究报告》，北线方案的路径为："喀什—托帕—盖克力克—吐尔尕特山口—以3.85千米的隧道穿越吐尔派特山出境—吉尔吉斯斯坦的恰特尔克尔湖南侧—科什乔别—巴吉什站（科克扬加克）接轨—沿既有铁路经贾拉尔拉巴德—卡拉苏—乌兹别克斯坦的安集延"，全长约577千米，其中新建铁路约485千米（中国新疆境内约166千米）。①

南线方案为：喀什—乌恰县—穿越卡尔果山—库尔干—伊尔克什坦口岸出境—吉尔吉斯斯坦萨雷塔什—越过3个山口—卡拉苏接轨—沿既有铁路至乌兹别克斯坦安集延，全长523千米，其中新建铁路473千米，中国境内213千米。

尽管吉尔吉斯斯坦资源并不丰富，但该国位于中亚东北部，北邻哈萨克斯坦，西接乌兹别克斯坦油气富产区，东南与中国新疆喀什地区、克孜勒苏柯尔克孜自治州接壤。中国的能源"西进"策略，包括经过吉尔吉斯斯坦从里海地区输入油气资源。中吉乌铁路工程建成后中国可直接从土库曼斯坦、乌兹别克斯坦进口油气资源，并能通过土库曼斯坦捷詹—谢拉赫斯—伊朗马什哈德铁路进口伊朗石油。

中吉乌铁路将与南疆铁路（吐鲁番—库尔勒—阿克苏—喀什）共同形成亚欧大陆桥的南部新通路。这条铁路可大幅缩短从新疆到中东和波斯湾的路程，具有深远的战略意义。

（3）中俄铁路

近年来，俄罗斯通过铁路向中国出口的石油总量不断增加，但由于中俄两国铁路轨距不同，火车经过阿拉山口时需要换装，加大了铁路运输的成本和周期。

---

① 中吉乌铁路为新疆向西开放提供更完善的条件[N]. 新疆日报，2005-07-19.

　　鉴于新疆与俄罗斯有54.57千米边境线，没有直接相连的陆路通道，有必要建设新疆与俄罗斯陆路大通道。

　　目前中俄铁路运输通道有两类：一为经第三国的运输通道；二为直接联系两国的运输通道。中国经第三国到达俄罗斯的铁路运输通道主要有两条：一条是从我国内蒙古的二连浩特口岸出境，经蒙古国的扎门乌德口岸向北经乌兰巴托，从俄罗斯的纳乌什基口岸入境后在乌兰乌德与俄罗斯西伯利亚铁路连接；另一条是从我国新疆的阿拉山口口岸出境，经哈萨克斯坦的德鲁日巴口岸入境后在阿克斗卡接入哈萨克斯坦铁路网，可经多条铁路与俄罗斯铁路网连通。途经第三国使通过新疆进口俄能源增加了运距和成本，同时也使通过新疆进口俄能源容易受交纳货物中转费、途经国贸易政策限制以及政治局势变化等多种因素的制约。

　　修建新疆（奎屯）到俄罗斯（巴斯克）的铁路，可以减少新亚欧大陆桥途经国，降低运费，缩短运输时间。具体线路为：以奎屯—克拉玛依—北屯铁路的北屯站为起点，经哈巴河县，延伸至喀纳斯口岸，北接俄罗斯的新西伯利亚，与俄罗斯境内的东起符拉迪沃斯托克、西至莫斯科的欧亚大陆桥接轨。

　　中国境内建设由北疆铁路奎屯站向北延伸，途经克拉玛依、乌尔禾镇、福海县，至北屯镇的奎屯—北屯铁路。俄罗斯境内铁路线已经延伸到比斯克。以布尔津为起点，沿中俄公路通道走向，建设连接新疆北屯至俄罗斯比斯克的铁路，形成新的中俄铁路通道和连接第一、第二欧亚大陆桥的纵向铁路通道。①

　　俄罗斯现通过铁路每年可向中国运送原油800万～1 200万吨，改造轨距后可达3 000万吨。较之原油管道需巨额投资，且有投资风险和环境风险，铁路运输投资少、回报快。

（4）中巴铁路

　　巴基斯坦因其区位成为我国西出印度洋和海湾地区、破解马六甲海峡困

---

① 吴文化，李连成. 建设中俄西部运输走廊的设想[J]. 综合运输，2006（1）.

局的重要选择。中国（新疆喀什）—巴基斯坦（赫韦利扬）铁路成为新疆能源通道巴基斯坦方向的基础。

目前，中国新疆的南疆铁路已延伸到喀什，而新疆喀什地区与巴基斯坦接壤，既有同油气富集的中亚国家相邻的地利，又有石油冶炼和输送的基础设施，可以较为便捷地进行加工和运输。这一能源运输安全通道，较绕道好望角的海运缩短2万千米，运费节省25%，运输周期缩短一个多月。

喀什距巴基斯坦白沙瓦760千米，陆上交通主要靠公路运输，具有运量小、成本高、危险性大的特点。因此，用装载快速和运量大的铁路来代替公路运输符合中巴两国利益。目前，白沙瓦与奎达之间有400千米铁路需新建，余下的300千米只需改造现有的铁路。如果铁路线路修通，从北京可直通伊朗首都德黑兰，伊朗的石油、天然气和石油制品可进入中国，从而减轻中国对印度洋航线的依赖。

新疆维吾尔自治区十一届人大三次会议喀什代表团提案中的中巴铁路具体路线为：起自南疆铁路终点喀什，向西南经疏附、哈萨克拉，沿盖孜河谷经博孜尤勒尕进入帕米尔高原，经托喀依后折向西，经盖孜沿公格尔九别峰北麓转向南，沿公格尔峰南麓经布伦口、喀拉库勒湖至苏巴什，穿越慕士塔格峰西麓的乌鲁克热瓦提达坂，经卡拉苏、塔合曼，沿库尔干河谷经塔什库尔干、萨热勒尕、达布达尔、卡拉其古，穿越红其拉甫至中巴边境，全长450千米。[1]

建设中巴陆路能源运输安全通道，将极大地提高中国能源进口能力，确保能源安全。此外，中巴双方还有一个设想，来自中东和非洲的油轮可以在瓜达尔港停泊，然后通过陆路运输方式，经过红其拉甫山口进入中国新疆，这将是一条完全经过陆路的通道。

中巴铁路的建成，不但使我国新疆和大西北地区有了一个便捷的出海口，也使巴基斯坦有了一条新的生命线与中国相接，战略意义重大。

铁路延伸能将新疆与莫斯科、德黑兰连接起来，甚至可以建造阿富汗兴都库什到喀布尔的直通铁路，使阿富汗及中亚诸国的铁路相接。这条连接中

---

① 喀什代表团建议修建中吉乌、中巴铁路[N]. 乌鲁木齐晚报，2010-01-13.

国新疆、阿富汗和中亚各国的铁路必将推动这一区域能源合作发展，不仅会改变中国新疆乃至整个西部的能源运输格局，而且将完善新亚欧大陆桥南部通道，形成东亚、东南亚通往中亚、西亚和北非、南欧的便捷运输通道。[①]

2015年4月20日，在中国国家主席习近平访问巴基斯坦期间，中国国家铁路局局长与巴基斯坦铁道部国务秘书兼铁路委员会主席共同签署了《中华人民共和国国家铁路局与巴基斯坦伊斯兰共和国铁道部关于开展1号铁路干线（ML1）升级和哈维连陆港建设联合可行性研究的框架协议》。巴基斯坦1号铁路干线从卡拉奇向北经拉合尔、伊斯兰堡至白沙瓦，全长1 726千米，是巴基斯坦最重要的南北铁路干线。哈维连站是巴基斯坦铁路网北端尽头，规划建设由此向北延伸经中巴边境口岸红其拉甫至喀什铁路，哈维连拟建陆港，主要办理集装箱业务。1号铁路干线升级和哈维连陆港建设，是中巴经济走廊远景规划联合合作委员会确定的中巴经济走廊交通基础设施领域优先推进项目。

（5）设想中的泛亚铁路大通道

泛亚铁路大通道是连接东南亚和欧洲的陆上国际大通道的一种设想，是推动亚欧联盟发展的重大国际合作项目。

线路设想由哈萨克斯坦提出。线路从中国东部沿海向西（陇海线—兰新线），经阿拉山口入境，横穿哈萨克斯坦全境，至里海沿岸阿拉套，南向土库曼斯坦，通过伊朗和土耳其，经博斯普鲁斯海峡与欧洲铁路对接，抵欧盟总部布鲁塞尔，全长8 000千米。整个干线大部分使用各国境内现有铁路，新修铁轨3 943千米。这一线路由于跨越国家较多，实施难度大。

（6）拟议中的其他铁路线路

①克拉玛依—塔城—阿亚古兹铁路

线路起点为奎屯—北屯铁路的克拉玛依站，经塔城及巴克图口岸，西至土西铁路阿亚古兹站。线路使土西铁路与奎屯—北屯铁路对接，将克拉玛依石油石化基地与俄罗斯西西伯利亚油气产地相连。

---

① 吴永年. 论中巴开辟新"贸易—能源"走廊[J]. 世界经济研究，2006（11）：83-85.

②乌吞布拉克—吉木乃口岸—斋桑—然吉斯托别铁路

线路东起奎屯—北屯铁路的乌吞布拉克（待定），经吉木乃口岸和斋桑，西达土西铁路的然吉斯托别站。线路使土西铁路与奎屯—北屯铁路对接，将克拉玛依石油石化基地与俄罗斯西西伯利亚油气产地相连。

③奇台—北屯—红山嘴口岸铁路

线路南起奇台县（乌鲁木齐—伊吾铁路奇台站），中经北奎镇（奎屯—北屯铁路北奎站），北达红山嘴口岸。线路有利于将奇台与俄罗斯比斯克相连，使新疆准噶尔地区与俄罗斯西西伯利亚油气区连接。

④乌鲁木齐—奇台—巴里坤—伊吾铁路

线路起点为乌鲁木齐西站，经阜康、吉木萨尔、奇台、巴里坤，东至伊吾，在伊吾与临河—哈密铁路接轨，可以延伸到包头、北京，实现中亚油气区、西西伯利亚油气区、准噶尔盆地油气区、内蒙古银额盆地油气区与中国华北主要能源消费区的连接。

⑤喀什—和田—若羌铁路

线路西起南疆铁路喀什站，经和田，达若羌。与成都—格尔木—库尔勒铁路、南疆铁路南线形成环塔里木盆地铁路，又西连中巴铁路、中吉乌铁路，东接成都—格尔木—库尔勒铁路、青藏铁路、兰青铁路、陇海线，构成南疆铁路大动脉。

（7）与跨国铁路能源运输相配套的新疆铁路网络

2006年乌鲁木齐—精河铁路复线、吐鲁番—库尔勒铁路复线、奎屯—克拉玛依—北屯新线等铁路开工，2007年新疆开工建设或续建了5条铁路，包括精伊霍铁路、北疆的乌鲁木齐至精河复线（预留电气化条件，2009年已开通营运）、南疆铁路吐鲁番至库尔勒二线、奎屯至北屯（奎屯—克拉玛依—福海—北屯）、乌鲁木齐至准东铁路等，基本覆盖了新疆各主要区域。这些铁路最终都要和哈萨克斯坦的铁路联成网络（经中哈吉木乃—麦哈奇布盖口岸和斋桑等地，接然吉斯托别铁路）。在未来发展中，这些线路必将大大提高中哈两国之间的能源铁路运输能力。

至2020年，新疆铁路将形成"四横四纵"①、"五大对外通道"②、"六个对外铁路口岸"③的铁路路网格局。新疆路网结构将从目前的单一点线形成向东4条出疆通道，即兰新线、哈临线、青新线、新藏线；向西4条出境通道，即兰新线西段、精伊霍铁路、中吉铁路、中巴铁路；区内4个环线，即环塔里木盆地、准噶尔盆地、天山北坡、吐鲁番盆地的新疆铁路主要干线网。至2020年，新疆将建设新线超过800千米，一个连接中国内地和中亚地区的铁路运输网络将初现雏形。到2050年，区域铁路网将进一步加强和完善，形成3个环线、5条对外通道，辐射边防口岸，连接中亚、西亚和南亚国家，覆盖全疆的铁路网。

3. 公路运输线路类

新疆拥有5 600多千米的边境线，周边与8个国家接壤，历史上曾经是古"丝绸之路"的重要通道，目前也是我国对外开通国际道路客货运输线路最多、营运里程最长、车次最多的省区，具有发展能源运输业的地缘优势。

（1）新疆跨国公路线路概况

近年来，新疆"东联西出"方针的实施，打开了中西亚市场大门，强化了与各国的经济联系。新疆已开通中国—哈萨克斯坦、中国—蒙古国、中国—吉尔吉斯斯坦、中国—塔吉克斯坦、中国—巴基斯坦的过境运输，开通国际道路货运线路50多条，初步形成以乌鲁木齐市为中心，以南北疆中心城市和边境口岸为依托，向周边及中亚国家辐射的多层次、全方位的国际道路运输、物流网络。

---

① "四横四纵"："四横"，将军庙—哈密—额济纳、阿拉山口—乌鲁木齐—哈密—兰州、库尔勒—若羌—格尔木、喀什和田—日喀则铁路；"四纵"，阿勒泰—克拉玛依—伊宁—阿克苏、富蕴—准东—乌鲁木齐—巴仑台—库尔勒、吐鲁番—库尔勒—阿克苏—喀什、哈密—罗布泊—若羌—和田铁路。

② "五大对外通道"：兰新通道、准东—哈密—临河通道、鄯善—敦煌通道、库尔勒—若羌—格尔木通道、新藏通道。

③ "六个对外铁路口岸"：红其拉甫口岸、吐尔尕特口岸、霍尔果斯口岸、阿拉山口口岸、吉木乃口岸、塔克什肯口岸。

新疆过境运输主要有3种途径：通过铁路直接运抵阿拉山口口岸，进行倒装后出口；通过公路运到边境各个口岸，办理通关手续后，再进行过境运输；直接在各二类口岸办理通关手续，由公路进行过境运输。目前，新疆已有对外开放的一类口岸17个（航空口岸2个，陆路口岸15个，其中公路口岸14个、铁路口岸1个），二类口岸12个，在中国与哈萨克斯坦交界的霍尔果斯口岸，跨两国的"中哈自由贸易区"正在建设，为能源便捷的公路运输提供了渠道。

我国政府与新疆周边国家政府已签署双边汽车运输协定7个，即中哈、中吉、中蒙、中巴、中塔、中俄、中乌政府间汽车运输协定，多边汽车运输协定2个，即中巴哈吉四国政府间过境汽车运输协定、中吉乌三国政府间汽车运输协定，为各国间的双边与多边经济合作打下了基础。[①]

新疆与中亚地区"一纵三横"国际大通道的框架。"一纵"指经塔城、喀什，纵贯整个新疆，连接俄罗斯和南亚的国际公路大通道。"三横"指由经阿拉山口的新亚欧大陆桥、经霍尔果斯的国际公路，以及计划中的由喀什—安集延铁路连接的泛亚铁路大通道，构成的横跨亚欧大陆的北、中、南3条主干线。

具体线路如下：

以国道主干线G045线（连云港—霍尔果斯，全长4 395千米）、国道312线（上海—霍尔果斯）、国道314线（乌鲁木齐—库尔勒—喀什—红旗拉甫）等横向公路为主要通道（中—横线路），以主通道两侧的国道和省道为南北翼（北—横、南—横线路，西—纵、中—纵、东—纵线路），主通道与南北翼线路纵横交错的"三横三纵"公路运输网络（包括中巴"喀什—红其拉甫—苏斯特口岸—塔科特"公路、中俄喀纳斯公路、中吉乌"喀什—中吉伊尔克什坦口岸—奥什—安集延—塔什干"公路、清水河—霍尔果斯口岸—萨雷奥泽克公路、博乐岔口—阿拉山口—乌恰拉尔山口公路、克拉玛依—巴克图口岸—阿亚古兹公路、黑山头—吉木乃口岸—格奥尔基耶夫卡公路、白哈巴—喀纳斯口岸—科什阿加奇公路、阿勒泰—中蒙红山嘴—大洋口岸—俄蒙查干诺尔—塔尚塔口岸公路等线路）。

---

① 李莉，葛炬. 中亚贸易物流现状与发展[J]. 中国物流与采购，2007（11）：72.

其中，经霍尔果斯的国际公路大通道是贯通中国新疆和中亚地区、横贯欧亚大陆、基础最好的国际公路干线。[①]

2006年9月1日起，新疆与哈萨克斯坦之间新开通22条直达国际旅客、货物运输线路。同时，阿拉山口（中）—多斯迪克（哈）直达国际旅客、货物运输线路也于2006年恢复开通。目前，新疆是我国开通国际运输线路最多，里程最长，旅客联运班次最多，出入境直达运输量最大的省区。新疆最有条件成为俄罗斯及中亚的油气能源性产品进入中国的物流通道。

中哈间乌鲁木齐—吉木乃口岸—卡拉干达的直达客货运输线路、中巴间喀什—红其拉甫口岸—伊斯兰堡直达客货运输线路2008年开通。

根据新疆交通厅的规划，新疆还将陆续投资用于改善公路交通基础设施，完善天山南北和中国西北角东联西出公路运输网，包括改建新疆与俄罗斯、蒙古、哈萨克斯坦等国家相连的口岸公路。国际能源运输公路的贯通，并与中国新疆境内的312国道、315国道、219国道相连，构成新疆能源通道的公路运输网络，形成新疆能源通道公路运输的基础。

新疆能源通道的主要入境口为：红其拉甫口岸、吐尔尕特口岸、霍尔果斯口岸、阿拉山口口岸、巴克图口岸、吉木乃口岸、喀纳斯口岸、红山嘴口岸。

（2）中俄能源运输线（白哈巴—喀纳斯口岸—科什阿加奇公路）的开辟

中国与俄罗斯在阿尔泰区域内接壤，是该区域内互邻国间唯一不互通陆路交通的国家，因此建设阿尔泰区域中俄能源通道公路具有重大的战略意义。

中俄双方在中国西部与俄罗斯中南部54.57千米边界线上开辟直接交通走廊问题上曾有过共识。2005年新疆科技政策研究所联合中国科学技术促进发展研究中心、新疆交通厅、俄罗斯科学院西伯利亚分院、阿尔泰国立大学等部门成立的重大软科学课题组，开展了"中俄哈蒙阿尔泰区域合作的研究"，研究该区域中俄两国的合作。充分论证后提出，应加快修建中俄直接通道，修建公路。[②]

---

① 许勤华. 新丝路——中国与中亚地区合作展望[J]. 领导文萃, 2008（5）（下）: 31-32.
② 朱建军，翟玲红. 绿色青藏铁路对中俄阿尔泰区域通道建设的启示[J]. 决策咨询通讯, 2008（1）: 36.

从自然地理条件考察，中俄阿尔泰边境绝大部分为海拔3 000米以上的高山，唯有海拔2 720米喀纳斯达坂是一个缺口。目前，在喀纳斯达坂已形成一条便道，可供徒步或乘马穿越。为了推进中俄公路建设，我国按照国家一类口岸建设标准拟建喀纳斯口岸。以喀纳斯口岸为窗口，为新疆与俄罗斯陆路大通道建设提供陆路结点。与新疆现有的部分口岸相比较，拟建的喀纳斯口岸的自然条件优越，如海拔低于红其拉甫、吐尔尕特等口岸，大风级别和频繁度低于阿拉山口口岸。每年通关时间至少有6个月，如果配置机械除雪，可在9个月以上。而在拟建喀纳斯口岸以北的俄罗斯，有一条长数千米的平缓宽谷向北延伸到开阔的平原，在距喀纳斯达坂直线距离50千米处已有简易公路通行，修建通往口岸公路的工程量较小。

新疆交通部门曾对中俄喀纳斯公路通道在中国境内的布尔津至喀纳斯达坂（口岸）段约290千米的路段的不同走向进行了勘查，对投资效益测算、生态环境影响以及社会效益评价等进行深入论证，并统筹考虑中俄天然气管线建设进展，确定了公路建设方案及建设时机。

中国方面关于中俄西部直达公路的研究从1993年就已开始，并相继组成两个考察组进行了实地勘察。经过考察和研究，中国提出了修建喀纳斯口岸公路的3个选线方案。现最合适的是中线方案"贾登峪—喀纳斯村—白湖—喀纳斯达坂"，全长107.6千米。

阿尔泰区域中俄直接公路通道中国境内段共有"东线、中线、西Ⅰ线、西Ⅱ线"4种方案。经过对4种方案线路建设成本、运输效益、环境效益的综合比选得出，应采用西Ⅰ线方案与西Ⅱ线结合的方案，即首先应以二级公路标准实施西Ⅰ线方案在白哈巴—那仁—喀纳斯达坂附近段建设，而西Ⅰ线方案其他建成路段以及西Ⅱ线方案已建成路段暂时维持现状，由此形成"布尔津—喀纳斯村—白哈巴段"为三级公路、"白哈巴—那仁—喀纳斯达坂附近段"为二级公路的格局，在事实上完成西Ⅰ线方案；而在远期较为适当的时候，再以二级公路标准实施西Ⅱ线"哈巴河—白哈巴段"，与西Ⅰ线方案中的"白哈巴—那仁—喀纳斯达坂附近"二级公路相连，事实上以二级公路标准实施西Ⅱ线方案。

2005年7月阿尔泰共和国副总理与新疆维吾尔自治区政协主席在戈尔诺—阿尔泰斯克签署了合作建设直达公路的意向书。未来的交通走廊将经阿尔泰共和国直通中国。

喀纳斯达坂与俄交界处只有54.7千米宽。西北唯一与俄罗斯交界的喀纳斯口岸，贯通后可以开辟中俄能源运输的公路通道。

（3）中巴喀喇昆仑公路的修复

中巴喀喇昆仑公路起始于巴基斯坦西北小镇赫威利扬，溯印度河谷，经伯塞姆、齐拉姆，离开印度河谷延伸至吉尔吉特河与罕萨河交汇处吉尔吉特，再沿罕萨河谷过巴中边界，达塔什库尔干，进入沿盖孜河谷通向喀什。

喀喇昆仑公路（Karakoram Highway，英文缩写为KKH）是高原公路，全长1 224千米，路面等级三级。公路始建于20世纪60年代，1979年正式建成通车。公路要经过复杂、崎岖的山岭地带，穿越海拔4 500米的帕米尔高原，最高海拔达4 700米，其中巴基斯坦境内长616千米。线路跨越喀喇昆仑山脉和傍兴都库什山脉进入喜马拉雅山脉，沿印度河支流洪扎河、吉尔吉特河而下，并3次横跨印度河。线路建设中克服了许多不良地质条件，如跨越冰川末端21个，其中有巴托拉冰川，还克服了泥石流、坍方、滑坡、岩崩、雪崩等。喀喇昆仑公路也因此被称为公路建设史上的奇迹，被评为"世界十大险峻公路"之一。公路的建成为巴基斯坦北部地区的经济发展带来了革命性的变化。但这条公路到现在已年久失修，加上2005年大地震的破坏，路况较差。此外，鉴于巴基斯坦—阿富汗边境恐怖袭击频发的形势，[①]红其拉甫山口前后方公路在11月至次年4月冬季禁运，都影响着公路运输。在秋冬时节，因为气候原因喀喇昆仑公路大部分时间被封闭。

线路处于重要战略的地位，既是打通中国和巴基斯坦陆路交通的唯一通道，也是构成亚洲公路网的组成部分。

2006年2月，穆沙拉夫访华期间中巴签署的联合声明宣布，两国原则上同意联合扩建喀喇昆仑公路。2006年2月17日，中国路桥公司与巴基斯坦公路局签署谅解备忘录，决定对因受2005年10月巴基斯坦大地震灾害影响的喀喇昆

---

① 宋志辉. 喀喇昆仑公路与中巴通道建设[J]. 南亚研究季刊，2006（4）：33-35.

仑公路进行修复和改造。根据中巴双方签署的有关协议，公路改造费用预计需要180亿卢比，约合人民币25亿元，将主要由中国提供的软贷款来完成（"软贷款"是由政策性银行提供的可作为资本金的贷款，具有期限长、利率低的特点）。巴基斯坦希望在中国的帮助下改扩建喀喇昆仑公路，由现在的10米宽扩为30米宽左右，车辆时速增加到80千米，使其能适合大型载重车辆通行，运输能力提高3倍。

（4）中吉乌（喀什—吐尔尕特口岸—安集延）公路

喀什—吐尔尕特口岸—安集延公路，主要连接阿拉木图—比什凯克—雷巴奇耶—纳轮—吐尔尕特公路、安集延—浩罕—哈瓦斯特—塔什干—比什凯克—阿拉木图公路、奇姆肯特—乌拉尔公路、哈瓦斯特—撒马尔罕—布哈拉—马累—阿什哈巴德—克拉茨诺沃茨克等主干公路，形成了以吐尔尕特为顶点，向北、向西北、向西、向南延伸的扇形辐射格局。就国内而言，喀什—吐尔尕特口岸—安集延公路东连国道314、315线，在塔里木盆地形成"人"字形格局，并向东向西伸展，形成"蝴蝶结"状分布格局，联通了塔里木盆地、西北和中亚地区。

早在1985年，我国就投资修建了阿图什—吐尔尕特公路，境内喀什—吐尔尕特口岸已修建完成。2018年年初，中吉乌公路正式运行，线路的贯通为中亚与新疆能源合作提供了有利的交通条件。

（5）清水河—霍尔果斯口岸—萨雷奥泽克公路

线路东起霍城县清水河镇，中经霍尔果斯口岸，西至哈萨克斯坦的萨雷奥泽克。线路穿越伊犁河谷，自然环境条件较好。其中赛里木湖—果子沟—清水河—霍尔果斯、清水河—伊宁的二级公路的建设项目，施伊宁—清水河—霍尔果斯高速公路项目均已完成。线路已成为连霍高速公路的西端，成为亚洲公路网络的重要部分。

线路西连哈萨克斯坦干线公路（阿拉木图—厄斯克门）、阿拉木图—奇姆肯特干线公路、阿拉木图—彼得巴甫洛夫斯克干线公路。这3条干线以萨雷奥泽克—阿拉木图为顶点，向北、向西北、向西南辐射，辐射半径至亚洲北部和中部，西向咸海及里海油气产区，南及阿姆河沿岸土库曼斯坦、乌兹别克斯坦油气区，是哈萨克斯坦及中亚能源通道的命脉。

（6）博乐岔口—阿拉山口—乌恰拉尔公路

线路起点为312国道以西5 000米处（博乐岔口），经阿拉山口，抵达哈萨克斯坦乌恰拉尔，其中中国新疆境内108千米。线路跨越阿拉套山与巴尔鲁克山间90千米阿拉山口通道，西连哈萨克斯坦阿拉胡，东接中国艾比湖，西北属哈萨克斯坦阿拉木图州，对接哈萨克斯坦干线（厄斯克门—阿拉木图公路），并向西延伸至乌拉恰尔地区与东哈萨克斯坦干线形成"十"字交叉，可以通往哈萨克斯坦所有重要的矿区和城市；东南属新疆博尔塔拉蒙古自治州，连接国道主干线G045线。

（7）克拉玛依—巴克图口岸—阿亚古兹公路

线路东起克拉玛依，中经巴克图口岸，抵达哈萨克斯坦阿亚古兹。线路处于巴音鲁克山和塔尔巴哈台山之间，西接东哈州干线公路，东连国道217线，3条公路形成了"H"状网格局。奎屯—北屯铁路、克拉玛依—巴克图—阿亚古兹铁路建成后，在特殊情况下，这一公路通道可以通过土西铁路，从俄罗斯西西伯利亚进口油气资源。

（8）黑山头—吉木乃口岸—格奥尔耶夫卡公路

线路东起国道217线黑山头段，中经吉木乃口岸，抵达哈萨克斯坦格奥尔耶夫卡。线路处于塔尔巴哈台山北麓。线路西端与东哈萨克斯坦干线相连，东接中国217国道，在3条公路中起到战略连接作用。奎屯—北屯铁路、乌吞布拉克—吉木乃—斋桑—然吉斯托别铁路建成后，我国可从土西铁路、乌吞布拉克—吉木乃—斋桑—然吉斯托别铁路进口俄罗斯西西伯利亚油气资源，该线路将发挥重要的辅助作用。

（9）阿勒泰—中蒙红山嘴—大洋口岸—俄蒙查干诺尔—塔尚塔口岸公路

线路南起新疆阿勒泰市，经中蒙红山嘴—大洋口岸，北达俄蒙查干诺尔—塔尚塔口岸，纵切阿尔泰山，连接准噶尔盆地与蒙古高原。

线路南端与国道216线相连，北接俄罗斯秋亚公路和蒙古国西北公路，3条公路形成了"H"状网格局。线路在3条公路中起到战略连接作用。与线路平行的中蒙俄铁路及管道建成后，该线路将对中国进口俄罗斯西西伯利亚油气资源发挥重要作用。

（10）哈密—临河公路

线路东起新疆哈密，经内蒙古额济纳旗，到达内蒙古临河区，全长998千米。线路沿东天山、北山北麓，阿拉善高原北侧，西接省道302和303线、国道216线、国道主干线G045线、博乐岔口—阿拉山口公路，连接着乌鲁木齐、独山子、霍尔果斯、阿拉山口等城市、工矿区和口岸；东段接丹东—拉萨高速公路内蒙古、河北段，连接北京、天津、包头等重要城市和港口，纵贯西北、华北、东北，成为"三北"线路重要干线。同时，线路与国道312线河西走廊段、待建的库尔勒—格尔木—成都公路成为西北三条主通道，在进口能源及新疆油气资源运往内地方面将发挥重大作用。

库尔勒—格尔木—成都公路，西起新疆库尔勒市，中经新疆若羌县与青海格尔木市，进入四川成都市，全长2 771千米。线路大致处于库鲁塔格、阿尔金山南麓和昆仑山、巴颜喀拉山北麓，大多路段处于青藏高原及边缘地带。

线路在若羌—芒涯段与国道315线交叉，成为贯通塔里木盆地、柴达木盆地南北边缘的交通主干线。线路与中土天然气管线、中巴石油管线、中乌石油管线、库尔勒—格尔木—成都铁路并行，并将与兰青铁路、青藏铁路、兰州—西宁—格尔木—拉萨公路、兰州—格尔木—拉萨石油管线交叉，在我国能源运输格局中占重要地位。

4. 输电网络

丝绸之路经济带能源合作的四大跨国输电线路初见端倪：

①起自吉尔吉斯斯坦、乌兹别克斯坦、塔吉克斯坦3国，经吐尔尕特—伊犁—乌鲁木齐—哈密—永登—乾县，抵达环渤海经济圈电力负荷中心，电源为吐尔尕特口岸吉乌塔3国电力、吉木乃口岸哈萨克斯坦电力；

②"喀什—库尔勒—托克逊"线路，对接吐尔尕特，联通吉乌塔3国电力和塔吉克斯坦西南水电基地；

③塔吉乌中吐尔尕特口岸输电线路（安集延—吐尔尕特—喀什输电线路），接中亚电网，输入塔吉乌3国水电、火电；

④"斋桑—吉木乃—克拉玛依"线路，接东哈州北部联合大电网和阿勒泰电网，电源为以东哈州水电、火电，汇入伊犁、乌鲁木齐输电网络。

哈萨克斯坦拥有68个发电站，额定功率为198亿瓦特，可调配功率为158亿瓦特。电力产能中，84.4%来自热电站发电，5.8%来自燃气涡轮电站发电，9.8%来自水电站发电。根据"2030年前电力领域发展规划"，哈萨克斯坦将新建数座燃气涡轮电站和活塞式燃气发电站，并将部分现有发电站改造为燃气蒸汽循环式以提高经济效益。预计在2030年前进行更新改造的电力产能为70亿瓦特，新投产的电力产能达140亿瓦特。哈萨克斯坦距离中国中、东部地区负荷中心的半径为4 000～5 000千米，有丰富的烟煤和褐煤资源，以及较强的环境承载能力，具备建设大型坑口电站的条件。中哈电力联网合作，可采用特高压直流工程输电至中国的中部地区。吉尔吉斯斯坦与喀什地区毗邻，中吉电力联网合作在纳伦河上新建德日兰雷科水电站和乌奇昆水电站，总装机容量为266兆瓦，年发电量为16.72亿千瓦时，建设从乌奇昆水电站至喀什220千伏输电线路，与喀什电网联网。①

与此相配套的丝绸之路经济带核心区电网建设成果突出。三塘湖—哈密北等750千伏输变电工程建成投运；准东—华东（皖南）±1 100千伏特高压直流输电工程及其配套1 320万千瓦电源项目在加快建设，"疆电外送"第三条通道哈密北—湖北荆门±800千伏特高压直流输电工程前期工作在积极推动。有序建设疆内电力工程，严格控制新增火电产能，进一步完善750千伏主网架及配电网建设，建成五彩湾—岌岌湖—三塘湖、伊犁—库车750千伏输变电工程，加快乌北—准北等750千伏输变电工程建设。

---

① 高世宪，等. 新疆与周边国家资源能源合作现状及潜力分析[J]. 中国能源，2014（4）：5.

（二）丝绸之路经济带新能源合作

新能源在丝绸之路经济带核心区新疆是新兴产业，但已形成哈密、阿勒泰、吐鲁番、达坂城、阿克苏、喀什等光伏基地。能源装备制造业方面，新疆已有一定基础，在太阳能风能技术、装备制造、系统集成、工程建设、储能、与电网衔接、运行维护等产业链技术服务方面，具备向周边国输出的优势和技术实力。在新能源开发领域，新疆周边国在太阳能、风能、生物质能、干空气能等领域具有发展潜力，且处于待开发阶段，目前新疆新能源产业已开始与周边国市场对接。[①]（见表2-4）

表2-4　中国与共建丝绸之路经济带中亚国新能源开发一览表

时间	合作国家	内容
2012年	哈萨克斯坦	中国电建集团所属水电顾问集团国际公司和成都院控股哈萨克斯坦水利设计院有限公司，进入哈萨克斯坦可再生能源市场
2013年	吉尔吉斯斯坦	中国政府提供贷款，新疆特变电工集团有限公司承建的吉尔吉斯斯坦"南部电网改造项目"竣工
2014年	哈萨克斯坦	中国广核集团有限公司与哈萨克斯坦国家原子能工业公司签署了核能领域互利合作协议，计划在哈萨克斯坦建立合资企业生产核燃料组件
2014年	乌兹别克斯坦	乌兹别克斯坦与中国企业合作，在纳沃伊自由工业经济区建设100兆瓦光伏电池板生产线，在吉扎克特殊工业区兴建年产5万台太阳能集热器生产企业
2015年	哈萨克斯坦	新疆金风科技在与哈萨克斯坦产业投资主管部门、新能源投资企业和有关的金融投资服务、工程建设施工和物流行业企业共同商讨时，提出金风科技将在新疆能源战略框架内，大力推动两国政府间提出的跨国输电合作，并提出在哈萨克斯坦建设千万千瓦级能源基地的设想

---

① 聂志强，刘婧. 新疆同中亚各国开展技术转移的重点领域与主要路径分析[J]. 科技进步与对策，2012（7）.

续表

时间	合作国家	内容
2016年1月	哈萨克斯坦	中国电建集团所属水电顾问集团与哈萨克斯坦巴丹莎（BADAMSHA）风电项目公司签署BADAMSHA风电项目EPC合同，这是哈萨克斯坦政府重点支持的中亚地区最大的新能源工程
2017年9月	乌兹别克斯坦	新疆金风科技在乌兹别克斯坦塔什干州的金风750千瓦风机运行。而特变电工下属的新能源公司大型并网逆变器已出口哈萨克斯坦，顺利并入哈萨克斯坦电网，在技术领域持续取得新的突破

三、丝绸之路经济带能源合作潜力分析

（一）主要资源地及资源量的确定

1. 油气资源

丝绸之路经济带中亚地区油气资源丰富（见图2-1、图2-2），共有17个具有一定规模的盆地，其中10个已发现油气资源，包括滨里海、阿姆河、南里海、南图尔盖、曼格什拉克、北乌斯丘尔特、阿富汗—塔吉克斯坦、费尔干纳、楚河—萨雷苏、斋桑等。

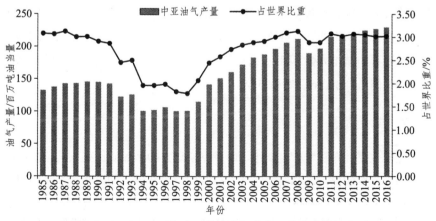

图2-1　1985—2016年中亚地区油气产量及其占世界的比重

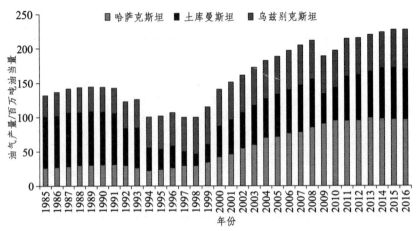

图2-2　1985—2016年中亚各国油气产量及其变化趋势

石油和天然气主要分布在哈萨克斯坦、土库曼斯坦和乌兹别克斯坦。石油储量为42.8亿吨，占世界总量的2.1%；天然气储量为11.8万亿立方米，占世界总量的6.2%。重要的油气盆地包括滨里海盆地、滨咸海盆地和锡尔河盆地等7个油气盆地，古生代和中生代地层中油气资源潜力巨大。其中，哈萨克斯坦的石油和天然气尤为丰富，根据《BP 世界能源统计年鉴（2015）》，2014年哈萨克斯坦探明陆上石油储量为39亿吨，居世界第12位；探明天然气储量为1.5万亿立方米，居世界第20位。土库曼斯坦探明石油储量为1亿吨；探明天然气储量17.5万亿立方米，居世界第4位。乌兹别克斯坦探明石油储量1亿吨，探明天然气储量1.1万亿立方米。吉尔吉斯斯坦蕴藏一定的油气资源，但开采难度大、资金和技术匮乏、基础设施落后，短期内难以进行大规模勘探开发。塔吉克斯坦油气资源匮乏。据美国能源信息署2013年8月公布的数据，里海探明石油储量为482亿桶，天然气为8.268 5万亿立方米。其中，哈萨克斯坦的油气储量分别占64.7%和35.6%。①

2. 煤炭资源

煤矿主要分布在哈萨克斯坦。哈萨克斯坦共49个煤矿床列入国家矿产储量平衡表，探明储量为336亿吨，居全球第8位。其中，烟煤和无烟煤探明储

---

① U.S. ENERGY INFORMATION ADMINISTRATION. Overview of oil and natural gas in the Caspian Sea region[R]. 2013-08.

量为215亿吨，次烟煤和褐煤121亿吨。哈萨克斯坦中部和中北部有图尔盖、卡拉干达、巴甫洛夫达尔、伊犁4个含煤盆地。

3. 电力资源

（1）哈萨克斯坦电力资源

哈萨克斯坦拥有丰富的煤炭储量，电力系统完备。哈萨克斯坦统一电力系统拥有40个各种所有制的发电组织，其中包括70个发电站，总装机容量19.4百瓦，可用容量15.3百瓦。在哈萨克斯坦电力系统中火电占优势地位，煤炭发电量占75%，天然气发电量占10.1%，重油发电量占4.9%，水电发电量只占很小部分。就用电量来说，北部地区最大，这里集中了大型的冶金企业，其次是西部地区，第三位是南部地区。[①]

目前，哈萨克斯坦拥有68个发电站，额定功率为198亿瓦特，可调配功率为158亿瓦特。电力产能中，84.4%来自热电站发电，5.8%来自燃气涡轮电站发电，9.8%来自水电站发电。

（2）塔吉克斯坦电力资源

塔吉克斯坦水力资源量居世界第6位，人均占有量居世界第8位，水力发电潜力可达2 011亿千瓦时。至2014年，塔吉克斯坦先后在北部的泽拉夫尚河中部的卡法尔尼冈河和瓦赫什河南部的喷赤河等4大水系上共建近31座大中小型水电站，总装机容量为509万千瓦。2013年塔吉克斯坦总发电量为170.92亿千瓦时，其中一部分电能用于出口阿富汗。除水电站外，塔吉克斯坦还建有8座热电厂，即杜尚别热电厂和亚万热电厂及2014年年初投入使用的杜尚别2号热电站，3个电站的装机容量共计41.8万千瓦，年发电量超过10亿千瓦时，除原有的中亚电网外，塔吉克斯坦与阿富汗边境电网相连，每年夏季可对阿富汗出口电力约5亿千瓦时。[②]

---

① 段秀芳，张新. 中国—中亚电力丝绸之路的探索[J]. 新疆财经，2015（1）：63-64.
② 塔吉克斯坦的电力基础设施［EB/OL］. http://tj.mofcom.gov.cn/article/yshj/201407/20140700675758.shtml.

（3）乌兹别克斯坦电力资源

乌兹别克斯坦拥有丰富的石油和天然气资源。受能源结构和燃料成本的影响，乌兹别克斯坦的发电形式以天然气发电为主。2016年，乌兹别克斯坦电源装机总量超过1 425万千瓦，主要包括11座火电厂和35座水电站，占比分别为87.6%和12.4%，此外，还建有小规模的光伏和风力电站。2016年乌兹别克斯坦发电总量589.51 × 10^{8}千瓦时，其中火电469.54亿千瓦时、水电119.97亿千瓦时，占比分别为79.6%和20.4%。[1]

（4）吉尔吉斯斯坦电力资源潜力

吉尔吉斯斯坦丰富的水能储量目前仅开发了10%，水力发电潜力可达711亿千瓦时。

（二）丝绸之路经济带能源合作的部分设施基础

哈萨克斯坦现有发电站68个（额定总功率达198亿瓦特）。根据该国"2030年前电力领域发展规划"，规划新建数座燃气涡轮电站及活塞式燃气发电站，并将部分现有发电站改造为燃气蒸汽循环式以提高经济效益。预计在2030年前进行更新改造的电力产能为70亿瓦特，符合建设大型坑口电站条件。建成中哈电力联网可采用特高压直流工程输电经新疆到我国中部地区。

而在新能源发展方面，哈萨克斯坦在《2013—2020年替代能源和可再生能源行动计划》中提出，到2020年前，该国的可再生能源（以风能、水能、太阳能发电站为主）发电功率达到104万千瓦。哈萨克斯坦规划建设的可再生能源发电设施（106座）中包括28座太阳能发电站，主要分布在江布尔州、阿特劳州、南哈萨克斯坦。

与喀什地区毗邻的吉尔吉斯斯坦，与中国形成了中吉电力联网合作，在纳伦河上新建德日兰雷科、乌奇昆水电站，总装机容量达266兆瓦，年发电量为16.72亿千瓦时，建成从乌奇昆水电站至喀什220千伏输电线路，并与喀

---

① 山东电力工程咨询院有限公司. 乌兹别克斯坦电力领域发展研究报告[R]. 济南：山东电力工程咨询院有限公司，2017.

什电网联网[1]。2013年7月新疆特变电工集团有限公司承建了吉尔吉斯斯坦的"南部电网改造项目"。

土库曼斯坦形成了第二亚欧大陆桥、哈—土—伊铁路、吉—土—阿铁路，计划建设"马雷—梅什赫特""巴尔坎纳巴特—阿里阿巴特"两条400千伏的新输电线路，以满足向伊朗、土耳其出口电力的需要。

塔吉克斯坦国内铁路分为北、中、南三段，目前正与中国合作修建瓦赫达特—亚湾铁路。瓦亚铁路将联通中、南两段铁路，提升塔国内铁路运输的能力。塔吉克斯坦原油管道从乌兹别克斯坦费尔干纳盆地通往该国北部城市胡占德，天然气管道一条与原油管道并行铺设，另外一条从乌兹别克斯坦通往塔吉克斯坦首都杜尚别并向南通外哈特隆州库尔干秋别地区。[2]

四、丝绸之路经济带能源合作资源入境口

中国新疆目前与哈萨克斯坦已开放的口岸有：霍尔果斯（中）—霍尔果斯（哈）、吉木乃—迈卡布恰盖、木扎尔特—纳林果勒、阿黑吐别克—阿连谢夫卡、都拉塔—科尔扎特、阿拉山口—多斯特克、巴克图—巴克特。卡拉苏—阔勒买公路口岸与吉尔吉斯斯坦相互开放。

能源合作主要入境口岸：红其拉甫口岸、吐尔尕特口岸、霍尔果斯口岸、阿拉山口口岸。备用口岸：巴克图口岸、吉木乃口岸、喀纳斯口岸。

1. 阿拉山口口岸

阿拉山口口岸是中国与哈萨克斯坦的边境口岸，是中国西部地区唯一的铁路、公路并举的国家一类口岸，距博尔塔拉蒙古自治州政府所在地博乐市73千米。阿拉山口是介于阿拉套山和巴尔鲁克山之间的一个宽约20千米、长约90千米的宽阔平坦的通道。北接哈萨克斯坦共和国的阿拉湖，南接我国艾比湖，北段属哈萨克斯坦共和国塔尔迪库尔干州，南段属于中国新疆博尔塔

---

① 高世宪，等. 新疆与周边国家资源能源合作现状及潜力分析[J]. 中国能源，2014（4）：5.
② 龙涛，等. 中国在塔吉克斯坦资源产业开发布局分析[J]. 中国矿业，2016（7）：55.

拉蒙古自治州。阿拉山口对应口岸是哈萨克斯坦共和国阿拉木图省的多斯特克口岸（距阿拉山口12千米）。进口能源主要是来自哈萨克斯坦扎纳多诺尔油田、阿克纠宾油田，以及来自俄罗斯西西伯利亚油田的石油（经俄罗斯鄂木斯克—巴浦洛达尔—哈萨克斯坦阿塔苏石油管道），未来还包括里海沿岸石油；特殊情况还包括土库曼斯坦石油（经鄂木斯克—奇姆肯特—查尔朱石油管道）。

2. 霍尔果斯口岸

霍尔果斯口岸站位于新疆伊犁哈萨克自治州霍城县境内，与哈萨克斯坦隔河相望。霍尔果斯口岸距伊宁市90千米，距乌鲁木齐市670千米。对应口岸为哈萨克斯坦霍尔果斯口岸，距中方口岸仅15千米，距哈萨克斯坦雅尔肯特市（原名潘菲洛夫市）35千米，距哈萨克斯坦原首都阿拉木图378千米。霍尔果斯口岸是中国西部历史上最长、综合运量最大、自然环境最好、功能最为齐全的国家一类陆路公路口岸。霍尔果斯口岸是新疆与中亚各国通商的重要口岸，是新疆对外开放的一个重要窗口，与南疆中巴边境的红其拉甫口岸和北疆阿拉山口口岸同为新疆目前向第三国开放的3个口岸之一。精伊霍铁路、连霍高速铁路、312国道和中国至中亚天然气管道均会集于此。能源来源主要为里海之滨气田和咸海区域气田，另外也有的来自土库曼斯坦和乌兹别克斯坦。能源进口还可用铁路运输方式替代中哈原油管道。

3. 喀纳斯口岸

喀纳斯口岸为中蒙俄哈四国环阿尔泰山的区域，是新疆建议开建的中俄口岸。喀纳斯口岸位于新疆维吾尔自治区阿勒泰地区布尔津县境内北部，距县城150千米，是一个坐落在阿尔泰深山密林中的高山湖泊。陆地交通有东线国道217和西线国道216两条线路。西线：沿准噶尔盆地东缘，自乌鲁木齐至布尔津，全长621千米，具体路线为：乌鲁木齐—昌吉—石河子—奎屯市—克拉玛依（331千米）—布尔津（621千米），公路为三级公路。东线：沿准噶尔盆地西缘，具体路线为：乌鲁木齐—米泉—阜康—富蕴—阿勒泰—布尔津，全程约650千米。这条线路将穿越古尔班通古大沙漠。

进口能源主要是来自俄罗斯西西伯利亚秋明油气田的天然气、新西伯利亚的电力。

4. 吐尔尕特口岸

吐尔尕特口岸与吉尔吉斯斯坦的纳伦州接壤，位于克孜勒苏柯尔克孜自治州乌恰县托云乡境内，是中国与吉尔吉斯斯坦通商的口岸，也是通往中亚、南亚、西亚、欧洲各国的重要门户。吐尔尕特口岸曾有"图噜噶尔特""吐尔戈特"和"托云"口岸等名。对应口岸为图尔嘎鲁图口岸（吉尔吉斯斯坦）。进口能源主要是来自吉尔吉斯斯坦、塔吉克斯坦的电力，土库曼斯坦和乌兹别克斯坦的油气资源。

5. 红其拉甫口岸

红其拉甫口岸是中国一类陆路（公路）口岸，与巴基斯坦苏斯特口岸相对。红其拉甫口岸位于新疆喀什地区塔什库尔干塔吉克自治县，是中国改革开放以来新疆维吾尔自治区最早对外和对第三国开放的一类陆路口岸。除了与巴基斯坦毗邻，红其拉甫口岸还与印度、阿富汗、塔吉克斯坦交界，地理位置十分重要。进口能源主要为伊朗、中东、非洲的油气资源。

6. 替代口岸——巴克图口岸

巴克图口岸位于新疆伊犁哈萨克自治州塔城地区境内，地处东经82°48′，北纬46°41′，海拔460～480米。巴克图口岸对面为哈萨克斯坦东哈州。从巴克图口岸入境至塔城市17千米，至乌鲁木齐市621千米；出境至哈方巴克特口岸800米，至马坎赤市60千米，至乌尔加尔机场110千米，至阿亚库斯车站250千米。巴克图口岸交通便捷。口岸本身就是217国道的零千米处。从这里可以走向新疆各地，还可以经过乌鲁木齐到达其他省区市，有机场，有航线。优越的通商条件，使巴克图口岸成为目前我国连接俄罗斯及中亚各国最便捷的口岸，被誉为"准噶尔门户""中亚商贸走廊"。

7. 替代口岸——吉木乃口岸

　　吉木乃口岸是中哈俄三国之间最为便捷的国际贸易通道，也是我国西部一条重要国际贸易通道新欧亚大陆桥北线的重要支点。吉木乃县位于新疆维吾尔自治区西北部、萨吾尔山北麓，西与哈萨克斯坦交界，北与俄罗斯相望。对应口岸是迈哈布奇盖口岸（哈萨克斯坦）。当前，东哈州已将铁路规划至斋桑县，并有向迈哈布奇盖口岸延伸的计划。进口能源主要为哈萨克斯坦斋桑地区油气、东哈州阿尔泰电网电力。

第三章
丝绸之路经济带能源合作的
地缘政治背景及资源形势

一、全球化背景下的丝绸之路经济带能源合作的纵深背景

（一）国际能源供需格局新变化、国际能源发展新趋势

1. 世界油气资源非均衡性分布，出现了多元化的能源地缘结构

油气资源地域空间分布在全球范围呈现非均衡性的特点。世界石油剩余可采储量中，63.3%分布在中东，中国仅占2.1%。而天然气剩余可采储量中，中东占40.8%，俄罗斯占26.7%，中国仅占1%。国际能源供应中心呈现多元化分布：从原来唯一的、位于中东湾欧佩克（OPEC）心脏地带的沙特阿拉

伯，扩展至里海，贯通俄罗斯西伯利亚，并最终延伸到加拿大，形成了SCSC轴心（Saudi—Caspian—Siberia—Canada Axis，沙特—里海—西伯利亚—加拿大轴心）。

从欧亚油气资源分布来看，以中亚—里海为核心向西延展即为中东石油带，向北、向东与俄罗斯油气地带连接即为里海—中亚—俄罗斯油气带。如果再向西延经中东至北非，再向东扩至俄罗斯西伯利亚和远东地区，则形成一个巨大的全球油气资源核心地带，这里蕴藏了全球65%的石油和73%的天然气。中东—西北非、俄罗斯—中亚两大板块集中了全球油气资源总储量的73.4%，俄罗斯—中亚正处于SCSC轴心地带的中心。而亚太、北美地区仅占总储量的3.4%和5.0%。根据油气资源地域分布的这一特征，处于油气消费增长强劲的亚太地区的中国，不可能完全依靠自有资源支撑经济发展，中国西北陆路能源通道供给也不能仅仅依靠本地资源，有赖于在全球范围内特别是与俄罗斯—中亚的国际合作实现资源的优化配置和互补。

2. 世界油气资源的勘探投资不足，垄断性不断加强

由于地球上不再有探明储量大、易开采的大型油田，油气资源枯竭的征兆显现。而作为重要产油者的石油输出国组织（欧佩克）的开采能力也近极限，其中6个成员国的石油产能甚至已超极限。但人类至今尚未发现能替代化石燃料的其他能源，至少在相当长的时间内无法实现这一愿望。在石油、天然气资源日渐枯竭的同时，其能源地位至少在可预见的将来仍不可替代。（奥地利第一银行集团的石油问题分析师罗纳德·施托费勒观点）

石油、天然气是具有垄断性的资源，世界大部分探明储量和潜在储量都在SCSC轴心国家。由于资源相对集中，供应易受操控。近年来一些能源生产国通过各类措施强化了国家对资源的控制，减缓了投资开发，并大幅度提高了资源开采和出口的税收。从近十多年来石油企业资金流向上看，石油企业特别是私有企业投入石油勘探与开采领域的资金偏少，而更多的资金被用在股票回购或分红上。由于用于石油勘探的投资不足，大型

私有石油企业控制的石油储量递减，国有石油企业的市场垄断地位被强化。目前，全球石油储量的83%以上均由国有石油公司掌控。

由于难以发现新的大油田，世界石油供给局限在现有几个主产区。随着石油资源的枯竭，产油地区变得更加集中。此外，多数产油国的开采能力已接近甚至达到极限，石油生产成本提高、后续投资不足，出现了石油资源垄断性强化的市场结构。[①]

随着世界超级石油垄断集团的形成及对国际油气资源的垄断，1998年以来国际能源行业兼并兴起。能源企业的资产重组一方面是为了优化内部资源配置、进行成本控制和实现利润的最大化；另一方面是借助资金优势和产油国对外开放与私有化的契机，在全球范围内控制油气资源。欧美跨国石油公司成为国际石油竞争的主体，跨国石油公司通过"全球思维、全球生产、全球经营"战略，在世界能源产业中占据主导地位。据统计，目前全球50个最具潜力的大型油气田项目几乎被10家西方跨国石油公司掌控，跨国公司还拥有着世界30%以上的石油工业产值、65%以上的贸易量和直接投资额、80%以上的世界石油石化先进技术。

国际上形成了以美英两国政府为背景的石油垄断集团，其中以埃克森美孚、壳牌、英国石油、道达尔菲纳尔夫等为代表的跨国石油公司控制着世界30%以上的石油工业产值，仅这四家石油公司就控制了全世界石油市场销售额的32%、炼油能力的19%。全球超过80%的优质油气资源的开采权被埃克森美孚、英国石油、壳牌等英美跨国石油公司控制，作为后起国的中国面临的市场选择空间极为有限。

3. 世界石油天然气储量、产量增长缓慢，供需缺口较大

如表3-1所示，随着世界经济的发展，全球石油天然气储量、产量增长缓慢。国际能源署在《世界能源展望》报告中预测，到2030年，世界天然气消费年均增长率为2%。美国能源信息署预测认为：2030年全球天然气消费将增

---

① 石油供给垄断性在加强廉价石油时代不会重现[EB/OL]. Finance.ce.cn/macro/gdxw/200902/20/t20090220-14241222.shtml.

加52%，由2005年的2.84万亿立方米至2030年的4.32万亿立方米。能源供需缺口较大。

表3-1　世界油气储量、产量和消费量变化情况

时间/年	储量		产量		消费量	
	世界石油/亿吨	世界天然气/万亿立方米	世界石油/亿吨	世界天然气/万亿立方米	世界石油/亿吨	世界天然气/万亿立方米
2017	2 253.122 0	196.827 6	39.312 5	3.680 38	44.81	3.670 4
2016	2 254.6	188.253 7	39.167 2	3.542 982	44.18	3.542 88
2015	2 259.065 8	196.6790	39.190 2	3.537 33	43.38	3.480 14
2014	2 268.4	197.1	38.1	3.460 6	42.55	3.410 21
2013	2 243.118 0	198.775 9	37.639 1	3.408 84	42.21	3.388 36
2012	2 234.034 2	192.252 3	37.858 3	3.363 97	41.76	3.314 4
2011	2 077.679 4	190.933 1	36.279 9	3.291 27	—	3.242 43
2010	2 004.554 8	188.119 8	36.054 8	3.059 5	40.28	2.940 4
2009	1 817	187.49	38.21	2.986 9	38.82	2.940 362
2008	1 838.82	177.10	36.48	3.051	39.20	3.007
2007	1 824.42	175.14	36.08	2.856 532	39.56	2.92
2006	1 770.79	173.077	36.24	2.865 3	38.89	2.857
2005	1 763.03	172.97	35.89	2.76	38.37	2.84
2004	1 742.78	170.93	38.65	2.69	37.99	2.69
2003	1 661.64	155.78	37.03	2.62	36.42	2.61
2002	1 412.60	154.36	35.75	2.53	35.23	2.54
2001	1 408.98	149.47	35.98	2.49	35.17	2.47

续表

时间/年	储量		产量		消费量	
	世界石油/亿吨	世界天然气/万亿立方米	世界石油/亿吨	世界天然气/万亿立方米	世界石油/亿吨	世界天然气/万亿立方米
2000	1 391.97	145.72	36.138	2.42	35.372	2.435 4
1999	1 416.94	145.68	34.793	2.32	34.993	2.336 5
1998	1 396.77	144.03	35.476	2.27	34.369	2.287 3
1997	1 395.82	140.03	34.809	2.22	34.207	2.249 7
1996	1 380.24	139.70	33.759	2.23	33.354	2.257 5

资料来源：《世界石油工业》《国际石油经济》期刊历年相关文章，以及历年BP世界能源统计年鉴。

4. 国际油气资源合作的机会增加，并将促进新一轮油气资产并购与重组

自2008年以来，众多油气资源国面临严峻的经济形势。油气等支柱产业受冲击，收入降低，财政状况恶化，经济增长放缓，甚至衰退。为了振兴能源产业、推动经济发展，资源国有可能调整其对外合作政策，实行优惠的财税政策，推出地质条件较好的区块或油气田对外招标，以吸引投资，促进油气勘探开发。而且，在当前国际油价较低的条件下，以市场、贷款等方式进行资源合作的机会也相应增多。

在全球化的大背景下，各国通过共同应对能源供给、价格波动、环境影响、能源运输安全等问题，已将能源安全融入国际政治经济合作之中。

在全球经济衰退的形势下，世界油气工业将出现油气资产并购和企业重组的趋势，产业资源和规模的集中度增加。由于规模小、实力弱，中小型油气公司抵抗风险能力弱化，破产的概率增加。国际大型石油公司可能利用结构调整，整合自身资源，渡过难关，同时突出核心业务，寻找战略并购机会，增强其竞争力。某些国家的国有石油公司需要出让部分油气资源或资产，以

获得资金，维持运行。这些趋势为中国石油企业通过并购、参股等方式获取油气资源提供了更多的机会，企业可以由此完善境外油气产业结构，延长产业链。[①]

（二）影响丝绸之路经济带能源格局演进的国际势力

1. 丝绸之路经济带能源合作面临着复杂的国际形势

丝绸之路经济带能源合作聚焦于环里海地区，而环里海俄罗斯—中亚能源带地处欧亚大陆腹地，北向延伸到俄罗斯的西伯利亚和远东地区，南邻中东地区和波斯湾，连接成一个巨大的油气资源富集区。从该区域在世界能源消费格局中的区位看，俄罗斯—中亚里海地区西面为欧洲消费国，东面则为中国等新兴国家，南面为印度次大陆能源市场，它成为世界能源市场的中心，资源价值和地缘价值引发了大国利益冲突和国际资本激烈角逐。

里海地区历史上属俄罗斯控制区域。苏联解体后，里海周边由苏联和伊朗两国变成了5国，即俄罗斯、阿塞拜疆、哈萨克斯坦、土库曼斯坦和伊朗。然而，随着北约东扩、美国在"9·11"事件后发动阿富汗战争和海湾战争及"颜色革命"在周边蔓延，以"巴库—第比利斯—杰伊汉"输油管线为标志的里海地区的地缘政治和油气博弈格局发生了重大变化。而围绕里海能源展开的国际政治斗争主要聚焦在三方面：一是里海的法律地位和水域划分；二是里海油气勘探开采权；三是里海油气输出管道走向。

内陆地区的中亚缺乏出海口，由于地理和历史的因素，形成了依附于某一大国的格局。作为连接东西方能源的通道，中亚成为各大国争夺的焦点。目前，20多个国家、80多个跨国公司和10多个国际金融机构涉及中亚、里海油气开发，累计投资逾100亿美元。

从环里海俄罗斯—中亚能源带发展趋势分析，油气资源呈现出北上（俄罗斯线）、西进（欧美线）、东输（中国线）的态势，南下（印巴线）线路则处于起步设想阶段。而从里海俄罗斯—中亚能源带的利益争夺主体分析，

---

① 潘继平，等. 中国境外油气勘探开发的机遇、挑战和对策[J]. 国际石油经济，2009（5）：55.

也可以判断为美俄为强势，同时掺杂着多国利益博弈，激化了该区域利益之争。美国借助巴库—第比利斯—杰伊汉石油管道的修建，获得了一条在中亚能避开俄罗斯的能源输出线路。美国同时提出跨里海天然气管道计划，试图将土库曼斯坦天然气绕过俄罗斯输入欧洲。俄罗斯则希望里海能源通过油气管线流向北方。而中国希望环里海俄罗斯—中亚能源带管线对接新疆能源通道。伊朗则提出将里海石油运往波斯湾的港口。

多国博弈、错综复杂的能源利益关系深刻影响着环里海俄罗斯—中亚能源带的能源格局。

2. 美国对丝绸之路经济带能源格局的影响力

（1）美国在环里海区域的能源战略

早在克林顿政府时期美国就制定了针对环里海地区的能源战略。1997年7月21日美国助理国务卿塔尔博特在《中亚和高加索通向未来的路线图》讲话中，强调美国对环里海地区的目标是："解决冲突与开发能源同时进行，使该地区成为美国21世纪的战略能源基地，遏制并削弱俄罗斯和伊朗在这一地区的影响。"[1]此后，美国参议院外交委员会也通过决议，宣布"中亚里海地区是对美国具有切身重要利益的地区"。美国推出的"中亚新战略"，在于加紧争夺对中亚的主导权。

2001年布什政府执政后成立了"国家能源政策发展工作组"，制定新的"国家能源政策"，提出必须把能源安全放在美国外交政策首位，重视中亚、里海能源开发。美国国家能源政策的报告认为，美国在未来20年的石油进口将继续增加到64%，2/3的石油将从国外进口。于是在进行反恐战争的同时，美国加紧了在中亚和里海地区的能源竞争。

中亚地区的特殊地缘使美国在环里海中亚地区展开了对能源的激烈争夺。依靠强大的政治、军事和经济实力，美国借阿富汗战争不断加强对该地区的渗透。美国宣布打击阿富汗塔利班政权后，中亚5国都以不同方式表示支

---

① [美]扎勒米·哈利勒扎德，等. 美国与亚洲：美国新战略和兵力态势[M]. 北京：新华出版社，2001.

持美国的军事打击行动，并相继对美国开放领空。阿富汗邻国乌兹别克斯坦和塔吉克斯坦还先后为美国提供了军事基地。2002年美国在吉尔吉斯斯坦马纳斯修建了甘西军事基地。

2006年4月，美国策划了在喀布尔举办的"大中亚伙伴关系、贸易和发展"国际会议，参与国包括了中亚5国和阿富汗、巴基斯坦等国。美国试图通过推进中亚、南亚一体化，形成"南向能源输出战略"，达到控制中亚能源的目的。

（2）美国在环里海中亚地区实现着三大能源战略目标

美国在环里海中亚地区有三大能源战略目标：加强能源供应的多样化，充分利用中亚的石油资源以减小对中东石油依赖，同时打压、削弱欧佩克的影响。

目前，环里海俄罗斯—中亚地区对欧洲主要供气干线已有美国积极倡导的"南流""纳布科"和强烈反对的"北溪"三条主要远景干线。

"南流"。巴库—第比利斯—杰伊汉绕开了俄罗斯及其在外高加索地区的盟友亚美尼亚，距离遥远，地质结构复杂，途经的国家政治局面不稳，特别是要穿越土耳其北部的库尔德人地区，维护成本太高，同时辐射面不广，对于里海东岸的土库曼斯坦和哈萨克斯坦的能源承接不足，而且就现实而言，目前的输油量太少，跟设计指标存在很大的差距，管线存在亏本的可能。而"南流"可提供充实管道的油源。"南流"线经过黑海海底联结俄罗斯与巴尔干地区和意大利的天然气管道，就可与巴库—第比利斯—埃尔祖鲁姆管道连接，并沿两个方向将俄罗斯天然气运送至欧洲：南线经保加利亚和希腊至意大利，北线经保加利亚、塞尔维亚、匈牙利至奥地利。

"纳布科"。"纳布科"是绕过俄罗斯把里海天然气输往欧洲的替代方案。项目计划从哈萨克斯坦和土库曼斯坦经里海沿阿塞拜疆、格鲁吉亚、土耳其向欧洲供应天然气。管道全长3 300千米，年输气能力为200亿～300亿立方米。此前，哈萨克斯坦、土库曼斯坦、阿塞拜疆、伊朗和伊拉克被认为是该管道的潜在供应商。

"北溪"。"北溪"是里海地区对欧洲主要供气管道的北欧天然气管道项目。

美国强烈反对"北溪"线路，认为该项目进一步引致了欧洲对俄罗斯天然气的依赖性，并影响着欧盟的意见。2008年6月17日美国国务院负责欧亚事务的助理国务卿弗里德声明，建议美国争取使里海石油和天然气向欧洲出口，摆脱俄罗斯和伊朗的控制，并坚决反对伊朗加入"纳布科"天然气管道。

（3）支持环里海区域能源出口多元化，将中亚国家纳入美国主导的西方经济体系

美国积极支持环里海地区能源出口多元化，鼓励西方国家参与中亚地区的能源开发和出口，将中亚国家纳入美国主导的西方经济体系，遏制并削弱俄罗斯和伊朗的影响。

环里海中亚地区尽管能源储量丰富，但既远离主要能源消费市场，又无通向海洋的直接出口，须经第三国向外运能源，这使能源运输成为里海油气开发的基础之一。因此，外输管线的控制权成为地缘政治的焦点。布热津斯基在《大棋局》一书中提出："里海石油是最好的把中亚和外高加索从地缘经济上引向世界市场的工具，使它们与俄罗斯分离，从而彻底根除原苏联加盟共和国一体化的可能性。"在里海地区，美国与俄罗斯的能源战略交锋，就聚焦在巴库—第比利斯—杰伊汉输油管道（BTC管道）上。1999年克林顿政府曾委托布热津斯基赴阿塞拜疆斡旋，使阿塞拜疆总统阿利耶夫顶住俄罗斯压力，同意修建这一管线。而以美国为首的西方国家力主开通的"巴库—第比利斯—杰伊汉"输油管和"土库曼斯坦—阿富汗—巴基斯坦"输气管，就是通过控制里海油气运输线遏制俄罗斯，打压伊朗。其中，英国石油公司拥有该管道30.1%的股份，阿塞拜疆国家石油公司（SOCAR）拥有25%的股份。管道的其他股东还包括美国雪佛龙公司和康菲公司，以及挪威国家石油公司、意大利埃尼公司和法国道达尔公司。修建BTC管道一方面导致俄罗斯输油管网的输送能力过剩，出口石油的单位成本提高；另一方面，使俄罗斯在欧洲市场面临来自里海的竞争。从政治上看，它还会增加土耳其这个北约盟国和阿塞拜疆对俄罗斯的离心力，进而影响到本地区其他国家纳入西方体系，使美国在地缘政治和能源利益上获

利。BTC管道将阿塞拜疆地区的阿塞拜疆—奇拉格—古内什利油田的原油经格鲁吉亚第比利斯运送至土耳其地中海沿岸港口杰伊汉，全长1 768千米，输油能力5 000万吨/年，2006年7月开始输油。

此外，2004年10月，与BTC管道并行的巴库—第比利斯—埃尔祖鲁姆天然气管道（Baku—Tbilisi—Erzurum，以下简称BTE管道）开工。虽然BTC管道和BTE管道经济价值有限，但对于打破俄罗斯在里海油气外运中的垄断地位，进一步发展中亚与西方的经济、政治联系提供了地缘战略平台。

面对美国能源战略攻势，俄罗斯曾积极应对。如加快里海划界谈判，增强里海的军事力量，巩固同里海地区国家的传统友好关系，修建通往土耳其的南溪天然气管道以巩固在天然气管道方面的垄断权，以及考虑组建"第二欧佩克"等。从2011年开始，土库曼斯坦与欧盟、阿塞拜疆积极探讨建设跨里海天然气管道（TCGP）的问题。然而，俄罗斯和伊朗以里海法律地位未决和生态环境保护为由，表示强烈反对。最终，哈萨克斯坦没能加入BTC管道，土库曼斯坦也没能落实TCGP管道。

美国政府不仅利用在里海、中亚的军事扩张来增加自己在这一地区的影响力，还加大对油气大国阿塞拜疆和哈萨克斯坦的投资。2006年8月，哈美双边合作现状及前景会议在阿拉木图召开。在会上哈萨克斯坦中央银行曾透露，自苏联解体的15年来，美国向哈萨克斯坦经济已累计投入120亿美元，且投资主要方向为能源领域。之后美国甚至拟向哈萨克斯坦增加投资达600亿美元。其主要战略意图是，要将哈萨克斯坦包括在里海大陆架卡沙甘特大油气田中的油气资源，都经BTC管道绕过俄罗斯输往西方。

此外，美国还试图推动建立绕过俄罗斯、将伊朗排除在外的新油气走廊。为了配合实施能源战略，美国积极推进北约东扩进程以及鼓励"颜色革命"等举措。①

（4）鼓励美国公司参与开发环里海区域的能源

通过联合经营、许可证协议、产品分成协议等形式，美资企业积极参与环里海区域能源开发。在20世纪90年代初，美国谢夫隆石油公司进入中亚油

---

① 沈剑锋. 美俄在里海石油及管道问题上的博弈分析[J]. 世界经济导刊，2006（8）.

气资源开发领域。它在苏联后期就开始谈判，苏联解体后与哈萨克斯坦达成合作协议，组建了"田吉兹谢夫隆"公司。而在里海管道财团的管道项目里，就有优尼科（Unocal）和德塔赫斯（Delta Hess）等公司的参与；在通往欧洲的东西方向管道方面，有优尼科、阿莫科（Amoco）、埃克森（Exxon）、彭泽尔（Pennzoil）4家美国公司的参与。1993年雪佛龙（Chevron）公司开始参与哈萨克斯坦田吉兹油田的开发，共同组建了合资企业，并签署了为期40年的协议，总投资200亿美元。1993年，雪佛龙公司买入大量哈萨克斯坦田吉兹油田的股份，估计该处蕴藏了60亿~90亿桶石油。而埃克森美孚亦一直在区内扩张，除了拥有田吉兹油田的股份，还拥有属于哈萨克斯坦及阿塞拜疆在里海周边的油田。同时，1993年年初，美国企业还参与了"里海石油财团"的组建。在哈萨克斯坦，美国和西欧的一些大公司如谢夫隆、埃克森、阿莫科、Mobil等组成国际财团，从20世纪90年代初就参与哈萨克斯坦的油气开发。目前已有15家美资油气企业：雪佛龙、德士古、埃克森美孚、飞利浦、科麦奇、阿科、凯萨石油、美荷集团、美国国际石油公司、GTS公司、赛内卡资源、德尔塔石油、丛林资源、国家能源国际公司、东方石油公司，油气产量已占哈萨克斯坦总产量37%，控制哈萨克斯坦油气储量达17亿~20亿吨。美国各大公司掌控了中亚地区75%的新开发和待开发的油气区块，已成为中亚能源领域最大的投资者，在哈萨克斯坦、阿塞拜疆等国的外资中占30%~40%。[1]

1994年9月，在有效期为30年、总投资额为74亿美元的"联合开发里海阿塞拜疆水域油田"的合同中，美国企业所占的股份达到了44%。到1997年年底，在阿塞拜疆与外国所签的总金额为300多亿美元的10个大型石油合同中，美国企业参加的有7个，其中3个为多边合同，美分别占40%、30%和55%的股份，4个为美、阿双边合同，美国企业所占的股份均为50%。[2]2004年9月，美国康菲石油公司购买了俄卢克石油公司的一部分股权，进而实现俄美两国在能源方面的战略联盟。

---

① 徐冬青. 中国与俄罗斯及中亚国家的能源合作——基于中国能源安全视角[J]. 世界经济与政治论坛，2009（6）.
② 余京洋. 我国在里海地区石油开发的战略研究[D]. 北京：中国地质大学，2006：46.

目前，美国在里海能源开采权争夺中占据优势，获取了较大份额。美国通过政府和私人机构，例如海外私人公司、美国商业部、进出口银行和贸易发展机构，来发展在中亚的油气开发。而美国在中亚地区内的投资数额，仅在2005年就增至200亿美元。[①]

3. 丝绸之路经济带能源合作中俄罗斯—中亚的地缘政治变数

（1）俄罗斯"东—西轴心战略"视角下的环里海中亚能源战略部署

①俄罗斯成为21世纪地缘政治中的能源问题中心

俄罗斯作为世界四大石油储量富集国之一，且拥有世界最多的天然气储量，是世界最大的天然气生产国，成为独立于欧佩克、沙特阿拉伯的世界能源中心，对能源格局的影响力异常大。在政治和经济意义上，俄罗斯成为21世纪地缘政治中的能源问题中心。俄罗斯能源外交专家日兹宁指出，俄罗斯在全球能源市场上的竞争优势主要表现在以下几点：拥有大量已探明和潜在的储量；周边地区通过已形成的能源基础设施有继续从俄罗斯进口能源的意向。

②俄罗斯在丝绸之路经济带环里海周边的能源外交思路

俄罗斯本身就是里海周边国，环里海的大部分区域均被俄视为传统势力范围和战略缓冲带的后苏联空间，中亚成为原苏联空间内确保俄罗斯大国地位的地缘战略依托。与环里海中亚国家的油气合作是俄罗斯在全球油气能源格局中维护影响力的最重要因素之一，同时，中亚还是俄罗斯主导的欧亚经济共同体能否实现一体化目标的核心地带，是俄罗斯保护境外本民族同胞权益的重要地区。因此，保持与里海地区中亚能源生产国的"能源关系"对俄罗斯意义重大。

普京就任总统后，俄罗斯突出恢复传统地缘影响力的战略。为加强对中亚地区能源资源的控制，俄罗斯联合乌兹别克斯坦、土库曼斯坦和哈萨克斯坦组建"欧亚天然气联盟"。

---

① 门廉魁. 我国海外钻井在中亚地区的发展战略研究[D]. 成都：西南石油学院，2005：18.

乌克兰危机后，2014年俄罗斯修改《2030年能源战略》并制定《2035年以前俄罗斯的能源战略》，强调逐步转向东方，加大与亚太地区尤其与中国的能源合作，致力于能源出口市场多元化。欧亚经济联盟成立后，在这一平台上，以经济和贸易政策协调的方式，俄罗斯力图将能源和能源基础设施纳入其主导的统一经济空间。

③俄罗斯对里海周边能源管线的控制

由于继承了苏联通向各加盟共和国的天然气和石油配送管道，俄罗斯获得了对于大多数管线的控制和使用权。目前，俄罗斯掌控着里海能源外运三条管道中的两条——哈萨克斯坦至新罗西斯克的"里海管道"和巴库至新罗西斯克管道（田吉兹—新罗西斯克）。这两条线路一方面迫使哈萨克斯坦继续依赖俄罗斯；另一方面，俄罗斯可获得200多亿美元的过境费和税费。这两条线和俄罗斯里海地区原有的"阿特劳—萨马拉""里海财团管道"等管线共同强化了俄对里海能源的影响力，同时也形成了对美国能源扩张战略的抗衡。

俄罗斯通过鼓励和帮助本国大能源公司通过收购、合资、"债转股"等多种方式打入国际能源市场。21世纪初，俄罗斯大型油气公司就开始实施油气部门的国际化战略，致力于从单纯供应油气向在国外收购石油加工企业、控制油气网络等形式过渡，力图从"中下游"控制能源供应。[①]最终俄罗斯成为里海石油流向国际市场的控制者。俄甚至提出里海石油从阿塞拜疆首都巴库通过一条苏联时代建成的管道北运至俄罗斯的黑海港口新罗西斯克，设想通过整修里海北部的一条闲置管道，把它与贯穿俄罗斯南部的一条约644千米的新管道相连。

俄罗斯在2001年通过与中亚成立"欧亚能源联盟"来控制里海地区油气资源的管线输送权，试图控制中亚能源命脉。

为保持对中亚天然气外运管道的控制地位，2007年俄哈乌土四国签署了提升和修缮沿里海天然气管道项目协议，补充已有的天然气管道运力。2007

---

① 舒先林,韩可卫.俄罗斯能源外交战略与中俄油气合作[J].石油化工技术与经济,2006(6).

年11月，俄气公司又与意大利埃尼公司（ENI）签署建设"南溪天然气管道"协议。管线从俄罗斯出发，穿越土耳其的黑海海底，在保加利亚境内分为两条支线，西北支线经过塞尔维亚、匈牙利、斯洛文尼亚至奥地利，西南支线经过希腊和地中海通往意大利。

④俄罗斯在里海周边国家的能源投资

俄罗斯在中亚国家的油气投资总额为40亿～52亿美元，其中34亿～41亿美元（占总投资额的80%～85%）在哈萨克斯坦，5亿～10亿美元在乌兹别克斯坦，塔吉克斯坦和吉尔吉斯斯坦两国共约0.5亿美元，在土库曼斯坦的投资很少，约0.25亿美元。俄罗斯计划在中亚投资140亿～160亿美元，其中在哈萨克斯坦投资追加到67亿～75亿美元，在乌兹别克斯坦投资追加到47亿～62亿美元，主要用于勘探开发新的油气田和修建油气管道。①根据与吉尔吉斯斯坦2007年签订的相关协议，俄气公司打算投资3亿美元用于吉尔吉斯斯坦的能源勘探。

（2）俄罗斯"东—西轴心战略"中的能源战略及效应

俄罗斯从20世纪90年代末就开始推行自己的"东—西轴心战略"。它努力改善与欧洲国家特别是与德国和法国的关系，同时强化与中国、日本、韩国和印度的关系，②提出"巩固独联体，稳定西欧，争夺里海，开拓东方，突破北美，挑战欧佩克"的总体思路。

①俄罗斯的中亚能源战略

《2020年前俄罗斯能源战略》明确提出：独联体是俄罗斯国际能源合作的重点方向。俄罗斯希望将独联体特别是中亚国家的能源资源（特别是天然气）长期、大规模地吸收到自己的燃料能源体系中。俄罗斯在中亚地区的能源战略服从于其能源战略的根本目标，即"使俄罗斯从单纯的原料供应者转变为可在国际能源市场执行独立政策的重要参与者；巩固俄罗斯在国际能源市场上的地位，最有效地实现俄罗斯能源综合体的出口潜力，提高其国际竞

---

① 张宁. 俄罗斯与中亚国家的能源合作现状[J]. 国土资源情报，2009（5）：32.
② 约瑟夫·斯坦尼斯劳. 变革中的能源格局：21世纪的最大挑战[J]. 国际石油经济，2008（7）.

争力；实现能源对外经济活动的非歧视制度，包括许可俄罗斯能源公司进入国外能源市场、金融市场，获取先进的能源工艺技术；在互利条件下，吸收合理规模的外资进入俄罗斯能源领域"。

俄罗斯能源外交在里海地区的主要着力点有：积极参与里海国家的油气开发，通过投资和并购，控制尽可能多的油气区块；大力发展由俄罗斯主导的里海油气外运管网系统，抵制绕过俄罗斯领土和排斥俄罗斯参与的管道建设方案；推动建立"里海五国"区域合作机制，发展地区多边能源合作。[1]

②俄罗斯中亚能源战略的实施

俄罗斯发动外交攻势，通过"欧亚经济共同体"与"集体安全条约组织"重新恢复对中亚的传统影响。

哈萨克斯坦由于铀储量富集，亟待引进俄罗斯的核电技术以发展其电力经济；而土库曼斯坦因与阿塞拜疆、伊朗在里海石油开采问题上存在争议，希望在俄罗斯支持下能大规模开采里海石油。在这些中亚国家的诉求下，自2000年始，俄罗斯积极推进中亚能源战略，俄罗斯在中亚的影响力、控制力不断上升。

俄罗斯与土库曼斯坦达成了俄方购买土方天然气并通过俄方的管道为土方输送500亿米³/年天然气的协议。此外，俄气公司还承担经乌兹别克斯坦和哈萨克斯坦运输土库曼斯坦天然气的任务。俄罗斯和土库曼斯坦就位于伊朗相邻的陆架油田达成协议，在德黑兰举行的里海国家首脑峰会上土库曼斯坦表示与俄罗斯立场一致，不允许单方面开采里海石油。同时，俄罗斯还计划投资乌兹别克斯坦石油天然气领域。

2002年，俄罗斯与哈萨克斯坦签署每年1 400万吨石油过境协议。2003年，俄罗斯与土库曼斯坦签订为期25年的长期供气协议，土库曼斯坦天然气通过经乌哈俄三国的"中亚—中央"管道运输。并据政府间协议，俄气公司保证通过俄罗斯领土向乌克兰运送土库曼斯坦天然气。2004年6月，普京访乌克兰期间，俄鲁科伊公司同乌克兰签署布哈拉州油气区产品分成协议，期

---

[1] 王海运."能源超级大国"俄罗斯的能源外交[J]. 国际石油经济，2006（10）.

限长达35年。2005年3月，俄罗斯与哈萨克斯坦成立里海石油公司，加快了里海油气开发。

2006年9月3日，俄气公司与土库曼斯坦达成协议。照此协议，在2007—2009年，该公司将按0.1美元/米^{3}的价格，每年购买土库曼斯坦天然气约500亿立方米，总计1 620亿立方米。

2007年5月在土库曼斯坦巴什市峰会上，俄罗斯总统普京与哈萨克斯坦总统纳扎尔巴耶夫、土库曼斯坦总统别尔德穆哈梅多夫提出，俄土哈三方将对苏联时代建造的、位于里海东岸与俄罗斯天然气管道网相连的"中亚—中央"天然气管道进行改造，将管道的输送能力提高至800亿米^3/年。同时，三方将铺设新的沿里海天然气管线，新建第二条连接俄土哈天然气管道网的输气管道，该管道投产后，可新增200亿米^3/年输送能力，新管道每年最终可输送300亿立方米天然气，从而形成中亚地区规模最大的天然气输送系统。

俄罗斯与土库曼斯坦达成协议，将进一步加大对土库曼斯坦天然气的开发力度。此外，哈萨克斯坦承诺将长期通过俄罗斯管道出口石油。

推进中亚及独联体国家能源工业的一体化是俄罗斯能源政策中的战略方针。2007年12月，俄罗斯成功与哈萨克斯坦和土库曼斯坦签署沿里海北岸通往俄罗斯的天然气管道协议。这条名为"Pricaspiysky"的新管道将沿里海东岸铺设，把土库曼斯坦和哈萨克斯坦的天然气北上输送至俄罗斯的萨拉托夫地区，年输送能力为200亿立方米。管道使土库曼斯坦的天然气直送俄罗斯，之后进入俄罗斯向欧洲运输网络的输气管道。

2008年7月，俄罗斯总统梅德韦杰夫在亚洲之行中，试图同里海三国（阿塞拜疆、土库曼斯坦、哈萨克斯坦）建立一个"里海天然气同盟"，使里海各国放弃绕行俄罗斯的纳布科天然气管道项目，同时进一步巩固俄气公司在里海地区的主导地位，保障俄气公司获取中亚天然气的进口数量，以弥补公司本身天然气资源的不足。[①]

---

① 俄罗斯捍卫里海能源主导地位谋划天然气同盟[N]. 第一财经日报，2008-07-04.

近年来，俄罗斯石油公司也加大对中亚的投入，按照产品分成形式，参与勘探、开发和加工哈萨克斯坦、乌兹别克斯坦等国的天然气和石油资源。执行俄罗斯国家能源战略的企业主要有卢克石油公司、俄罗斯天然气工业集团、俄罗斯国家石油公司、俄罗斯石油管道公司、"伊德拉"公司、俄罗斯海外石油公司等。其中，仅卢克石油公司对哈萨克斯坦的投资总额就已超过15亿美元，控制着哈萨克斯坦的许多大型油气田。而俄气公司则力图掌控中亚更多的天然气资源，目前中亚产气国的天然气几乎全被俄气公司买断。俄罗斯每年基本上都按比市场价低一半的最低优惠价，从中亚购得550亿～600亿立方米天然气。

③欧亚经济联盟启动以来俄罗斯逐步融入丝绸之路经济带能源合作

2015年5月8日中俄两国在莫斯科发表《关于丝绸之路经济带建设和欧亚经济联盟建设对接合作的联合声明》，提出在条件成熟的领域建立贸易便利化机制，并以推动中国与欧亚经济联盟自由贸易区的建立作为两国区域经济一体化合作的长期目标。声明启动了中国与欧亚经济联盟的经济合作，作为欧亚经济联盟创始国的俄罗斯成为亚洲基础设施投资银行意向创始成员国。而欧亚经济联盟成员国以及潜在成员国大多加入了亚投行，各国形成了发展各国经济的共同目标，与中国"一带一路"倡议推崇的合作共赢原则一致，达成中国与欧亚联盟合作的契合点。

俄方表示"支持丝绸之路经济带建设，愿与中方密切合作，推动落实该倡议"。中方表示"支持俄方积极推进欧亚经济联盟框架内一体化进程"，"双方将共同协商，努力将丝绸之路经济带建设和欧亚经济联盟建设相对接，确保地区经济持续稳定增长，加强区域经济一体化，维护地区和平与发展"。

4. 日本和印度在丝绸之路经济带能源领域积极经营

（1）丝绸之路经济带能源竞争方——日本

从20世纪70年代两次石油危机以来，日本格外注重能源进口多元化，在世界范围寻找能源来源的其他途径。为争夺亚太地区的油气主导权，日本1997

年制定了"欧亚大陆外交"战略，突出了中亚和高加索在日本油气进口多元化战略中的重要地位。近年来，中东地区局势不稳令日本对里海石油高度关注。日本55%的石油来自中东，这一形势迫使日本必然选择环里海沿岸国家作为油气资源供应后备地区，分散进口来源单一的风险。而日本实施的能源外交利用两大途径，一为"官民一体"，政府与民间企业联合出去；二为以能源技术及设备方面的优势换取能源，与能源供给方建立多层次的合作关系。

伊拉克战争爆发后，日本曾与中国争夺远东输油管线，在东北亚俄石油管线走向上同中国展开博弈。尽管俄日之间有领土问题，但出于"要全面活跃同日本的关系，包括深化在国际舞台上的相互协作，扩大经贸合作和其他合作"的长远考虑，俄罗斯利用能源来吸引日本，以能源合作为切入点，分阶段地推动俄日经济合作。而日本的"外交努力"也迎合着俄罗斯利用能源搞平衡外交的"实利外交"政策。

"9·11"事件后，日本格外关注中亚的战略态势和能源竞争格局，日本经济产业省出台了"里海石油战略"，希望借助能源合作推动与环里海俄罗斯中亚各国的经济合作，并通过经济和外交的手段扩大在这一地区的影响力。

由于日本把对远东资源项目的投资与北方四岛（俄称南千岛群岛）归属挂钩，致使日俄之间未能就解决北方四岛的领土主权问题达成协议，同时中俄关系的进展也使远东地区日俄输油管道的计划受挫。于是，日本由拓展全方位大国外交转向了中亚，将中亚定位为欧亚大陆外交的重点。到2004年日本已向中亚国家提供政府开发援助20多亿美元，2004年8月日本又提出组建"中亚（乌兹别克斯坦、塔吉克斯坦、吉尔吉斯斯坦、土库曼斯坦）+日本"的构想框架，试图得到中亚的油气资源，且在中亚地区进而在整个欧亚大陆发挥越来越大的政治经济作用。为了落实这一计划，2004年8月25日至9月2日，日本外相川口顺子分别对乌兹别克斯坦、哈萨克斯坦、塔吉克斯坦和吉尔吉斯斯坦中亚4国和蒙古进行访问。①启动"中亚—日本"外长会谈机制，

---

① 缺油大国试划能源新版图，有石油的地方就有日本[EB/OL]. http://finance.sina.com.cn/j/ 20050608/11091667605.shtml.

以此"先促进中亚地区区域合作及民主化进程",进而形成稳定的能源供给来源。

2006年日本首相小泉纯一郎访问哈萨克斯坦后,在乌兹别克斯坦独立日前夕到访塔什干。日本试图在乌兹别克斯坦达到如下目的:使乌兹别克斯坦能源资源同时可经阿富汗运输走廊,输向印度洋岸边港口。为此,日本在乌兹别克斯坦提出的最大合作项目是铺设"塔什干—巴伊松—库姆库尔干"铁路。该铁路铺好后,货物列车能很快从乌兹别克斯坦中部向南直达阿富汗的边界。更重要的是,绕过经土库曼斯坦的运输,可节省大量征税支付。日本政府已决定,拨出1.5亿美元优惠贷款用于修建这条铁路。①

2006年3月18日,日本外相麻生太郎出席美澳日"三方战略对话",决定对中亚采取协调一致步骤,将中亚纳入西化轨道。2006年6月麻生太郎在其主持的日本中亚外长会议上,推出日本针对中亚的三大外交方针:一是"从全局看地域",强调日本的中亚外交必须具备全局视点。具体而言,就是提出打通"南方路径",即将中亚的能源通过南方阿富汗、巴基斯坦后接入海港,通过海运输往日本。二是"支援开放的地域合作",强调主角是中亚诸国,日本则是"中介",负责提供各种援助。三是"以普遍价值观基础构建合作伙伴关系",准备将日本的民主人权模式和市场经济制度植入中亚各国,在该地区形成一个"民主同盟圈"。②

日本能源新战略提出:2030年之前,将日资开发和进口的海外石油所占的比例由15%提高到40%。为此,日本积极推进"中亚+日本"部长级对话,目的在于修建由中亚经阿富汗、通向印度洋的公路和油气管道。日本伊藤忠(Itochu)石油勘探公司和日本国际石油开发株式会社(Inpex)集团公司分别拥有里海南部三个油田10%和3.92%的股份;Inpex集团公司还拥有哈萨克斯坦卡沙甘油田8.33%的股份。Itochu石油勘探公司和Inpex集团公司还是巴库—第比利斯—杰伊汉输油管道财团的股东,分别拥有

① 孙永祥. 从大中亚地区的能源争夺看美、俄全球战略的博弈[J]. 当代石油石化, 2006, 14 (12): 35.

② 徐建华. 日本的中亚战略——基于地缘政治经济学的分析[J]. 深圳大学学报: 人文社会科学版, 2007 (2): 71.

3.4%和2.5%的股份；日本国际合作银行曾为建设这条管道提供了5.8亿美元的贷款。①

（2）丝绸之路经济带能源竞争方——印度

与日本极为相似，受地质条件所限，印度作为世界上重要的能源消费国能源短缺。由于骨干大型油田油层逐渐枯竭，印度石油产量呈下降之势。印度政府《2020年能源发展报告》指出，印度本土的石油、天然气产量增长在未来5到10年将持续放缓。而印度石油的消费量，却将以全球第二的速度增长。目前，石油对外依存度接近70%。

据美国能源部《2004年度国际能源展望》报告，到2025年印度石油日需求量将达到530万桶，其70%的石油和天然气依赖进口。据预测到2030年，印度所需石油和天然气的90%将从国外进口。这就形成了印度高度重视能源外交的倒逼机制，并实施能源进口多元化战略。

印度能源外交的取向为，以谋求全球能源资源配置中的政治经济为目标，积极参与国际能源竞争，深化同能源输出国及其他大国的合作，建立以能源输出国为依托的全球规模的能源供应保障体系。为此，印度积极推进能源进口多元化战略，构建联通周边的油气管线网络，改善与能源消费大国的关系。

近年来，印度为了国家的能源安全，在加强与伊朗能源合作力争早日建成"伊朗—巴基斯坦—印度"天然气管道的同时，利用军事外交手段强化与中亚的合作。2005年印度与乌兹别克斯坦签署了能源和军事合作协议，还先后同乌兹别克斯坦、塔吉克斯坦就反恐合作问题进行了磋商，并帮助哈吉乌塔等国培训军事人员，承诺帮助哈萨克斯坦组建保护里海石油设施的海军部队。②

在中亚能源合作方面，2000年4月，印度邀请土库曼斯坦外长访印，双方达成由土库曼斯坦向印度提供天然气的谅解备忘录。2002年2月，哈萨克斯坦总统纳扎尔巴耶夫访问新德里，其间印度的国有石油天然气公司海外分公司

---

① 王海燕. 日本在中亚俄罗斯的能源外交[J]. 国际石油经济，2010（3）.
② 卫灵，刘强. 中亚地区的能源争夺与中国能源安全[J]. 世界政治与经济论坛，2006（6）：74.

被邀请参与卡尔赞巴斯坦油田和位于阿梅卡尔迪的里海盆地北部的一个天然气储藏地的开发。2003年印度总理瓦杰帕伊中亚三国之行，也给印度带来巨大的能源合作机会。①

印度最大的能源公司石油天然气公司海外分公司正积极进军土库曼斯坦、哈萨克斯坦的石油开采市场，参与中亚油气的开采与经营。同时，在2006年宣布要增加国防预算的印度向哈萨克斯坦购买武器。印度与哈萨克斯坦发展军事合作关系有多重考虑。一方面，印度可从与哈方的军事合作中，获得从他处难以获得的先进的军事装备和技术；另一方面，印度希望通过与哈萨克斯坦的防务合作推动能源合作，缓解国内能源紧张的状况。

此外，印度着力构建周边油气供应网络。印度为能将在周边地区获得的油气资源直接、便利地运回本土，拟建3条油气输送管道。第一条是向北修建土库曼斯坦—阿富汗—巴基斯坦—印度天然气输送管线（TPI管线）；第二条是向西连接伊朗—巴基斯坦—印度天然气管线（IPI管线）；第三条是向东建设缅甸—孟加拉国—印度天然气管线（MBI管线）。TPI管线是土库曼斯坦—阿富汗—巴基斯坦天然气管道（TAP管道）的延长线。印度已与土库曼斯坦和阿富汗就该问题进行过几次会晤与磋商。这两国已经接受印度成为TAP管道观察员。

目前印度正与俄罗斯、伊朗合作计划建"南北走廊"，把印度的孟买、伊朗的阿巴斯港、俄罗斯的里海港口联系起来，再把"南北走廊"与伊朗—阿富汗—塔吉克斯坦公路连为一体，建成最长的陆上能源走廊。同时，印度、伊朗正在将伊朗的恰巴哈尔港建成中亚能源输出港。②

5. 欧盟在丝绸之路经济带的能源政策取向

欧洲国际能源公司BP、皇家荷兰壳牌、意大利ENI、法国道达尔及德国莱茵集团（RWE）等，都在能源市场中占据重要地位。2005年建成的BTC管道是里海通向欧盟的最大石油管道。2009年启动的南部天然气走廊计划是欧盟能源战略的核心。其中从阿塞拜疆巴库出发，经过格鲁吉亚、土耳其、保

---

① 张贵洪，戎婷蓉. 从博弈到共赢：中印在中亚的竞争与合作[J]. 南亚研究季刊，2008（4）：10.

② 徐冬青. 中国与俄罗斯及中亚国家的能源合作——基于中国能源安全视角[J]. 世界经济与政治论坛，2009（6）.

加利亚、匈牙利、罗马尼亚，最终到达奥地利的纳布科的天然气管道，是南部天然气走廊计划和欧盟中亚能源战略的核心项目。尽管由于投资风险和俄罗斯南溪项目的竞争，欧盟南部天然气走廊计划暂时搁浅，但欧盟对这一区域的经营从未放弃。2013年阿塞拜疆Shah Deniz Ⅱ天然气项目协议达成，该项目将穿过亚得里亚海到希腊，之后再通过海运抵达意大利和西欧，势必形成对丝绸之路经济带能源合作的有力竞争。

俄罗斯、美国、日本、印度、欧盟形成了影响环里海能源密集带的地缘政治的力量。

（三）丝绸之路经济带能源合作的其他影响因素

1. 能源供给国的种种限制性做法

如同众多的其他资源国一样，随着环里海资源国主权意识增强，他们对能源的控制力度加大。近年来，俄罗斯—中亚各国相继通过修改法律法规、提高出口关税。加强国家出口管制和对跨国公司进行限制等方式，加强对油气资源的国家控制，目的在于追求利益最大化。从总体上讲，国际油气资源进出口谈判的合同条款更有利于资源国。

（1）限制外资对资源领域的投资范围，包括开发具有战略意义的能源性矿产

政策干预与限制是资源国政府间接控制外资企业经营的手段，而跨国公司的政治风险则来自政策的不稳定性，即资源国对国外资本政策的调整和改变。

以俄罗斯为例，严禁外国公司开发俄罗斯"有战略意义"的油气田，含10亿桶石油储量以上或距军事项目较近的油气田。2005年TNK-BP公司拟参与俄罗斯基托夫和特列布斯两大油田的投标，俄政府油田"有战略意义"为由取消其投标权。俄经济发展商务部副部长沙拉诺夫承认，俄罗斯限制外国投资者进入战略储备基地。俄禁止外国投资者控股的资源开发项目包括：储量在7 000万吨以上的油田和超过500亿立方米的气田。

此外，俄罗斯石油公司严格限制外资的比重，外国公司在俄石油公司的所有权不得超过50%，而根据俄罗斯修改的《联邦天然气供应法》，外国投资者所购"俄气"股票不得超过20%。①

（2）资源国运用组合性政策手段，限制跨国经营

为达到能源收益最大化，资源国会动用外贸、财政、国际收支与汇率、经济保护主义等组合性政策手段，甚至对法律法规进行更改，以限制跨国公司的经营。

俄罗斯对石油实施出口许可证管理。

哈萨克斯坦工业和贸易部宣称在2008年5月后开征石油出口税。尽管这一调整暂不会影响到新疆能源通道的进口，因中方与哈方合同均在2004年之前签署，且有"海关体制稳定"条款，但哈政府准备修改法律，甚至有可能采取强制手段，要求外国投资者遵循新出台的法律条款。

哈萨克斯坦近年来修订和颁布了一系列"改善投资环境"和"稳定外国投资及保护外国资产"的法规政策，但是在实施中存在诸多的不确定性，往往以各种借口对外国投资者予以限制和施加压力，一些海关和税收优惠政策正在逐步取消。另外，哈萨克斯坦政府对开采石油、天然气及其加工产品的技术标准要求定位越来越高，强调"哈萨克斯坦成分"，即强制规定采购商品及服务中哈萨克斯坦本国所占的比重最低限制，同时还规定雇工中哈萨克斯坦不同等级员工与外籍员工比例，并规定外籍员工的数量随培训和提供哈萨克斯坦员工专业水平强制计划的实施逐年递减。

2008年土库曼斯坦出台的《油气资源法》规定，如与其他法律冲突时，《油气资源法》具有优先使用权。该法律还规定，油气资源所有权属国家，由内阁（政府）行使占有、使用、处分权的权利束。外资在土库曼斯坦从事油气资源作业的主要合同模式为产品分成合同。②强制执行外国投资者准入采用许可证（勘探许可证、开发许可证、勘探开发许可证）制度。许可证必须通过招标、非排他性谈判方式取得。外籍法人在土库曼斯坦设立分公司后方能有权申领许

---

① 张晶，孙永祥. 俄罗斯能源领域的资产重组与中俄能源合作[J]. 国际贸易，2006（6）：27.

② 张艳松，等. 基于地缘战略中国同土库曼斯坦资源合作分析[J]. 资源科学，2015（5）：1092.

可证。其中，勘探许可证有效期最长不超过10年，初始勘探期为6年，可以延期两次，每次不超过两年；开发许可证有效期最长不超过25年，初始开发期20年，可以延期一次，延期期限不超过5年。同时，《油气资源法》还突出了"土库曼斯坦含量"机制，规定了合资项目中的员工本土化比例，即石油天然气工程合同生效之日起一年后，当地员工的最低比例为70%。

（3）能源供给方利用关税壁垒，造成供给障碍

税收与租金风险是跨国石油投资面临的最大风险之一，有时资源国甚至随意更改价格标准和税收制度，使遭遇资源国政府强制力量的跨国企业处于不利境况。在经济全球化的国际多边贸易协调机制下，直接国有化行为的可能降低，但是资源国会采用其他更为复杂的政策性手段来达到其对跨国经营限制的目的，导致各种间接性征收风险上升。

俄罗斯现行的石油出口税是2002年税制改革的产物，并依照油价的不断变化而核定税费。自2006年始，俄罗斯持续提高石油出口关税，到2007年俄罗斯的原油及制成品关税高于2006年50%。到2008年8月，俄罗斯石油出口税征收标准达到峰值——495.9美元/吨。之后伴随着油价持续下跌，为刺激石油出口，扶持石油开采企业，俄罗斯政府连续下调石油出口税，到2009年2月降至100.9美元/吨的低点，3月调至115.3美元/吨，4月下调至110美元/吨。5月调高到138美元/吨，上调幅度约25%。其中，精炼成品油出口关税从86.4美元/吨提高到104美元/吨；初炼石油产品出口税从46.5美元/吨上调到56.5美元/吨。从2009年8月1日起俄罗斯重新将透明石油产品的出口关税从155.5美元/吨提高到了161.9美元/吨。根据俄罗斯政府2010年1月28日第32号政府令，俄罗斯海关向有关地方海关发布了《关于对原油及其特定制品征收出口关税》的文件。根据文件要求，2010年2月俄罗斯原油出口关税为270美元/吨，征收范围为俄罗斯海关关境及关税同盟关境。[1]2012年1月，俄罗斯的石油出口税由406.6美元/吨降至397.5美元/吨。2014年4月，俄罗斯石油出口税上涨至387美元/吨。到2017年2月，俄罗斯石油出口关税为89.5美元/吨。

---

① 夏丽洪. 石油经济大事（2010年2月）[J]. 国际石油经济，2010（3）：77.

而在天然气关税方面，近年来俄罗斯政府迫于财政压力，不断扩大债券规模，步入了债务危机期。2003年偿债高峰期到来后，为提高政府财政收入解决高额债务，自2004年1月1日起，俄罗斯政府大幅提高天然气出口税，税率从2003年的5%增至30%，增幅达5倍。尽管俄罗斯的天然气出口税大幅提高，但相对于当时的欧洲水平，税收仍偏低。因此，后续几年俄罗斯的天然气出口税持续调整，2018年11月俄罗斯液化气关税为59.1美元/吨。

俄罗斯多次大幅度调整石油出口关税、液化气出口关税，促使外资因利润减少而退出俄罗斯油气领域，从而实现战略产业国有化的目标。随着俄罗斯能源关税频繁变动，哈萨克斯坦也准备调整关税。2009年8月6日哈萨克斯坦保护竞争署信息监察局局长江多斯·努尔马哈姆别托夫宣称，哈萨克斯坦目前石油产品的出口关税为59.87美元/吨，为此哈萨克斯坦反垄断部门提请政府对提高汽油以及石油出口关税的问题进行研究。2012年9月，哈萨克斯坦提高了石油产品出口关税。其中，透明油品出口关税从164.97美元/吨提高至168.88美元/吨；深色油品出口关税从109.98美元/吨提高至112.59美元/吨。[①]2015年3月，哈萨克斯坦根据政府决议，又降低石油及其石油制品的出口关税。

尽管能源关税有升有降，但相对于同期的能源价格来讲，俄罗斯关税整体偏高。如被中亚各国效仿，必然形成新疆能源通道供给的问题。

2. 能源价格的不确定性

2000年始，世界经济高速发展，能源的消耗放量增长。油价高企，从30美元/桶直冲到2008年7月11日的147.25美元/桶的峰值，至2008年年底油价跌回32.20美元/桶。世界经济整体呈现上升趋势，使得油气始终处于供不应求的局面，其价格整体维持在100美元/桶上下的高位。

进入2014年，世界油气真正进入过剩的局面。到下半年，美元相对于其他主要货币直线上涨，直接结果就是原油价格在2014年6月开始大跌。而2015

---

① 蒋小林．哈萨克斯坦提高原油出口关税[EB/OL]．http://kz.mofcom.gov.cn/article/jmxw/201304/20130400079368.shtml.

年以来，全球经济复苏乏力，引致全球石油需求的增长缓慢，油价走低。低油价周期给欧美国家带来政治和经济双重利益，利于美国再工业化和制造业回归，但削弱了俄罗斯的对外议价能力并影响其能源战略。

（1）俄罗斯能源价格的变动

从2005年起，俄罗斯持续提高了对独联体国家的天然气供应价格。到2006年年底，独联体的进口天然气价格涨幅达20%，并准备在2007年继续上涨约15%。为此2006年12月31日，俄罗斯和白俄罗斯两国经过谈判签署协议，鉴于2007年俄国内实际价格已达到55美元每1 000立方米，自2007年始俄罗斯对白俄罗斯的天然气出口价格从46.68美元每1 000立方米提高至100美元每1 000立方米，并在2011年达到欧洲市场标准。而此前，俄罗斯已将亚美尼亚、乌克兰、格鲁吉亚等国的供气价格从40~50美元每1 000立方米提高到110~230美元每1 000立方米，并有继续提高的意向。而俄气公司从2008年3月至12月向乌克兰供应不少于498亿立方米的中亚天然气，价格为179.5美元每1 000立方米。乌克兰石油天然气公司向俄乌能源公司购买并在2008年1月和2月已经供应的俄罗斯天然气价格为315美元每1 000立方米。

2008年5月俄气公司董事会正式通过了同意分阶段把独联体国家和波罗的海国家天然气价格提高到欧洲水平的决议，俄气公司声明与乌克兰油气公司达成的价格是从现有价格转向欧洲市场的价格。当时根据俄罗斯经济发展部的预测，2009年俄气公司对欧洲出口的气价平均将为355.5美元每1 000立方米。而俄气公司的预测值为316美元每1 000立方米。[①]

俄罗斯杜马副主席亚泽夫指出，阿尔泰天然气管道即西线方案因从秋明州北部气田交通运输区段到中国边境距离要远于到乌克兰边界，因此会比欧洲价格高10至15美元。[②]

---

① 孙永祥. 我国与俄罗斯、中亚国家天然气合作面临的新问题及建议[J]. 当代石油石化，2008（5）.
② 冯迪凡. 俄杜马副主席：中俄石油管道谈判收尾[N]. 第一财经日报，2008-07-04.

通过坚持市场价格向独联体国家销售天然气，俄罗斯基本上实现了对独联体国家输出和价格垄断，使得我国新疆能源通道在获得俄方供给资源价格上处于不利地位。

（2）土库曼斯坦对俄天然气售价

作为仅次于俄罗斯的独联体第二大天然气生产国，土库曼斯坦主要利用俄气公司的管道向独联体各国出口。2003年4月，普京总统与尼亚佐夫总统签订了为期25年的天然气合作协议和长期购销合同。2005年俄罗斯向土库曼斯坦购买天然气40亿立方米，价格为44美元每1 000立方米。2005年12月，双方商定将2006年供货量提高到300亿立方米，将价格调整到65美元每1 000立方米。2006年6月，土库曼斯坦要求将天然气供货价调整到100美元每1 000立方米。[①]

据2006年9月俄气公司与土库曼斯坦达成的协议，2007—2009年俄方以100美元每1 000立方米的价格，每年购买土库曼斯坦约500亿立方米天然气，累计1 620亿立方米。

目前，土库曼斯坦开采天然气的能力为600亿米^3/年。仅乌克兰就需要其中的410亿立方米。按2006年1月4日俄乌达成的协议，这410亿立方米应由俄乌能源公司（RosUkrEnergo）供应。俄乌能源公司在土库曼斯坦按65美元每1 000立方米购得天然气，再按95美元每1 000立方米出售给其与乌克兰油气公司组成的合资企业。为此，俄罗斯不得不向土库曼斯坦支付162亿美元，这比原来预定交易合同要多付57亿美元。但是，在俄罗斯向欧洲出口天然气时，价格公式是与欧盟油品一揽子价格绑在一起的。因此，俄罗斯与土库曼斯坦整个交易的互让解决，未必会对俄罗斯造成过多损失。俄罗斯将按100美元每1 000立方米价格购得土库曼斯坦的气。俄罗斯答应给哈萨克斯坦的气价，甚至达到了140美元每1 000立方米。

---

① 李中海. 从战略缺失到战略清晰——2006年俄罗斯油气领域的新变化[M]//邢广程. 2006年俄罗斯东欧中亚国家发展报告. 北京社会科学文献出版社，2007：91.

（3）中国与土库曼斯坦能源合作的价格问题

2008年3月，土库曼斯坦、乌兹别克斯坦、哈萨克斯坦与俄罗斯达成了从2009年起将按欧洲市场价格供气（高于300美元每1 000立方米）的协定。从2009年开始，产自中亚的天然气将按照欧洲市价销售。

中国则希望以俄罗斯同样的价格进口土库曼斯坦天然气，但俄罗斯能低价进口是因为土库曼斯坦出口天然气必须利用俄罗斯的输送管道。因此，俄罗斯在土库曼斯坦的天然气资源进口价格问题上有谈判优势。中国想要获得这一低价具有不确定性。在俄罗斯、欧盟以及中国希望获得其资源的博弈中，土库曼斯坦在天然气价格谈判上始终具有优势，可以确定价格。如果中国能在160～180美元每1 000立方米的区间内与土库曼斯坦达成价格协议，已接近合理的价位。[①]

2018年，中亚进口天然气价格一周内从6 000多元/吨涨到8 500元/吨，而1月30日中亚管道来气从1.2亿立方米降至0.7亿立方米，同比减少近一半。[②]

因此，能源价格对于中国能源进口影响较大。

（4）悬而未决的能源通道进口天然气的价格

在俄罗斯天然气是廉价的燃料，使得俄罗斯能源消费结构中天然气比重过大，导致俄罗斯国内天然气供应紧张。加上老气田产量下降，采出率高，设备老化、技术陈旧，进一步开采的难度和成本过大，而新增天然气储量放缓，需要俄罗斯政府鼓励对地质条件差、效益低的老气田深度开发。鉴于俄罗斯现行的天然气价格标准低，低气价也使得新气田的开发、管道建设与更新难以维持，俄罗斯政府计划逐步调高天然气价格。

2008年3月11日，哈萨克斯坦、乌兹别克斯坦、土库曼斯坦联合宣布，从2009年起，产自中亚的天然气将按欧洲市价销售。

2008年12月23日在莫斯科举行的世界天然气出口国论坛（GECF）第七届部长级会议，将松散联系的天然气出口国联盟升级为一个正式的卡特

① 张俄. 土库曼：天然气大单送中国[J]. 中国石油石化，2007（15）：27.
② 中亚国家购中国武器后变卦，对华天然气输送量砍掉一半[EB/OL]. http://sohu.com/a/221008329-174505.

尔组织，"天然气欧佩克"也将成为现实。时任俄罗斯总理普京提出，GECF应该转变为常设机构，并具备自身的宪章和总部。并且普京强调，"由于现有的气田资源逐渐枯竭，而未来具有利用前景的气田又远离消费中心，天然气勘探、开采和运输的费用无疑将上涨"，表明廉价天然气时代即将终结。[①]

尽管2006年3月俄气公司同中石油签署了向中国供应天然气的议定书，规定了供气的期限、供气量、定价公式和路线，但一直未落实。气价分歧较大，西西伯利亚的天然气开采成本为26美元每1 000立方米，前几年向欧洲出口的价格为180～230美元每1 000立方米，近期俄罗斯向欧洲国家出售的天然气价格为230～250美元每1 000立方米，而在2007年欧洲需求者按平均267美元每1 000立方米、白俄罗斯经争议改按100美元每1 000立方米向俄罗斯支付气费。2008年上半年，白俄罗斯将按在独联体国家中的最低价119～130美元每1 000立方米支付气费。在2006年备忘录签署后俄罗斯外长拉夫罗夫就表示，俄罗斯将以"市场价格"向中国销售天然气，并称这一价格是根据该国向欧洲销售石油/柴油价格的同样公式计算出来的。中方希望，利用煤和天然气的费用应采用大致相等的原则，而中石油集团的报价仅为90美元每1000立方米，报价参照的是按90美元每1 000立方米与土库曼斯坦签订的从土方进口天然气的合同。俄气公司对中方的报价为125美元每1 000立方米，远高于独联体内部的55美元每1 000立方米，同时，俄方坚持已没有再降低价格的空间。

2009年俄对欧洲出口的天然气价格为316～355.5美元每1 000立方米。由于缺少可替代的天然气来源，欧洲只能被动地完全接受俄提出的新价格。同时，这也使俄气公司在与中国公司争夺中亚国家天然气的竞争中拥有价格上的优势。[②]

---

① 刘娜. 廉价天然气时代即将终结？[J]. 中国商界（上半月），2009（2）：94.
② 孙永祥，赵树森. 中国与独联体国家的天然气合作及面临的问题[J]. 亚非纵横，2008（4）：24.

二、中国社会经济发展面临的能源发展形势

（一）中国经济发展新常态下的能源承载能力分析

1. 中国社会经济快速发展，能源供需形势严峻，油气资源需求量大

随着中国社会经济的快速发展，国内能源日趋紧张，供需矛盾日渐突出，能源性矿产资源对社会经济发展的承载能力将不断弱化。

（1）工业化进程加速了能源消耗

在20世纪60年代，美国学者哈维（S. P. Harvey）和洛顿（W. Jr. Lowdon）提出了资源开发与区域发展阶段理论，马林鲍姆（W. Malenbaum）在此基础上首创矿产资源消费强度理论，并首次提出了矿产资源需求的生命周期理论。此后，克拉克（A. L. Clark）和杰奥恩（G. J. Jeom）提出矿产资源消费结构分类理论，形成了完善的矿产资源生命需求理论。根据这一理论，随着经济发展和社会需求变化，矿产资源需求和消费在不同经济阶段呈现不同的特点。其变化趋势为"初始→增长→成熟→衰落"，构成倒U形的生命轨迹。库兹涅茨（Kuznets）假说指出，随着工业化进程发展，经济发展与能源消耗强度呈现倒U形曲线关系。根据该假说，经济发展与能源效率呈现U形曲线关系。而通过对能源的使用强度（即每万元的GDP中含有的油气资源的使用量）与经济发展的关联分析，发现在人均GDP处于1 000~2 000美元时，对能源的使用强度最大。

我国已跨越工业化中期阶段，从工业结构的变动趋势看，1998年以来中国工业出现了显著的重化工业化趋势。我国工业结构重型化态势，制造业快速发展，决定了对油气资源的需求量呈递增之势。

总体来看，目前中国已基本完成了以原材料工业为重心的重工业化阶段，正在向以资本密集和技术密集型工业为主的高加工度阶段发展。按世界各国发展的历史规律来看，能耗迅速增长阶段不可逾越。

（2）产业结构的演化强化了能源在国民经济中的地位与作用

当今世界经济格局的大变局呈现出全球经济一体化及世界制造业基地转移到我国的趋势，根据中国产业结构的演化趋势，重化工在国民经济

中的主导地位得到加强，并直接促进油气消费的持续增长，尤其是汽车等交通工具成为新的经济增长点也将带动民用石油消费大幅度增加。2020年以前，我国以重化工业为根本的经济结构难以改变，对石油天然气的消费需求仍保持快速增长的势头。能源密集型的重工业发展比重大，高耗能产业的大量存在，企业组织结构不合理，高能耗中小企业的数量还很难减少，节能技术的利用也还需要有一个过程，这些综合因素决定了我国能源消费量将居高不下。

（3）国民经济持续增长将促使石油天然气需求量上升

能源消费总量的增速与GDP的增速成正相关关系，能源消费越多，国民经济增长越快，中国的经济发展已成为世界能源需求增长的主要推力。而在GDP增长速度渐次回落的大势下，中国能源需求增长率却从1978年至2000年的年均9%大幅跃升为2001至2006年的年均13%，中国能源需求在全球总需求中的比重也由2001年的10%上升到2006年的15%。其中，石油的消费量由2000年的22 439.3万吨，增至2009年的40 837万吨，增长了1.9倍，天然气消费量从2000年的245亿立方米，增至2008年的887亿立方米，增长了3.6倍。尽管2012年以来，中国经济进入新常态，GDP增长速度渐次回落，能源消费速度放缓，但工业化进程未完成、人均能源消费增加，未能遏制能源消费量增加，2018年石油消费量依然突破了6亿吨，天然气消费量达1 254亿立方米。

（4）巨大的人口压力和新型城镇化将进一步强化对能源的需求

第六次人口普查显示：2010年中国人口为13.397 245 82亿，城市人口占比达47%，预计到21世纪中叶，中国人口达到峰值15亿～16亿，城市人口占比为60%～65%，这势必加大对石油、天然气的需求。经验表明，人均GDP愈高，人均能源消费也愈大。尽管目前发展中国家人均能耗仅是发达国家的1/10，其GDP也仅占世界的25%，但人口却占76%。参照其他国家的人均石油消耗量，预计未来十几年，中国人均能源消耗水平将保持高速增长，并随着城市化的加快和人民生活水平的提高，石油、天然气化工产品的消费量将激增。

新型城镇化进程加快提供发展新动力。"十三五"城镇化率目标为60%,城镇化率每提高一个百分点,每年将增加相当于8 000万吨标准煤的能源消费量。新型城镇化对高效清洁天然气的需求将不断增长,加快推进新型城镇化建设将积极促进天然气利用。[①]

我国面临着能源需求的三重压力:"经济增长、发展阶段(使用强度最大)和人口高峰"。"十三五"全球石油供应持续宽松、油价维持低位、需求稳定增长、消费重心东移。新常态下我国经济长期向好的基本面没有改变,"十三五"时期石油需求仍将稳步增长,资源消费强度将处于鼎盛期。据《BP 世界能源统计年鉴(2018)》,2017年中国一次能源消费总量为3 132.2百万吨油当量,居世界第一,而资源禀赋则处劣势,未来一段时期,即便是在使用效率达到国际先进水平的情景下,我国能源供需形势也将更为严峻。

2. 中国油气资源保障能力弱化

我国的资源禀赋与经济发展水平呈现出能源分布与现有生产力发展状况"错位"的特点。东部地区优越的区位、基础设施条件,成为我国能源开发的主要区域,国家在东北、华北等地区投入大量勘探和建设资金,形成一大批能源基地,打造出众多的石油城市和企业集群,这些城市和企业群在国民经济起飞阶段贡献巨大。但是随着数十年大规模强力开发东部众多油气田已近"强弩之末"的生产结束期,"东部油田平稳减产,中西部产量稳健增长"的趋势出现。传统的石油生产主力油田——大庆油田和辽河油田的产量逐年递减,大庆油田的产量年递减率平均在3%左右,辽河油田产量年递减率平均在2.6%左右。其他许多油田也处于类似情况,平均注水量已达85%,这意味着在这些油田中继续采油已很困难,且成本高。中国主要的产油盆地已到成熟期,在未发现新的大油田、气田情况下,石油天然气的自有开采量不会大量增加。

---

① 国家发展和改革委员会. 天然气发展"十三五"规划[Z]. 2016-12.

尽管西部地区产能在增加，但我国能源保障能力弱化的问题仍然突出。

（二）中国能源供需能力的动态分析

1. 石油可采储量增长乏力，保障程度递减，对外依存度将不断攀升

2015年全国油气资源动态评价成果显示，石油地质资源量1 257亿吨，可采资源量301亿吨，包括致密油地质资源量147亿吨、可采资源量15亿吨。根据我国石油资源总量和剩余未探明的资源条件分析，结合50年来探明储量增长和开发消耗的规律，预计到2020年，我国石油产量稳定在2亿吨。而根据中石油专家的分析和预测，2020年我国石油的需求量为3.05亿吨。国际能源机构在2020年中国能源展望报告中则预测，中国石油消费需求将以年均4.6%的速度增长，成为世界石油主要进口国。

BP公司发布的《BP 世界能源展望（2035年）》预测我国将于2032年成为世界液体能源最大的消费国，石油对外依存度在2035年将达76%。

世界石油资源总体上比较丰富，但对我国的可供性相对较差。原因在于世界石油市场竞争激烈，跨国石油公司掌握了大多数优质资源。经过多年努力，我国已在全球石油勘查开发市场上占有一席之地。截至2017年年底，全国石油累计探明地质储量389.65亿吨，剩余技术可采储量35.42亿吨，剩余经济可采储量25.33亿吨；累计探明天然气地质储量14.22万亿立方米，剩余技术可采储量5.52万亿立方米，剩余经济可采储量3.91万亿立方米。只有我国继续扩大在非洲、拉美、中亚、中东等区域开发利用石油资源的规模，同时加强与俄罗斯的政治对话，才能保障石油资源的国外可供性。

我国石油供需平衡经过了3个阶段。第一阶段为20世纪50—60年代初，美国在冷战期间对华实行封锁禁运政策，造成石油供给紧张。中华人民共和国成立之初，石油工业基础弱，国内石油消费90%以上依靠进口。"一五"期间，国家投入较大，积极勘探能源性资源，同时发展人造石油，但由于勘探结果不佳及技术条件有限，产能过低。1959年产量370多万吨，其中人造石油97万吨，只能满足需求的40%，其余需要从苏联进口。中苏关系恶化后，苏方削减供应量，能源再度出现紧张。第二个阶段为20世纪60—90年代初，随

着大庆石油会战取得重大突破，石油工业实现重大转折。1963年，大庆油田基本建成投产，中国甩掉了"贫油国"的帽子，原油产量由1963年的643万吨增至1983年的10 607万吨，20年间原油产量几乎翻了四番。其中，1966年实现了石油的自给自足，70年代石油开始部分出口，成为国家创汇的重要来源。这一阶段中国能源自给率一直保持在90%以上，该比率比经合组织（OECD）国家平均水平高20多个百分点，比美国高30个百分点左右。第三阶段指1993年至今，自1993年始我国重新成为石油净进口国，1996年成为原油净进口国，标志着能源供求局势的又一重大转折。[①]

此后，我国的石油进口量每年递增1 000万吨左右，而且逐年加大，2003年递增量达到2 000万吨。近年来，原油进口增幅更为明显。2003年中国原油进口增至0.910 2亿吨，2004年达1.227亿吨，同比增长34.8%，首次突破1亿吨大关。2005年原油进口达1.268 1亿吨。2006年达1.452亿吨，比上一年增长14.2%。2007年，中国共进口原油1.63亿吨，较上年增长12.4%，进口成品油3 380万吨，石油进口量达到1.968亿吨。2007年原油出口量因年初开征5%的出口关税而缩减约四成，至383万吨，使2007年成为自20世纪70年代初中国开始成规模出口原油以来出口数量最少的一年，进出口相抵，2007年石油净进口15 935万吨，增幅达14.8%。2008年我国累计进口石油（含燃料油）21 853万吨，比2007年增加2 156万吨，增长10.9%。其中，全年累计进口原油17 888万吨，同比增长1 571万吨，增长9.6%。同期，累计出口石油1 868万吨。进出口相抵，全年石油净进口19 985万吨，同比增加2 228万吨，增长12.55%。2009年中国石油和原油对外依存度双破51%。2009年原油进口依存度达到52.5%，原油净进口对外依存度为51.2%，石油进口依存度达到53.6%。"十二五"期间石油进口年均增速4.8%，2017年中国石油（原油）进口量高达4.2亿吨，超过美国成为全球最大的原油进口国，石油进口依存度达到67.4%。2018年石油进口依存度达69.8%。而在加入世贸组织（WTO）前的2001年，中国石油进口依存度只有31.0%。（见表3-2～表3-5，图3-1）

---

① 董普，等. 21世纪我国石油产业的战略对策[J]. 资源与产业，2008（1）.

表3-2　中国GDP增长与能源消费量一览表

年份	GDP/亿元	GDP增速/%	石油消费量/亿吨	天然气消费量/亿立方米
2000	99 214.6	8.4	2.24	245.0
2001	109 655.2	8.3	2.28	274.3
2002	120 332.7	9.1	2.48	291.8
2003	135 822.8	10.0	2.71	339.1
2004	159 878.3	10.1	3.17	396.7
2005	183 217.4	10.4	3.25	467.63
2006	211 923.5	11.6	3.49	556
2007	249 529.9	11.9	3.66	673
2008	300 670	9.0	3.90	720
2009	335 353	8.7	4.08	887
2010	413 030	10.6	4.34	1 070
2011	489 301	9.5	4.45	1 290
2012	540 367	7.9	4.91	1475
2013	595 244	7.8	5.01	1 650
2014	643 974	7.3	5.19	1 870
2015	689 052	6.9	5.43	1 920
2016	743 586	6.7	5.78	20 575
2017	827 122	6.9	6.06	2 373
2018	900 309	6.6	6.25	2 877

资料来源：中国能源统计年鉴、中国统计年鉴及中国能源网数据。

表3-3 中国石油历年生产量、进口量、消费量表　　单位：亿吨

年份	生产量	进口量	消费量
1995	1.500 5	0.367 32	1.606 49
2000	1.63	0.974 85	2.243 93
2001	1.639 59	0.911 82	2.283 83
2002	1.67	1.026 93	2.477 98
2003	1.696	1.318 96	2.712 61
2004	1.758 73	1.729 13	3.169 99
2005	1.813 5	1.716 32	3.253 54
2006	1.847 66	1.945 3	3.487 59
2007	1.863 18	2.113 94	3.657 01
2008	1.897 3	2.185 3	3.896 5
2009	1.894 9	2.519 9	4.083 7
2010	2.020 65	2.761 9	4.765 06
2011	2.036 46	3.059	4.562 5
2012	2.05	2.710 91	4.92
2013	2.09	2.82	5.01
2014	2.11	3.1	5.19
2015	2.15	3.22	5.43
2016	1.996	3.81	5.56
2017	1.92	4.188	5.84
2018		4.6	6.25

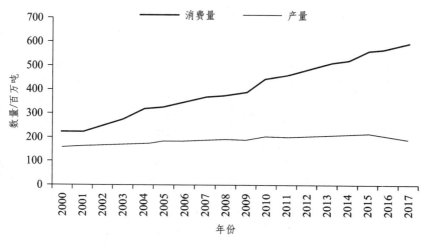

图3-1　中国原油产量和消费量缺口不断扩大

表3-4　中国天然气历年生产量、消费量进口量　　单位：亿立方米

年份	生产量	消费量	进口量
1995	176	177.4	
2000	272	245.0	
2001	303.29	274.3	
2002	326.6	291.8	
2003	350.15	339.1	
2004	414.6	396.7	
2005	493.2	467.63	
2006	585.53	556	9.63
2007	693.1	673	40.78
2008	760.82	720	46.71
2009	830	874.5	77.45

年份	生产量	消费量	进口量
2010	951	1 073	167.30
2011	1 010	1 290	306.14
2012	1 067.1	1 446	426.45
2013	1 208.6	1 676	530
2014	1 301.57	1 761	595
2015	1 350	1 932	614
2016	1 231.72	2 060	721
2017	1 330.07	2 373	920
2018	1 573	2 877	1 259

注：我国进口天然气包括管道天然气和液化天然气（LNG）两种形式，2010年开始我国才逐步有管道天然气。

表3-5　1997—2018年中国石油对外依存度

年份	对外依存度/%
1997	20.2
1998	17.2
1999	23.0
2000	33.8
2001	31.0
2002	32.8
2003	39.3

续表

年份	对外依存度/%
2004	47.5
2005	43.9
2006	48.2
2007	50.5
2008	51.3
2009	53.6
2010	55.7
2011	57.0
2012	57.8
2013	58.1
2014	59.6
2015	60.6
2016	64.4
2017	67.4
2018	69.8

资料来源：根据中国能源统计年鉴各年资料。

石油对外依存度指一国或一地区进口石油需求占其石油消费总量的比重，比重越高，石油对外依存度越高。石油对外依存度的增长意味着石油供应安全的脆弱性在增加。石油进口依赖的脆弱性是理解石油安全的关键因素。应用这一评价方法考察中国石油安全状况，可以得到结论，中国未来石油进口需求的不断增长，石油对外依存度不断加深，中国的国内石油市场与国际石油市场的联系必将日益密切，国际石油市场的变化，特别是国际油价的波动，可能会对中国石油安全产生重大甚至是深远的影响。石油供应安全问题已经成为可能影响到中国经济发展、人民生活和国家对外战略利益不容忽视的重要问题。[①]

按照国际通行的观点，如果一国的石油进口依存度达到50%以上，标志该国进入了能源预警期。目前我国石油进口依存度已经超过50%，说明我国石油对外高依赖格局已显现，能源对经济发展的制约作用越来越大，并存在潜在风险。

早在2002年，国土资源部部长指出，"对于进口的高度依赖会大大增加石油资源的供应端风险，并损害中国确保石油资源安全，经济安全和政治安全的能力"。

2. 天然气资源可采储量和可供能力增长迅速，资源潜力大，但受下游管输和储运设施建设滞后的制约

2015年全国油气资源动态评价成果显示，天然气地质资源量90.3万亿立方米、可采资源量50.1万亿立方米，包括致密气地质资源量22.9万亿立方米、可采资源量11.3万亿立方米。根据对全国陆地塔里木气区、鄂尔多斯气区、柴达木气区和四川气区四大气区和海上的东海、南海莺琼两大气区，以及包括准噶尔、柴达木、珠江口、松辽、渤海湾等在内的10大盆地勘探资料的综合分析，预测我国天然气资源量57万亿立方米。据评价分析，2020年我国天然气可采储量为4.8万亿~5.1万亿立方米，可供能力为1 548亿~1 752亿立方米。目前，中国煤炭在能源结构中占优势地位将加重环境污染引致生态问题。因此，我国政府积极倡导节能减排，发展低碳经济，但天然气目前在我国一次能源构成中占比偏低（见表3-6）。

---

① 吴巧生，成金华. 经济高速增长下的中国能源安全分析[J]. 工业经济，2007（9）.

表3-6　中国天然气在能源构成中的比例

年份	比例/ %
1995	1.90
2000	2.80
2001	2.93
2002	3.02
2003	2.84
2004	2.94
2005	3.19
2006	3.50
2007	3.90
2008	3.90
2009	4.10
2010	4.40
2011	4.50
2012	4.70
2013	5.90
2014	6.30
2015	5.90
2016	6.40
2017	7.20
2018	8.00

资料来源：根据中国能源统计年鉴及中国能源网各年资料。

《能源发展"十三五"规划》指出，到2020年天然气在能源消费结构中所占比例将提高到10%以上。2017年国家发展改革委印发《加快推进天然气利用的意见》，提出逐步将天然气培育成为我国现代清洁能源体系的主体能源之一，预计到2030年这一占比提高到15%。

"十二五"期间天然气消费量年均增长12.4%，累计消费量约8 300亿立方米，是"十一五"消费量的2倍。2005年至2015年，全国天然气生产量由493亿立方米增长至1 350亿立方米，消费量由468亿立方米增长至1 931亿立方米，十年复合年均增长率分别为10.6%和15.2%。"十二五"期间天然气累计产量约6 000亿立方米，比"十一五"增加约2 100亿立方米，年均增长6.7%。其中，国产气包括以塔里木、鄂尔多斯、川渝、青海等四大气田为主的陆上天然气，以南海天然气为主的海洋气，以沁水盆地和鄂尔多斯盆地等区块为主的煤层气，以内蒙古、新疆等地区为主的煤制气；进口气包括以中亚气等为主的进口陆上管道气，以广东大鹏、福建液化天然气等为主的进口液化天然气。

"十三五"期间，天然气消费快速增长，到2020年综合保供能力可达3 600亿立方米，占一次能源消费比重力争提升至10%。按2020年我国天然气需求量2 000亿立方米的预测，可采储量能够形成的产能接近满足国内需求。但天然气管输和储运设施建设滞后，制约着天然气工业发展，使得天然气产量增速落后于需求增速，从而产生供需缺口。尽管预计到2030年，中国煤制气、煤层气，尤其是页岩气每日的供应量将可超过3.4亿立方米，我国天然气需求缺口仍将持续扩大。

截至2016年年底，全国累计探明天然气地质储量13.74万亿立方米，剩余技术可采储量5.44万亿立方米，剩余经济可采储量3.93万亿立方米，储采比31.9%。我国天然气勘探开发潜力大，处于勘探早期阶段，储量产量将快速增长。但我国天然气人均剩余探明可采储量仅为世界平均水平的7.1%。

相比之下，世界天然气资源相对丰富，西方国家对天然气资源的争夺尚未达到石油激烈的程度，这为我国开发利用国外资源提供了一定的空间和时间。在巨量缺口下，中国加快了进口天然气的步伐。2008—2018年，我国天然气对外依存度逐年上升，2018年天然气对外依存度达45.3%（见表3-7）。实际上，2018年中国天然气进口量就高达9 038.5万吨。

表3-7　2008—2018年中国天然气对外依存度

年份	对外依存度/ %
2008	2.27
2009	4.92
2010	11.54
2011	21.33
2012	26.34
2013	29.70
2014	30.34
2015	30.43
2016	34.12
2017	39.10
2018	45.30

资料来源：根据中国能源统计年鉴、BP世界能源统计年鉴及中国能源网各年资料。

（三）中国能源进口形势分析及进口趋势判断

1. 地缘政治风险对中国能源进口的影响

一方面，中国油气资源进口量大幅度增长；另一方面，进口来源地存在不稳定因素，加大了对能源安全的影响。

2005年中国原油进口来源地区及份额分别为：中东地区40.25%，非洲地区22.98%，亚太地区（除日本）18.52%，俄罗斯—中亚地区11.78%，欧洲和美洲共0.61%，澳大利亚占0.74%，日本2.04%。2008年我国进口原油的50%来自中东地区，进口量8 970万吨，其次为非洲地区，进口量5 395万吨（占30%）；进口国家中，进口量排名前五位的分别为沙特（3 637万吨）、安哥拉（2 989万吨）、伊朗（2 132万吨）、阿曼（1 458万吨）、俄罗斯（1 164万吨）。[①] 2009年中国共计进口原油2.038亿吨，同比增长14.08%，其中十大石油来源国分别是：沙特（4 195.3万吨）、安哥拉（3 217 .2万吨）、伊朗（2 314 .7万吨）、俄罗斯（1 530 .4万吨）、苏丹（1 219.1万吨）、阿曼（1 163.8万吨）、伊拉克（716.3万吨）、科威特（707.6万吨）、利比亚（634.4万吨）、哈萨克斯坦（600.6万吨）。[②] 2010年中国原油进口来源仍主要集中在中东、非洲和原苏联地区。上述3个地区原油进口量占全年原油总进口量的87.3%左右，其中，从中东进口原油所占比例为47.1%，从非洲进口的原油比例为29.6%。2017年，俄罗斯成为中国最大石油进口国，全年进口原油5 980万吨；世界上最大的石油出口国沙特成为中国第二大石油进口国，全年进口原油5 218万吨；中国第三大石油进口国是非洲的安哥拉，全年进口原油5 042万吨；中国第四大石油进口国为伊朗，全年进口原油3 115万吨；中国石油进口的第五大来源国为阿曼，全年进口原油3 100万吨。

从区域空间上分析，我国的石油进口主要来源地分别为俄罗斯—中亚、中东、非洲和拉美。其中，中东占我国石油进口量的1/2，为中国最大的石油进口方。尽管近年来，我国拓宽了从俄罗斯、里海和拉美地区的进口石油渠道，分散了过度依赖中东石油的风险，但长远来看仍难以动摇中东在我国油气贸易中的重要地位。

中东地区安全形势问题突出。第二次世界大战后，尽管大规模的中东战争在冷战后已终结，但中东仍然是世界上最主要的动荡之地。海湾战争和伊拉克战争后，美国主导中东的态势更加明显，为了控制石油资源，美国始终保持其在中东地区的军事力量存在。而中东和平进程自沙龙上台以来长期陷入僵局，巴以关系时趋恶化；中东宗教极端势力制造的反美、反以恐怖暴力袭击此起彼

---

① 勘探与储备双管齐下应对原油高依存度风险[EB/OL]. http://www.chyxx.com/industry/201212/189359.html.

② 中国原油进口依存度首超警戒线[N]. 经济参考报，2010-03-29.

伏，"9·11"事件后即使美国相继赢得阿富汗和伊拉克战争，但其渲染"文明间冲突"、妖魔化伊斯兰文明到肆意妄为的"先发制人"军事行动乃至正在推行的"中东民主化改造"等一系列强权行为，又进一步激起中东伊斯兰世界反美浪潮，激化了中东社会内外各种矛盾；推翻萨达姆，伊拉克"政权更迭"，动乱频繁；伊朗强硬派总统的上台、悬而未决的核危机更使海湾安全形势充满变量。①2012年年初，美军航母逼近霍尔木兹海峡，通过军事施压，要求伊朗放弃封锁霍尔木兹海峡的演习。但伊朗则回应强烈："不让一滴油从霍尔木兹海峡通过"，中东局势充满危机。2018年5月特朗普在撕毁伊核协议后，美国对伊朗又一次进行石油出口制裁，美国与伊朗在霍尔木兹海峡对峙再度上演，至今未解除。

相比之下，世界八大产油区之一的非洲与中国能源合作潜力巨大。自1956年中国与埃及开启外交关系至今，在非洲50多个国家中，绝大多数国家已与中国建交。中国与非洲国家在推进双方经济发展、谋求国际平等地位等方面，相互支持，建立了深厚的友谊。2006年年初中国政府发表了《中国对非洲政策文件》，11月成功举行了规模空前的中非合作论坛北京峰会；2007年1月30日—2月10日，胡锦涛主席又成功出访了非洲八国。中非友好合作关系进入了一个新的发展阶段，迎来了新一轮的发展高潮。特别是中国石油企业在苏丹的成功合作，对促进中国同其他非洲国家的合作起到了积极的推动作用。中国石油企业已在包括阿尔及利亚、尼日尔、尼日利亚、乍得、毛里塔尼亚、突尼斯、利比亚、赤道几内亚等在内的多个国家执行着几十个油气合作项目，非洲已成为中国石油企业海外油气生产的最大的合作区，并具备了进一步加快发展的基础。中国石油企业在尼日尔、毛里塔尼亚和乍得的风险勘探已经取得一系列的重要成果；在阿尔及利亚的上下游项目已具备投产条件，在赤道几内亚的M区块海上项目已进入实质性工作阶段。②但是一旦北非局势动荡，油价势必受影响，进而极大地挑战着中国经济。

---

① 余建华. 21世纪初里海能源竞争的新态势[J]. 社会科学，2006（1）：51-52.
② 专家访谈：中非能源合作进入新阶段[J]. 国际石油经济，2007（3）：5.

2. 能源通道存在的安全问题

我国重要的油气运输线路有：①中东：中东波斯湾—霍尔木兹海峡—马六甲海峡（或者望加锡海峡）—台湾海峡—中国；②非洲：北非地中海—直布罗陀海峡—好望角—马六甲海峡—中国；③西非—好望角—马六甲海峡—台湾海峡—中国；④俄罗斯伊尔库兹克—中国满洲里铁路；⑤哈萨克斯坦—中国阿拉山口铁路；⑥中哈石油管道；⑦中亚天然气管线；⑧中俄石油管线。

除了俄罗斯—中亚，我国其他地区进口能源供应全部依赖海上运输，其中90%左右要依靠外籍油轮运输。同时，我国通过海运方式进口石油路线比较单一，高度依赖霍尔木兹海峡、好望角和马六甲海峡，80%的石油进口运输都必须经过马六甲海峡。中东和非洲是我国原油进口主要来源地，原油进口全靠海路运往我国。

中东石油的源头是波斯湾和阿曼湾（中间隔着霍尔木兹海峡），石油运输要绕过印度最南端的科摩林角，经过马六甲海峡和新加坡海峡，并穿过台湾海峡才能到达中国的长江流域或北方。航线充满了不安定因素。

作为沟通太平洋和印度洋、连接亚非欧的咽喉要道，马六甲海峡是世界上货运商船往来最繁忙的海峡之一。它位于马来西亚的马来半岛和印尼的苏门答腊岛之间，全长1 080千米，平均深度25～27米，最宽处370千米，最窄处仅37千米。印度尼西亚、马来西亚和新加坡是海峡沿岸的3个国家，直接扼守着东亚国家的能源咽喉。

马六甲海峡附近海上航线非常密集。马六甲海峡承担着全球原油和油品运量约1/4的重任。中国的石油进口主要来自中东和非洲地区，进口原油运输4/5左右需通过马六甲海峡。马六甲海峡是中国重要的海上石油通道，但马六甲海峡涉及的安全因素很多，海盗问题、未来战争因素、超级大国或敌对势力的存在以及地缘政治因素交织在一起。过度依赖马六甲海峡石油运输带来的进口风险指数较高，对中国的国家能源安全必然构成威胁。

3．中国能源进口的价格因素

在中长期内，国际石油价格总体呈现上升趋势，见表3-8。因为低价能源的时代已结束，考虑到常规开采成本，特别是非常规高成本油气项目的投入，高油价时代的到来是必然。这一趋势分析在金融领域被严重炒作和有意图地操作和放大，使国际油价发生了巨大波动。能源价格波动受到了美元贬值、投机炒作、地缘政治、供求关系等综合因素影响，也影响着我国的能源进口。

表3-8反映了WTI价格（美国纽约商品交易所西德克萨斯轻质中间基原油价格）、Brent价格（英国伦敦国际石油交易所北海布伦特原油价格）和Dubai价格（阿联酋迪拜原油价格）波动，凸现出国际市场原油价格一直呈逐年上涨趋势。

表3-8 1996—2017年国际市场原油现价　　　　单位：美元/桶

年份	WTI价格	Brent价格	Dubai价格
1996	22.12	20.64	18.52
1997	20.61	19.11	18.23
1998	14.42	12.76	12.21
1999	19.34	17.90	17.25
2000	30.38	28.66	26.20
2001	25.98	24.46	22.81
2002	26.18	24.99	23.74
2003	31.08	28.85	26.78
2004	41.51	38.26	33.64
2005	56.64	54.57	49.35

年份	WTI价格	Brent价格	Dubai价格
2006	66.05	65.16	61.50
2007	77.34	72.44	68.19
2008	100.06	97.26	94.39
2009	61.92	61.67	61.39
2010	79.45	79.50	78.06
2011	95.04	111.26	106.18
2012	94.13	111.67	109.08
2013	97.99	108.66	105.47
2014	93.28	98.95	97.07
2015	48.71	52.39	51.20
2016	43.34	43.39	41.19
2017	50.79	54.19	53.13

资料来源：1996—2007年WTI价格和Brent价格来自美国能源部，Dubai价格来自迪拜统计中心；其余数据来源于历年BP世界能源统计年鉴。

根据多重均衡模型的理论要点——石油生产国是价格的接受者，不能控制国际油价。产油国属于目标收益型，在高油价时没有增产的动机，在低油价时反而可能扩大生产。因此石油供给曲线是向后弯曲的——油价波动的原因就来自供给曲线的特殊性和多重均衡的存在。在众多的产油国都拥有向后弯曲的供给曲线情况下，世界市场的石油总供给曲线通过加总仍将是一条向后弯曲的曲线，见图3-2。

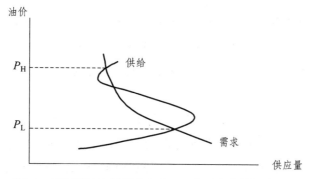

图3-2　国际石油市场供求曲线——向后弯曲的供给曲线

［引自管清友. 国际油价波动的周期模型及其政策含义[J]. 国际石油经济，2008，16（1）.］

对于主要石油输出国来说，石油是国民收入、政府收入的主要来源。短期石油需求缺乏弹性，意味着不开采石油就是一种投资。这种投资在石油价格上涨时更能吸引产油国政府。克鲁格曼认为，"如果一个国家不想在一次突然的价格上涨中花光所有的现金，以下三件事他必须做一件：在本国从事真正的石油开采投资，这也意味着回报会逐渐地减少；在国外投资；或者通过当前不开采石油、缩减石油供给量，进行投资"。但产油国不会在国外投资，因为投资风险太大。因此，产油国只能通过调整国内的石油供应量来保证收益。

高油价时，同样由于石油需求缺乏弹性，扩大产出甚至可能会减少收入，所以石油输出国不会扩大生产。由于主要石油输出国国内投资的市场容量有限，将石油保存在地下也是一种"投资"，所以高油价时会减少产量。此时，石油的供给曲线将不再是一条向右上方倾斜的曲线，而是一条向后弯曲的曲线。但高油价持续时间过长，就必然引起石油进口国经济的衰退乃至世界经济的萧条，需求就会大幅度减少。面对需求的减少，石油出口国必须通过增加开采、减少投资来使油价下跌以重新吸引需求。同时，为了维持稳定的石油收入，石油出口国又必须不断增加生产来弥补因为价格下跌而导致的收入减少。①

----

① 管清友. 国际油价波动的周期模型及其政策含义[J]. 国际石油经济，2008，16（1）.

作为一种自然资源，石油的高价格来自稀缺性和垄断。为制造和维持高油价，销售商、生产商和由国际上的一些大银行、投机基金及其他金融投资者组成的期货商，通过远期商品交易以一种非常隐秘的方式决定着石油价格和最终分配。

目前，世界上绝大部分原油以期货形式存在，现货市场的交易活动被限定在一个很小的圈子里。更严重的是，能源期货由商品期货到金融期货、再到期货期权，交易品种不断增加，交易规模不断扩大，越来越远离现货和消费市场。

资源国多数经济结构单一，高度依赖能源资源工业，油价下降和汇率贬值的双重压力给本地经济和金融系统稳定性带来严峻挑战，同时也对我国能源企业投资回收和项目经济性带来直接影响。特别是国际油价自2014年下半年以来呈现断崖式下跌，布伦特油价从100多美元/桶一度跌至27美元/桶，下降幅度一度超过70%，国际油气工业持续进入低景气周期。油价断崖式下跌致使部分资源国财政收入急剧下降，汇率大幅度贬值，有的国家政府出现拖欠石油公司销售款的问题。

在石油进口量增加的背景下，中国的原油进口非但没有利用自己的重要地位引导国际石油市场价格变动，形成对己有利的局面，反而呈现出越贵越买的尴尬情景，中国在石油进口上承担了巨大的不必要成本。

而在2010年到2012年3年间，我国天然气年进口均价从每吨322美元上涨至543美元，涨幅达到68.6%。从2007年到2012年6年间，全国省会城市天然气零售终端均价（剔除车用天然气价格）从2007年的2.22元/米^{3}上涨至2012年的2.76元/米^3，涨幅仅为2.4%。随着天然气进口量不断增加，进口气价格与国产气价格倒挂的问题也越来越突出。2018年1—11月，国内液化天然气到岸价涨幅超过19%，折合2.19元/米^3，管道气进口到岸价涨幅超过10%，折合1.49元/米^3。

能源价格的持续攀升，对中国经济冲击会比较大。据IEA、OECD和IMF（国际货币基金组织）的报告显示，如果油价每桶上升10美元，并持续一年，中国的通胀率将上升0.8个百分点，使目前国内"经济下行风险"和"通胀上行风险"的两难情况延续。[①]具体地说，一是对生产、消费的冲击大。企业使用高价的进口石油天然气，造成工厂产品的生产成本增大，产品的物流成本也必定增加，企业或多或少地增加了用油成本。如果这部分成本转嫁不出去，企业的盈利空间就被挤压；如果这部分成本转嫁出去，毫无疑问会增加居民的消费支出。二是对国际收支平衡有冲击。进口石油天然气的价格高，导致其他出口产品的生产成本、物流增加，但对外出口产品的价格不能与石油价格一样成比例增加，造成国际收支不平衡。三是造成国内财政收支不平衡。如为了控制成品油市场价格，国家在2005年和2006年就分别给予中石化100亿元和50亿元的财政补贴。四是加大通胀压力。作为一种基本的工业原料，油价上涨将通过一系列的价格传导机制传导至下游产业，最终对消费领域产生较大影响。这又会进一步增强人们对通胀的预期，加大通胀压力。[②]当前我国正处于高通胀水平，油价上升将使运输成本上升进而推高食品价格，推高物价水平。

　　而根据焦建玲等的研究，国际石油价格上涨对我国经济的影响显著。油价每上涨50%，将导致出口减少1.468%，投资下降0.106%，消费支出减少0.206%，进而实际GDP总量减少0.137%，同时人民币汇率下跌0.636%，以GDP平减指数衡量的一般价格水平上升0.675%。[③]如按进口原油量7 000万吨来计算，油价每上涨 1 美元，国内就要支付约43亿元人民币的原油进口成本。国际原油价格上涨20%，我国出口将下降0.841%，国际油价上涨50%，我国出口将下降1.468%。而国内权威专家对我国1993年至2000年的GDP、石油进口量和价格波动进行了综合分析，结果显示：油价每上涨1%并持续一年时间，就会使我国的GDP增幅平均降低0.01个百分点。其中，2000年国际油价上涨64%，影响我国GDP增幅0.7个百分点，相当于损失了600亿元人民币左右。[④]

---

① 油价上涨将成为中国负担[EB/OL]. http://finance.jrj.com.cn/opinion/2009/11/1522406462724.shtml?to=pc.

② 邱林. 正视石油进口依存度升高的潜在风险[J]. 石化行业信息，2008（4）.

③ 焦建玲. 石油价格问题的计量分析模型及其实证研究[D]. 合肥：中国科学技术大学，2005.

④ 贺永强. 国际石油价格波动性及其对我国区域经济的影响研究[D]. 长沙：湖南大学，2008：78.

能源价格的上涨还会带来如下效应。

①实际余额效应。一方面油价的上涨将导致货币需求的提高，如果不能增加货币供应量，就要提高利率，抑制投资需求，降低产出。另一方面，高油价将形成较为强烈的通胀预期，并产生一定的潜在通胀压力，加大宏观调控的难度。油价的上涨会带动其他商品价格的上涨，由于石油和下游43个行业都有关联，油源的紧张将引发整体经济运行的连锁效应，可能引发"成本推动型通货膨胀"。如果货币供应量保持不变，会减少经济体的实际余额，导致消费支出的减少，引起经济衰退。实际余额效应通过货币政策的改变是可以抵消的，而中国货币政策是随着宏观经济条件的改变而不断调整的。因此，可以判断，只有在高通货膨胀时期，如1993—1994年，由于增加货币供应量的确很困难，实际余额效应才会对中国经济产生实质性的不利影响。

②供给冲击效应。石油是生产的基本要素投入量，油价上涨意味着石油相对其他投入量更加昂贵，导致石油投入量的减少，造成总产出与劳动生产率下降。劳动生产率降低就应该减少实际工资，但由于名义工资的向下黏性，厂商不得不减少劳动需求，这就造成产出的进一步减少。

目前，由于中国还处于重工业化阶段，石油是基础的投入量。由于基础能源产品对最终消费品的价格传导作用，部分增加的生产经营成本终将转嫁给最终消费者，使消费者净损失增大，从而抑制有效需求的增长。加之总供给下降，供给冲击效应对中国经济将产生较大的负面影响。

一方面，上游企业原油开采受惠于油价，卖得多，挣得多。另一方面，下游企业亏损难以避免，主要分为几大类：一是炼油、化工、冶金企业，生产成本提高，如果这部分增加的成本不转嫁出去，企业的盈利水平就会下降甚至出现亏损；二是以能源为燃料的用户，开支增加；三是对交通运输、民航、出租、渔业、农业（以柴油为燃料的机动车）、塑料、化肥农药影响都比较大。

③收入转移效应。油价的上涨导致购买力从石油净进口国向石油净出口国转移，石油净进口国对本国产品的消费需求减少了，会使石油净进口国的经济衰退。

　　自1993年起，中国从石油净出口国成为石油净进口国并且进口石油的数量逐年增加。石油进口价格上涨将引起进口值增加，这意味着中国为此要多付出外汇进口成本。高油价导致我国外汇开支增加，加大了外汇平衡压力。由于外贸是中国经济的发动机之一，如果国际油价一直在高位运行，则外贸将受到不利影响，进而影响中国经济。

　　④微观效应。当油价上涨时，追求利润最大化的厂商应该降低能源消耗，提高资本产出比，这就必须改变资本存量。但是短期内资本存量是固定的，所以这两个比例无法迅速调整，致使厂商的生产技术条件达不到最优化，造成能源、资本的利用不充分，产出下降，最后导致经济衰退。另外，油价上涨往往会加大未来油价的不确定性，而未来油价的不确定性往往会使个人推迟投资或消费。例如，Ferderer指出，未来油价的不确定可以使投资需求减少，从而对经济产生负面影响。Bemaie证实，当企业面临未来油价的不确定时，推迟不可改变的投资决策对于企业经营颇有裨益。Hamilton则认为，油价的不确定会推迟人们对耗油耐用消费品（例如汽车）的消费，从而导致需求低迷、经济衰退。[①]

　　综合国际、国内能源形势，考虑到"马六甲困局"关系中国的能源安全，加之国际油价大幅波动、俄罗斯加紧成立天然气"欧佩克"，油气来源的多元化成为我国规避供应风险的途径之一，油气资源地域的多样化是未来能源安全战略的前提。

三、丝绸之路经济带能源合作基础及合作潜力

（一）俄罗斯—中亚国家能源经济领域的发展前景

　　在独联体现有的12个成员国中，有4国（俄罗斯、阿塞拜疆、哈萨克斯坦、乌兹别克斯坦）为生产油气的国家。加上2005年退出独联体的土库曼斯坦，共有5国为生产油气的国家。这5国除俄罗斯和阿塞拜疆外，均为中亚国家。俄罗斯和中亚国家能源分布及能源经济发展概况如下。

---

① 李少民. 国际石油价格与中国石油政策研究[D]. 武汉：华中科技大学，2008.

俄罗斯油气远景面积约1 290万平方千米，已探明的常规可采石油资源量为362亿吨（包括凝析油），仅次于占世界首位的沙特阿拉伯；现已探明石油储量102亿吨，占世界探明储量的13%；天然气储量48万亿立方米，占世界探明储量的35%，居世界第一位。按目前开采规模，已探明的剩余石油储量可确保开采20年以上，剩余天然气储量可确保开采80年以上。能源产业是俄罗斯国民经济的支柱产业，能源出口近年来一直占俄罗斯GDP的20%以上和外汇收入的50%～60%。

1. 俄罗斯油气资源分布

俄罗斯已经发现十几个大型的含油气盆地，包括新西伯利亚、伏尔加—乌拉尔、蒂曼—伯朝拉、北高加索、东西伯利亚、远东、滨里海和北极海大陆架等现有的八大油气区。从油气资源的分布集中度来看，乌拉尔区和西西伯利亚区的石油储量、天然气储量分别占全国总量的60%、40%。2008年俄罗斯国内原油产量最高的前4家石油公司分别是俄罗斯石油公司、卢克石油公司、TNK-BP公司和苏尔古特石油公司，这4家石油公司的原油产量之和占全国产量的比例高达68.6%。

俄罗斯主要的5个含油气区为：

一是西西伯利亚油气区。西西伯利亚盆地面积约320万平方千米，是世界上最大的盆地之一，油气资源十分丰富。该区共发现300多个油气田。已开发的油田主要集中在鄂毕河地区的下瓦尔托夫、苏尔古特油田区和沙伊姆地区。俄罗斯西西伯利亚的亚马尔—涅涅茨自治区拥有丰富的天然气资源，为俄气公司战略资源储备区。该区共发现了储量在5 000亿立方米以上的巨型气田15个，天然气远景资源量为10.4万亿立方米，据估算天然气储量价值1 850亿美元。

二是伏尔加—乌拉尔油气区。该油气区位于俄罗斯西部，面积约70万平方千米。该区共发现900多个油气田，石油产量仅次于西西伯利亚，位居第二。

三是蒂曼—伯朝拉盆地。该盆地位于俄罗斯欧洲部分的东北部，是俄罗斯西西伯利亚、伏尔加—乌拉尔之后的重要油气产区和远景区，共发现油气田70多个。

四是东西伯利亚油气区。该油气区位于叶尼塞河与勒拿河之间，面积约400万平方千米，是继西西伯利亚大油气区之后将要开发的另一大油气区，已发现几十个油气田，成为俄罗斯重要的油气产能接替地区。东西伯利亚地区的天然气资源总量为31.8万亿立方米。截至2006年该地区就已发现59个油气田，除极少数油气田处于试开发期外，其他大多数处于勘探初期或中期。

五是俄罗斯周边海域大陆架含油气远景区。俄罗斯周边海域面积620万平方千米，其中水深200～300米大陆架面积450万平方千米，占世界海洋大陆架面积的13%。

此外，俄罗斯拥有丰富的天然气资源，据1993年俄罗斯第8次油气资源评价结果，俄罗斯天然气原始远景资源量为236.15万亿立方米，其中陆地占67.9%，海域占32.1%，集中分布在西西伯利亚（占73%）和东西伯利亚（占7%），其次分布在巴伦支海（Barents Sea）、喀拉海（Kara Sea）和鄂霍次克海（Okhotsk Sea）等海域。由于地跨欧亚两大洲，俄罗斯坐拥东起萨哈林岛、西至西伯利亚的天然气田群。其中，仅东部太平洋沿岸的萨哈林岛就有约5 000亿立方米的天然气储量，堪称"北太平洋的气库"。据《BP 世界能源统计年鉴（2018）》，截至2017年年底，俄罗斯石油探明储量145亿吨，占世界总量的6.3%，居全球第6位；俄罗斯天然气探明储量35万亿立方米，占全球销量的18.1%，位居第一。

2. 俄罗斯油气生产

优势资源禀赋使俄罗斯成为世界最大的油气生产国和出口国。《2020年前俄罗斯能源战略》中提出，俄境内有10%以上的世界石油探明储量、33%的天然气探明储量。即使在金融危机影响下开采量下降，俄仍能提供世界9%～10%的石油、25%的天然气。俄罗斯的石油年产量预计在2030年前将达到6亿吨，在这6亿吨的石油年产量中，2.85亿吨的石油产量将在俄罗斯国内炼油厂加工成精制石油产品，而3.02亿吨的石油产量将出口到国

外市场。俄罗斯的天然气产量预计在2030年前达到9 100亿立方米。(见表3-9、表3-10)

表3-9　2030年前俄罗斯各地区石油(含凝析油)开采量　　单位：亿吨

地区		2020年	2025年	2030年
西西伯利亚	亚马尔-涅涅茨自治区	0.65	0.70	0.80
	汉特-曼西自治区	2.60	2.56	2.50
	托木斯克州	0.15	0.15	0.15
	秋明州南部	0.075	0.075	0.075
	新西伯利亚州	0.015	0.015	0.015
	鄂木斯克州	0.01	0.01	0.01
	合计	3.50	3.51	3.55
欧洲部分		1.10	1.064	1.00
东西伯利亚和萨哈共和国		0.60	0.70	1.10
远东(萨哈林)		0.30	0.326	0.35
共计		5.50	5.60	6.00

表3-10　2030年前俄罗斯各地区天然气开采量　　单位：亿立方米

地区		2020年	2025年	2030年
西西伯利亚	亚马尔-涅涅茨自治区	6 340	6 340	6 350
	汉特-曼西自治区	280	280	270
	托木斯克州	80	80	80
	合计	6 700	6 700	6 700

续表

地区	2020年	2025年	2030年
欧洲部分	800	880	900
东西伯利亚和萨哈共和国	1 150	1 170	1 200
远东（萨哈林）	250	300	300
共计	8 900	9 050	9 100

　　资料来源：В. А. Каширцев，А. Г. Коржубаев，Л. В. Эдер.俄罗斯油气开采预测及对华出口前景[J]. 聂书岭，译. 中亚信息，2006（6）.

　　由此可见，一旦中俄东西线能源通道建成后，俄罗斯对油气资源的控制和调整能力较强。

　　为此，俄罗斯加大了地质勘探力度，改善交通基础设施，预计到2020年，俄罗斯累计需要石油投资2 000亿～2 100亿美元。其中，开采约需1 600亿美元，油品加工约需200亿美元，运输约需270亿美元。资金靠业内公司自己筹集，开发新的油田将使用贷款，预计参股资本和贷款有可能达到总投资的25%～30%。[①]

　　在俄罗斯从"钻井到加油站"纵向一体化的有八大石油集团公司及150个中小俄罗斯企业、外资、合资企业。八大石油集团公司（卢克石油公司、尤科斯石油公司、苏尔古特石油天然气公司、秋明石油公司、西伯利亚石油公司、斯拉夫石油公司、俄罗斯石油公司、塔特石油公司）控制了俄罗斯90%的石油开采量。

3. 俄罗斯石油、天然气出口分析

　　近年来，俄罗斯石油、天然气生产增长较快，已成为世界上最大的石油、天然气生产国，产量增长超出国内需求，对外出口成为石油、天然气产业发展方向。

---

① 　马凤云，苟新会. 胡克林，新疆与俄罗斯在油、气、化工等产业合作的前景[J]. 油气世界，2006（4）.

俄罗斯原油开采的30%～40%用于出口，并有不断增加趋势。东欧地区是俄石油出口主要目标区，石油出口的2/3输往白俄罗斯、乌克兰、波兰、匈牙利、斯洛伐克、捷克、德国。2002年，俄罗斯推出了《西伯利亚经济发展战略》，提出建立新的石油、天然气开采中心，并建立出口干线走向亚太国家未来能源市场。《2020年前俄罗斯能源战略》提出开辟通向亚太市场的能源通道，油气资源由西西伯利亚、东西伯利亚、萨哈共和国和萨哈林岛大陆架提供。2030年前俄罗斯对亚太石油及石油产品、天然气及天然气产品出口预测量见表3-11、表3-12。

表3-11　2030年前俄罗斯对亚太地区出口的石油及石油产品预测　单位：亿吨

原油	2020年	2025年	2030年
西西伯利亚	3 500	3 500	3 000
东西伯利亚和萨哈共和国	3 500	4 500	5 500
萨哈林州	2 500	2 700	3 500
共计	9 500	10 700	12 000
其中：给中国	6 100	6 500	7 000
石油产品	2020年	2025年	2030年
共计	1 150	1 180	1 200
其中：给中国	1 100	1 130	1 150
石油及石油产品	2020年	2025年	2030年
共计	10 650	11 880	13 200
其中：给中国	7 200	7 630	8 150

表3-12　2030年前俄罗斯对亚太地区出口的天然气预测　单位：亿立方米

天然气	2020年	2025年	2030年
西西伯利亚	300	400	600
东西伯利亚和萨哈共和国	600	820	820
萨哈林州	180	200	230
共计	1 080	1 420	1 650
其中：给中国	780	1 020	1 250

资料来源：В. А. Каширцев，А. Г. Коржубаев，Л. В. Эдер.俄罗斯油气开采预测及对华出口前景[J]. 聂书岭，译. 中亚信息，2006（6）.

（二）哈萨克斯坦油气资源分布及能源经济发展

1. 哈萨克斯坦油气资源储量

哈萨克斯坦油气资源丰富，石油储量在独联体国家中仅次于俄罗斯，而其目标是进入世界十大石油出口国行列。据美国能源信息署数据，哈萨克斯坦石油资源总量达138.4亿～165.8亿吨，占世界的3.4%～4.1%，其中探明石油储量为12.3亿～39.7亿吨，潜在资源量为126亿吨；哈萨克斯坦天然气资源总量为4.3万亿立方米，占世界的1.3%，其中探明天然气储量为1.8万亿立方米，潜在资源量为2.5万亿立方米。据国际能源署估计，哈萨克斯坦石油总储量为158亿～195亿吨。由于哈萨克斯坦石油国内需求较少，所以其石油产量大部分将用于出口。

2. 哈萨克斯坦油气资源分布

哈萨克斯坦境内有15个石油天然气沉积区，现有215个油气田，95%的资源分布在里海盆地、乌斯秋尔特—布扎申、曼格什拉克、舒—萨雷苏、南盖尔图矿区，80%的油气资源集中在里海盆地。（见表3-13）石油主要集中在西部和西北部地区，探明储量的主要部分在阿特劳州（占40%）、曼格斯套州（占35.3%）、西哈萨克斯坦州（占9%）、克孜勒奥尔州及里海。曼格斯套州在开采的油田共有17个，其中乌津、热特拜、卡拉姆卡斯、卡拉让巴斯和北布扎奇油田的探明储量占该州的84%。哈萨克斯坦尚未开采的石油储备中有86%集中在12个大油田，其中有46%集中在田吉兹、科罗列夫斯基和卡拉查干纳油田。里海盆地的田吉兹油田是目前哈产量最大的油田，也是世界十大油田之一。此外，隶属哈萨克斯坦的里海大陆架埋藏着约38亿吨石油，还不包括世界第五大油田——卡沙甘油田。[①]

表3-13   哈萨克斯坦主要油气沉积区证实储量

沉积区	面积/万平方千米	石油/亿吨	天然气/亿立方米	备注
里海盆地	38.5	45.35	26 380	125个油气田，50%石油集中在卡沙甘、田吉兹油田，50%以上的游离天然气和凝析油储量在卡拉恰甘纳克气田
乌斯秋尔特—布扎申	10.0	2.70	450	16个油气田，较大的为：卡拉姆卡斯、卡拉将巴斯、北部扎奇等
曼格什拉克	5.0	3.40	780	50个油气田，较大的有：乌津、热特拜
舒—萨雷苏	16.8	—	500	9个油气田，较大的有：阿曼格利德、艾拉克特、奥尔塔雷克、普利多诺日诺耶等
南盖尔图矿区	8.0	1.35	240	15个油气田，较大的有：库库姆科尔、阿雷斯库姆、阿克沙布拉克等
总计	78.30	52.80	28 350	215个油气田

---

① 许勤华. 新地缘政治：中亚能源与中国[M]. 北京：当代世界出版社，2007：42.

　　西部的阿特劳州现有75个油田，已探明的石油储量约10亿吨。其中，总计有8.46亿吨石油储量的39个油田正在开发，7个油田正在准备开发，24个油田（预计储量有5 000万吨）还处于详探阶段。阿特劳州最大的油气田包括：田吉兹（石油总储量有8亿多吨，初始可采储量7亿吨）、克洛列夫斯克（初始可采石油储量3 050万吨）、肯拜伊斯克（3 080万吨）。

　　哈萨克斯坦已探明的天然气储量为2万亿～2.5万亿立方米，占世界第15位。哈萨克斯坦潜在的天然气资源量约有10万亿立方米。天然气年产量已达300亿立方米。此外，哈萨克斯坦70.4%的游离态天然气储量集中在卡拉恰甘纳克凝析气田。另一重要的天然气田为阿曼格利德，分布在哈萨克斯坦南部接近江布尔的区域。能源经济成为近30年间哈萨克斯坦经济发展最有希望的部门。

　　值得一提的是，哈萨克斯坦拥有里海能源开发的巨大潜力。里海被西方石油公司誉为"第二个中东"，南北长1 200千米，东西宽320千米，沿岸总长达7 000千米，分布着哈萨克斯坦、土库曼斯坦、阿塞拜疆、伊朗和俄罗斯5个国家。如5国能就里海权益划分问题达成协议，哈属里海水域将达到30%，为5国中最大。据估算里海石油资源的40%～50%都集中在靠近哈萨克斯坦的里海大陆架地区，石油储量在5国中最大。根据美国能源部数据，哈属里海的石油总储量1 010亿～1 096亿桶，约占整个里海地区储量的一半，天然气总储量为153.3万亿立方米，约占总储量的1/3。

　　而随着哈萨克斯坦所属里海水域地质-地球物理工作的大量开展，目前已发现120多个远景油气构造，并已完成预测资源量的评价工作。阿吉普国际财团（Agip KCO）2006年的资料显示，哈属里海水域总油气地质储量为120亿～170亿吨，其中：滨里海盆地盐下层为70亿～100亿吨，盐上层10亿吨；布扎奇中生代隆起带的海上部分为30亿～50亿吨；曼吉斯套地区为10亿～20亿吨。里海水域油气田将为哈萨克斯坦油气产量的增长提供保障。

3. 哈萨克斯坦油气开发领域吸引外资概况

　　哈萨克斯坦已探明的石油可采储量的80%和天然气可采储量的70%已投入

开采。在哈萨克斯坦油气资源的吸引下，国外资本不断进入开发领域。1993年意大利阿吉普公司（Agip）、英国天然气公司（BG）、英国挪威合资英国国家石油公司（BP Stat Oil）、美国美孚石油公司（Mobil）、荷兰壳牌公司（Shell）及法国道达尔公司（Total）等6家石油公司组成了阿吉普国际财团（Agip KCO），从事哈属里海油气开发业务。1995—1997年，阿吉普国际财团完成了哈属里海地区超过10万平方千米的二维地震采集和测磁试验，6万平方千米面积的比重试验，证实了哈属里海的油气资源潜力，得出以下结论：哈属里海地区油气资源总量为120亿～170亿吨。

2002年5月，哈萨克斯坦在其公布的《哈萨克斯坦里海地区开发计划》中目标很明确：吸引国内外投资开展大规模的勘探开发。2018年哈萨克斯坦原油产量达到9 000万吨。

在哈萨克斯坦参与了一系列投资项目的外国公司，包括美国的谢夫隆、埃克森美孚、康纳菲立斯，俄气公司、卢克石油公司、俄罗斯石油公司、天然气建设运输公司、塔特石油公司，俄哈合资库姆科尔—卢克石油公司，中石油—阿克托别石油天然气公司，意大利埃尼集团（前身为阿吉普公司），法国、比利时的道达尔，荷兰、英国的壳牌国际公司，日本石油勘探公司，英国天然气公司，哈英合资卡拉恰甘纳克石油公司，印度尼西亚的中亚石油，丹麦的Maersk Olieog Gas As，德国的Feba Oil AG、Erdol Erdgas Gommem GmbH。

4. 哈萨克斯坦石油、天然气输送管线

哈萨克斯坦的油气运输基础设施发达。石油运输分为东西管道系统，管道主长6 430千米。管道将本国油气田和炼油厂与俄罗斯管道相连，绝大多数的石油从俄罗斯输往欧洲。

西部管道系统始于曼吉斯套州的卡拉姆卡斯油田，运往里海的阿克套港、阿特劳市炼油厂，及俄罗斯萨马拉输油系统。2002年，俄哈两国签订为期15年的过境输油协议，确保哈萨克斯坦经俄罗斯年输油1 700万吨的规模。该管道联结里海管道系统、肯基亚克—阿特劳管道、肯基亚克—奥尔斯克管道。其中，肯基亚克—奥尔斯克管道长达400千米，年输送量达650万吨，由阿克

纠宾斯克州提供原油。2003年开始运送石油后，实际沿这条路线运送的石油数量减少。2001年年底，里海管道财团的田吉兹—诺沃罗西斯克输油管道投入使用。该管道将田吉兹油田同黑海南奥泽列耶夫卡的深水终端连接起来。该管道第一阶段运送能力为2 820万吨/年，设计能力为6 700万吨/年。该管道总长度1 580千米，其中哈萨克斯坦境内为590千米。

东部输油管道系统包括苏联时期建造的跨亚洲输油管道［奥姆斯克—巴甫洛达尔—奇姆肯特—土库曼纳巴德（恰尔周）］的哈萨克斯坦部分，当时的用途是将哈萨克斯坦、乌兹别克斯坦及土库曼斯坦的石油运送到西西伯利亚的石油加工厂。这条管道在奇姆肯特段的输送能力为1 700万吨/年。这条管道还有卡拉科因—库姆科尔的双线支线。西西伯利亚的石油沿奥姆斯克—巴甫洛达尔管道运送到巴甫洛达尔的石油加工厂和阿塔苏的铁路注油平台，同哈萨克斯坦的石油混合。

哈萨克斯坦的石油沿以下方向出口：

①阿特劳—萨马拉输油管道，而后通过俄罗斯"石油运输公司"的管道运往欧洲市场，年输送能力为1 500万吨；

②里海管道财团的田吉兹—诺沃罗西斯克输油管道（俄罗斯黑海港口）；

③混合路线：阿克套港口海运到马哈奇卡拉港，再经马哈奇卡拉—诺沃罗西斯克输油管道（或图阿普萨）输送；

④混合路线：阿克套港口海运到巴库港，然后经铁路运到格鲁吉亚的巴图米港；

⑤铁路运输：肯基亚克—阿塔苏—阿拉山口，运往中国的石油加工厂；

⑥经阿克套港海运到伊朗的涅加港口，然后运到伊朗的石油加工厂，在波斯湾港口同伊朗石油混合；

⑦铁路运输：阿特劳—波罗的海港口，通过铁路出口给中国的原油约为120万吨/年。[1]

目前，哈萨克斯坦石油出口主要借助俄罗斯和美国主宰的欧洲输油管网系统进入欧洲市场。一条是隶属俄罗斯的里海管道集团，管道输油能力将达

---

[1]　刘燕平. 哈萨克斯坦油气现状[J]. 国土资源情报，2007（4）：3.

3 800万吨,哈萨克斯坦可享受2 800万吨/年的出口配额;另一条是美国主导、2005年投入使用的巴库(阿塞拜疆)—杰伊汉(土耳其)管道,管道输油能力为4 800万吨/年,哈方可享受2 000万吨/年的配额。这两条管道只能给哈方石油出口提供过境的便利,而国际石油贸易的控制权分别由俄、美两国掌握,更无法从能源输出中获取应有的经济利益。

哈萨克斯坦天然气管道系统按单线计算超过了1万千米(年输送能力为1 900亿立方米),贯穿俄罗斯供气系统和中亚天然气开采区。其基础部分为,从土库曼斯坦、乌兹别克斯坦经哈萨克斯坦西部通向俄罗斯的输气管道,包括总长5 000千米的中亚—中央输气干线及长达1 278千米的布哈拉—乌拉尔输气系统。

为保障国际市场的供给,哈萨克斯坦在扩大现有线路的基础上(扩大阿特劳—俄罗斯萨马拉输油管道及里海管道财团所属输油管道输送能力的中短期计划),积极新建新的出口路线(如修建阿特劳—阿克套输油管线)。

哈萨克斯坦的输气管道系统将中亚的天然气开采地区同统一的供气系统连接起来。输气系统的主要干线是从土库曼斯坦和乌兹别克斯坦到俄罗斯沿哈萨克斯坦西部近纬向延伸的输气管道:中亚—中部五线系统全长5 000千米,布哈拉—乌拉尔双线输气管道长1 278千米。中亚—中部系统还有另外的输气管道与高加索(今卡特—北高加索)和土库曼斯坦西部(奥卡列姆—别伊纽)连接。扎纳中尔—十月城—阿克托别管道和卡尔塔累—鲁德内—科斯塔奈管道连接到布哈拉—乌拉尔系统的北部。布哈拉含气区—塔什干—比什凯克—阿尔马特输气管道在南部地区的阿拉木图州、扎姆贝尔州和南哈萨克斯坦州经过。联盟管道和奥伦堡—诺沃普斯科夫斯克管道在哈萨克斯坦西北部通过。

2017年哈萨克斯坦的天然气出口量达到177亿立方米,2018年达到242亿立方米,增幅高达37%。为适应不断扩大的出口需要,哈萨克斯坦建设卡沙甘海上气田与中亚—中央输气管道相连,同时进行中哈天然气管道建设。

（三）土库曼斯坦能源经济发展

属于地中海构造带的土库曼斯坦，在海陆总共发现183个油气田，其中油田和带气顶油田34个，气田和凝析气田149个，探明天然气储量约6.1万亿立方米，探明原始石油可采储量7.0亿吨，剩余石油和凝析油可采储量约4.9亿吨。《BP 世界能源统计年鉴（2018）》显示，土库曼斯坦天然气远景储量为26.2万亿立方米，约占世界总储量的12.7%，位居世界第三位；石油远景储量为110亿吨。

1. 土库曼斯坦能源分布及储量

土库曼斯坦有5个石油天然气产区：里海南部油田、南部海域、穆尔加勃盆地、卡拉库姆高地和阿姆达利亚区域。油气主要蕴藏在东部和中部的阿姆达利亚油气区，西部油田也有少量的伴生气。

其中，阿姆达利亚油田的储量仅居阿拉伯和西伯利亚油田之后，占世界第三位。该盆地也是天然气富集区，天然气探明原始地质储量4.92万亿立方米，剩余可采储量约2.7万亿立方米，预测远景资源量7.72万亿立方米。该区拥有气田82个，其中特大型气田10个，原始地质储量3.16万亿立方米，累计产气量1.38万亿立方米，剩余可采储量1.78万亿立方米。勘探远景区块有阿姆达利亚河右岸、雅什拉尔、列佩捷克—卡里科和滨科佩达克拗陷等4个地区，预测天然气资源量为5.0万亿～6.0万亿立方米。

西部南里海盆地以油为主，里海土库曼斯坦沿岸面积达7.8万平方千米。在里海大陆架，查明了70多个有含油气前景的目标（在海上已钻井110多口，发现了8个油气田）。2000年，在与美国"西方地质公司"联合勘探的基础上，土库曼斯坦宣布，土库曼斯坦所属里海大陆架石油远景储量为110亿吨，天然气远景储量为5.5万亿立方米。土库曼斯坦共勘探出28个油田（油气田），其中18个油田（油气田）正在开采。同时，盆地含有少量石油伴生气，其中主要油气田和凝析油气田有10个，天然气原始地质储量0.35万亿立方米，累计产气量0.12万亿立方米，剩余可采储量0.23万亿立方米。其中，南约洛坦·奥斯曼地区为14亿立方米。

2002年5月，俄海外石油公司、俄石油公司和俄"伊杰拉"公司组建了"扎利特"财团，并对土库曼斯坦里海大陆架第27～30号油气田进行勘探、开发。2010年8月13日，美国雪佛龙公司、康菲石油公司及TX石油公司获得参与土库曼斯坦里海附近第9、第20两个油气田区块开发竞标权。2013年起，土库曼斯坦吸引日韩等国资金兴建大型现代化天然气化工厂。据预测，土库曼斯坦除里海大陆架之外，阿姆河沿岸和亚什拉尔—南约洛坦油区将成为天然气主产区。

2. 土库曼斯坦油气开发规划及引进外资概况

据土库曼斯坦《至2020年土库曼斯坦石油天然气工业发展规划》，预计2020年前，原油、天然气、石油产品年出口量分别预计可达到6 500万吨、1 400亿立方米和2 390万吨。而根据土库曼斯坦2030年石油、天然气发展规划，2030年石油开采量将达到1.1亿吨、天然气2 500亿立方米。

土库曼斯坦油气产业主要由土库曼斯坦国家天然气、石油、地质康采恩三大国有公司支撑（其产值占该国工业总产值的1/2），为实现上述目标，扩大国际合作成为土库曼斯坦能源发展战略之一。自1994年有2家合资企业在土库曼斯坦采油开始，土耳其、阿根廷、意大利、阿联酋、美国、英国、丹麦、中国、马来西亚等国的石油公司接连进入土库曼斯坦的油气开发市场。2006年土库曼斯坦政府向所属里海大陆架共32个区块发放了勘探开发许可证，吸引外资成为开发区块的主要方式，项目开发商对该地区勘探工作的投资达6.5亿美元。2007年土库曼斯坦总统别尔德穆哈梅多夫签署了《外国投资法》修订案，允许外国投资者在土库曼斯坦获得更广泛的权利，其中包括开设合资或独资企业，收购当地企业，购买动产和不动产等。一方面，这有助于促进土库曼斯坦能源经济的发展；另一方面，围绕土库曼斯坦能源资源进行的国际竞争也将随之加剧。

目前，马来西亚国家石油公司、英国—阿联酋龙石油公司、丹麦的马斯克石油公司和俄罗斯的石油财团，参与了切利肯区块、区块1和区块11、区块12和区块28～31的勘探开发。[①]印度OMEL公司购买了土库曼斯坦里海大陆架

---

① 中华人民共和国驻土库曼斯坦大使馆经济商务参赞处. 土库曼斯坦里海大陆架油气资源勘探开发情况及吸引外资前景[EB/OL]. （2006-02-24）. http://tm.mofcom.gov.cn/aarticle/Ztdy/200602/2006021573635.html.

11～12区块30%的股份，与德国的Wintershall（34%）和丹麦的马斯克石油公司（36%）共同开发。该合同区域面积为5 631.3平方千米。此外，荷兰的Berlanga控股公司、加拿大的Buried Hill能源公司、俄罗斯的天然气工业股份公司和卢克石油公司、乌克兰的国家石油天然气公司也积极准备进入。

2006年中石油已开始和土库曼斯坦国有公司共同开发亚什拉尔—南约洛坦矿群，其中包括中亚最大的南约洛坦天然气田（储量为1.5万亿立方米天然气和1 700万吨石油），以及亚什拉尔（6 700亿立方米天然气）、米纳拉（440亿立方米天然气）、莫洛焦日杰别等天然气田。土库曼斯坦已经把亚什拉尔—南约洛坦矿区视为增加天然气出口量所依靠的主要基地之一。中石油下属的长庆石油勘探局将按照合同条款规定和土库曼斯坦国家地质勘探公司共同在这里进行钻探作业，计划钻成12口深度超过5 000米的探井。待技术服务合同期满后，中石油将同土库曼斯坦洽谈开发南约洛坦天然气田的合作事宜。

3. 土库曼斯坦石油、天然气出口线路

由于土库曼斯坦没有自己的输油干线，大部分出口原油和石油制品是通过海路运输的，其余的通过铁路和公路运输。土库曼斯坦现有的石油及石油产品出口线路：①土库曼巴什（原先的克拉斯诺沃茨克）—涅卡海上线路，然后可销往伊朗市场，或在波斯湾港口替换伊朗石油；②土库曼巴什—马哈奇卡拉—新罗西斯克海上线路；③土库曼巴什—巴库然后通往巴统、苏普萨、新罗西斯克、图阿普谢的混合线路；④少量石油及石油产品通过铁路和公路运往俄罗斯、伊朗和阿富汗。土库曼斯坦出口的大部分原油是通过土库曼巴什—涅卡线路用油轮运往伊朗大布里士和德黑兰的炼油厂的。1998年Dragon石油公司首次以交换贸易的形式将石油从土库曼斯坦运到了伊朗。2000年该公司同伊朗政府签订了一份10年期的合同，约定由Dragon石油公司将土库曼斯坦原油运往伊朗北部的大布里士和德黑兰炼油厂，作为交换，它在伊朗南部的哈尔克岛获得相同数量的原油，然后运往国际市场。近年来沿这一线路出口的原油已从每年150万吨增加到350万吨（涅卡港每年只能转运810万吨原油）。

作为天然气输出国，土库曼斯坦主要出口独联体，极少输往西欧，输送线路以土库曼斯坦—哈萨克斯坦—俄罗斯线路为主。土库曼斯坦天然气输送难以独立，迫切需要出口多元化。

土库曼斯坦已有及新建、拟建如下天然气管线。

①中亚—中心管线（土库曼斯坦—乌兹别克斯坦—哈萨克斯坦—俄罗斯），是目前土库曼斯坦最重要的天然气外运管线。该管道于1974年建成，全长超过3 000千米，设计年输气能力800亿立方米，实际输气量不足450亿立方米。

②沿里海管线（土库曼斯坦—哈萨克斯坦—俄罗斯），由于年久失修，现已停止输气。据土哈俄三方于2007年5月达成的协议，计划对该管线进行改造，同时在现有管线旁再平行铺设一条新管线，使其总体输气能力达到200亿米³/年，其中土库曼斯坦输出（100亿~120亿）米³/年。2007年5月，土俄哈三国首脑在里海峰会上就改造沿里海管线以及在原有管线旁平行铺设一条新管线问题达成一致。当年12月，三方在莫斯科签署了关于修建该管线的政府间合作协议。管线计划从土库曼斯坦境内"别列克"加压站到俄哈边境"亚历山德罗夫·加伊"计量站，与现有的中亚—中心输气管道交汇后进入俄罗斯境内。设计年输气量为200亿立方米，土哈各提供100亿立方米。土库曼斯坦内长度290余千米，预计投资超过10亿美元。项目将由土库曼斯坦天然气国家康采恩、俄气公司和哈油气公司共同完成（各自负责本国境内管道建设）。

③跨里海管线（土库曼斯坦—里海—阿塞拜疆—格鲁吉亚—土耳其），全长约2 000千米，初步造价50亿~60亿美元，设计年输气量250亿~300亿立方米。气源来自土库曼斯坦、哈萨克斯坦和阿塞拜疆。管道连接土库曼巴什和巴库，将天然气通过阿塞拜疆运往土耳其、格鲁吉亚和欧盟。美欧大力支持该项目，中国也同意参与共建，主要目的在于建设一条绕开俄罗斯、自中亚直通欧洲的天然气管道，以摆脱欧洲对俄天然气的依赖。项目最早于1996年提出，原计划2000年动工，2002年建成。但因土库曼斯坦、阿塞拜疆在里海划分及油气开发问题上存在分歧，一直未有进展。

④土库曼斯坦—伊朗管线，长200千米，1997年建成，设计年输气能力为130亿立方米，实际年输气量（需求量）为60亿~80亿立方米。

⑤土库曼斯坦—阿富汗—巴基斯坦—印度管线（新建），从土库曼斯坦境内达乌列塔巴特气田开始，经阿富汗的坎大哈进入巴基斯坦的木尔坦，最终到达巴印边境的法基尔卡，全长1 680千米，其中土境内145千米，阿境内735千米，巴境内800千米。管线造价约76亿美元，设计年输气量330亿立方米。2008年4月，在伊斯兰堡举行的天然气管线指导委员会第10次会议上，同意印度正式加入该天然气管线项目，4国还签署了天然气管线框架协议。该管线于2015年12月13日启动建设。

⑥中亚管线（土库曼斯坦—乌兹别克斯坦—哈萨克斯坦—中国），起点为土库曼斯坦与乌兹别克斯坦边境地区，之后穿越乌兹别克斯坦中部和哈萨克斯坦南部地区，在我国新疆霍尔果斯入境并与西气东输二线工程汇合。境外管线全长1 818千米（不包括土库曼斯坦境内13千米），工程设计年输气能力300亿立方米。为保障气源，中土准备开发阿姆河沿岸矿群，联合开发亚什拉尔—南约洛坦矿群后，2020年前后天然气产量达100亿~200亿立方米。据土库曼斯坦官方资料，阿姆河右岸油气资源预测储量为1.7亿立方米天然气、7 900万吨石油。

尽管土库曼斯坦拥有全球1/4的天然气储量，天然气开采是土库曼斯坦国民经济的支柱产业，但自苏联时期以来，土库曼斯坦的天然气一直是沿着"中亚—中央天然气管道"输出。苏联解体后，土库曼斯坦独立，但天然气输出却无法实现真正的独立。至今，土库曼斯坦国内天然气产量的大部分出售给俄罗斯能源巨头俄气公司，土库曼斯坦天然气的出口仍是经苏联加盟共和国框架内原有的联合输气管道系统完成的。

唯一出口线路不仅难以满足土库曼斯坦天然气的出口量，还严重制约了出口方向的选择。20世纪90年代中期以来，土库曼斯坦一直在寻找天然气出口多元化的途径。为保证油气开采量，提高向世界销售市场供应的可靠性，土库曼斯坦规划要继续扩建基础运输设施和落实铺设跨国输气管道项目。

（四）乌兹别克斯坦、阿塞拜疆能源经济发展

1. 乌兹别克斯坦资源储量及分布

乌兹别克斯坦油气资源丰富，特别是天然气储量尤为丰富，属于世界上15个拥有丰富天然气资源的国家之一。其中，石油预测工业储量53亿吨，已探明5.84亿吨；凝析油储量4.8亿吨；天然气储量约达5.43万亿立方米，已探明2.055万亿立方米。全国已探明的碳氢化合物储量约合36亿吨标准燃料，油气资源总估价超过1万亿美元。2007年确定的远景预测资源量为：天然气大约6万亿立方米，石油8.5亿吨，凝析油3.8亿吨。

乌兹别克斯坦现已发现194个油气田，其中有147个工业天然气田、102个工业油田。现已开发88个油气田，准备开发58个油气田，其中最大的加兹里气田储量达4 193亿立方米。

其中，石油证实储量约为8 200万吨，分布在费尔干纳盆地（已探明储量5.84亿吨）和布哈拉州，继哈萨克斯坦之后位居中亚国家第2位。75%的石油储量集中在卡什卡达里亚州，其中70%的石油和凝析油产自西部卡什卡达里亚州的科克杜马拉克油气凝析油田。据乌兹别克斯坦油气公司的资料，该油气田的可采储量为：石油5 430万吨，凝析油6 740万吨，天然气1 280亿立方米。天然气工业主要集中在加兹利和卡尔希两个地区，天然气储量1.85万亿立方米，继土库曼斯坦和哈萨克斯坦之后居于中亚第3位。①

乌兹别克斯坦60%的陆地有勘探开发油气资源的前景，探明油气分布区其中的5个主要地区：阿姆河（布哈拉—希文）产区、北高加索—格曼什拉克和北乌斯丘尔特产区、苏尔汉—瓦赫什产区、费尔干纳产区。主要油田是：坎达格、乌奇克孜尔、科卡廷、帕尔瓦塔什、雅舒阿拉米什克、沙里坎—科贾巴德、豪达格油田、可凯特油田、利亚米利卡尔油田、西帕尔万塔什油田、南阿拉梅什克油田、安集延油田、北索林油田、加兹利油田、舒尔格纳油田、卡拉克油田等。主要气田包括：扎尔卡克斯、穆巴列克、舒尔坦等。1992年

---

① 刘洋. 乌兹别克斯坦的油气综合体[N]. 国土资源情报，2008-08-12.

又发现了估计储量为10亿吨的明格布拉克油田。大部分游离天然气分布在舒尔坦、泽瓦尔德、科克杜马拉克、阿兰和阿达姆塔什油气田中。

2. 乌兹别克斯坦能源领域引进外资开发概况

2003年乌兹别克斯坦制定的能源战略提出：继续扩大国内外能源市场，完善矿产开发法，允许外资进入乌兹别克斯坦从事油气开发，实施多元化的出口战略，并提高石油加工能力，满足国内市场需求，为国外市场提供石油产品。2006年年初，乌兹别克斯坦国家控股的石油天然气公司准备再划分出总储量约为1.5万亿立方米、液态碳氢化合物的储量约为3.5亿的12个油气区块供国外投资者挑选。乌兹别克斯坦国家控股石油天然气公司在其所属油气地质勘探研究所编制了《2010年前油气地质勘探工作规划》，这一发展规划吸引了外资进入。2006年8月由俄罗斯卢克石油公司、马来西亚Petronas Carigali Oversea公司、中国石油国际勘探开发公司和韩国国家石油公司组成的国际财团，与乌兹别克斯坦政府签署了在咸海部分区块进行地质勘探，以重新发现油气田的产品分成协议，卢克公司也获得了在乌兹别克斯坦的35年合同期。[①]

此外，瑞士Zeromax GmbH从1999年进入乌兹别克斯坦从事油气勘探开发以来，在乌兹别克斯坦成立了多个油气合资公司，截至2007年年底，该公司已在乌兹别克斯坦油气勘探开发投资超过了6 300万美元。该公司在布哈拉—希文地区油田的油气年产量分别达到25亿立方米天然气、13万吨凝析气和11万吨石油。[②]

目前，已有16个含油气块区、油气地质勘探开发的投资项目都有外国投资者参与，俄罗斯和中国成为乌兹别克斯坦油气公司的主要外国投资伙伴。俄罗斯方面是俄气公司、卢克石油公司、利米捷德东方油气联盟公司。仅卢克石油公司已向乌兹别克斯坦的天然气开发作业投资了15亿美元,这一投资已使卢克石油公司在乌兹别克斯坦开发Khauzak-Shady气田项目生产了30多亿立方米的天然气。为了实现从乌兹别克斯坦的Kandym和Gissar气田生产

---

① 孙永祥. 从大中亚地区的能源争夺看美、俄全球战略的博弈[J]. 当代石油石化，2006（12）：35.

② 王越，王楠，张静. 对中亚三国油气合作现状及分析[J]. 中国矿业，2009（4）：6.

120多亿米³/年天然气的目标，卢克石油公司将追加投资50亿美元。[①]

3. 阿塞拜疆油气资源量及输送管线

位于里海西岸的阿塞拜疆，与中亚五国相望，西接格鲁吉亚、亚美尼亚，北邻俄罗斯，南向伊朗等中东产油大国，地缘政治地位突出。阿塞拜疆石油资源丰富，首都附近的巴库油田是世界上最大的油田之一。由于兼有资源和地缘政治方面的优势，阿塞拜疆成为美国等西方国家在中亚里海地区的最友好的国家之一。

阿塞拜疆的石油剩余探明储量为10亿吨，在独联体国家中仅次于俄罗斯、哈萨克斯坦，居第三位；天然气剩余探明储量为1.37万亿立方米，在独联体国家中居第五位。阿塞拜疆每年石油产量的约95%、天然气产量的98%产自里海大陆架油气区。阿塞拜疆的油气资源主要位于北高加索及南里海区块上，分为阿谱歇伦、库拉河下游、巴库群岛、巴库—里海沿岸及基罗瓦巴德等5个产油区。其中，阿谱歇伦产区（包括整个阿谱歇伦半岛、阿谱歇伦群岛、科贝斯坦及其濒临的里海水域）是石油储量的核心区域。

阿塞拜疆在里海油气总资源量中，石油和天然气所占的比例分别为14%和9%。石油工业产值占工业总产值的60%以上，石油收入占国家财政收入的近一半，占出口收入的90%以上。

阿塞拜疆的石油绝大部分用于出口，已经建成的石油管道有4条，分别是从巴库通往俄罗斯黑海港口新罗西斯克（两条）、格鲁吉亚黑海港口苏普拉和土耳其的杰伊汉。此外，还有意向中的巴库—伊朗石油管线。俄罗斯和哈萨克斯坦也正积极争取通过巴库来增加石油出口，而阿塞拜疆在天然气管道方面也将是重要的枢纽区，巴库至土耳其埃尔祖鲁姆的天然气管道正在筹划中，意向中的土库曼斯坦出口管道也要经过巴库等。

实际上，阿塞拜疆希望里海对岸的哈萨克斯坦、土库曼斯坦等中亚国家利用阿境内管线实施过境运输，并积极支持"纳布科""跨里海输气管道"等项目的倡议，但仅限于运输过境国，而不是项目的投资方。

---

① 卢克计划提高乌兹别克斯坦天然气产量[EB/OL]. http://www.rqb99.cn/news/show.Php? itemid=178.

4. 阿塞拜疆与中国的能源合作

近年来，中国加大了对阿塞拜疆能源领域的投资规模，比如中国的胜利油田同阿塞拜疆的能源部门正在积极进行一系列投资合作项目的开发。中国从阿塞拜疆所进口的石油和石油产品的数量也在不断增加。

2004年阿塞拜疆向中国出口的石油和石油产品的数额达到4 000万美元。伊尔哈姆·阿利耶夫总统访华后，阿中签署了总价值1 000万美元的合同，继续加深油气领域的项目合作。

2004年阿塞拜疆吸引的外国直接投资达170亿美元，其中2/3投资在油气领域，但中国相应领域的投资仅为3亿美元。[①]目前，在阿塞拜疆从事油气开发的中国公司包括：北京北方亨泰科技有限公司的石油开发公司，该公司名义收购了胜利石油管理局在Pirsaat区块油气开发合同中的股权；中国石油勘探开发公司，该公司拥有K&K和Gobustan两个项目的股权，投资超过2.5亿美元。[②]

尽管中国积极拓展环里海油气资源市场，但在环里海中亚地区所掌控的油气资源份额较少。在资源丰富的阿塞拜疆未取得任何实质性进展，不利于新疆能源通道对接环里海能源富集区获取稳定供给，与中国作为俄罗斯—中亚的紧邻大国的地位不相称。

---

① 沈剑锋. 阿塞拜疆的石油地位与国际石油合作[J]. 国际石油经济，2005（7）：58-60.
② 崛起里海 阿塞拜疆成欧盟新油气"后台"[N]. 第一财经日报，2008-04-21.

第四章
促进丝绸之路经济带能源合作的
战略措施

一、构建丝绸之路经济带能源合作机制

（一）通过外交互动寻找能源合作的利益协调机制

中国应根据国际能源合作的新变化、新趋势，以丝绸之路经济带为依托，深化能源国际合作，应对不断变化的国际能源变局，构建能源安全新版图，着力打造国际能源合作的利益共同体、责任共同体和命运共同体，形成能源合作的利益协调机制。

作为全球最大的能源消费国，中国影响着能源输出国和过境国构建的能源格局。中国应强化国际能源合作、参与全球能源治理，形成由丝绸之路经

济带资源供应国、过境国及消费国组成的多边能源国际合作机制，积极适应国际能源合作环境的新变化。参照《国际能源宪章》条约的相关条款和内容，创新发展合作机制四个方面，完善目标机制、动力机制、运行机制和协调机制。①在此基础上可进一步探讨建立区域统一的能源市场机制，区域能源合作、利益共享与互助机制等，这也符合"一带一路"倡议关于"共建、共享、共赢、共荣"的合作理念。

现有国际能源组织机构缺乏协调，难以平衡能源生产国和消费国的利益诉求分歧。其中，OPEC代表着石油输出国生产方利益，国际能源署（IEA）代表经合组织国家利益，包含油气生产国和消费国在内的能源宪章条约（ECT）则明显倾向主要发达经济体，而丝绸之路经济带的俄罗斯—中亚国家等被拒之门外。在这一背景下，亟须共建安全体系，将主要能源生产国、消费国和过境国凝聚在一起，构建新的治理机制，就能源政策、市场建设、定价机制、运输通道安全等重大问题形成有约束力的机制，维护各国核心关切的利益和整体能源安全。

（二）建立国际合作组织框架下的能源合作机制

1. 利用上海合作组织推进丝绸之路经济带能源合作

本着"平等互利、市场经济、相互开放、多边与双边相结合"的原则，2001年9月上海合作组织（简称上合组织）自成立伊始，即签署《上海合作组织成员国政府间关于区域经济合作的基本目标和方向以及启动贸易和投资便利化进程的备忘录》。此后又相继推出《上海合作组织成员国多边经贸合作纲要》《关于〈上海合作组织成员国多边经贸合作纲要〉落实措施计划》《上海合作组织成员国政府关于海关合作与互助协定》等系列合作文件，确定了贸易投资、科技、金融、能源、交通、农业、电信、环保、卫生、人文等11个领域的127个合作项目，将能源、通信、交通、农业及家电、轻工、纺织等领域作为优先合作方向，推进逐步实现区域内货物、资本、服务、技术的自

---

① 王海燕. 构建丝绸之路经济带多边能源国际合作机制的探讨[J]. 国际经济合作，2016（12）：15-20.

由流动，力图最终建成上合自由贸易区。该组织还在框架内建立了财长、央行行长、对外经贸部长等高官会议及20多个经贸合作协调组织机构及海关合作小组磋商机制。通过制定多边经贸合作纲要，能源与资源合作成为重要内容之一，框架内成员国将利用经济互补性强和资源优势，推动多元化合作，不断拓宽中国新疆与周边国资源能源合作。

在促进能源资源合作的经济领域，上合组织取得了如下成就。

（1）制定了合作规划及形成合作载体

上合组织构建了经济合作框架文件和制度，出台了《上海合作组织宪章》《上海合作组织成员国政府间关于开展区域经济合作的基本目标和方向及启动贸易和投资便利化进程的备忘录》《上海合作组织成员国多边经贸合作纲要》和《关于〈上海合作组织成员国多边经贸合作纲要〉落实措施计划》等系列重要文件，奠定了区域经济合作法律基础和组织机制基础。

2001年阿拉木图总理会议形成《上海合作组织成员国政府间关于开展区域经济合作的基本目标和方向及启动贸易和投资便利化进程的备忘录》。2003年北京总理会议通过的《上海合作组织成员国多边经贸合作纲要》，规定了区域经贸合作目标、步骤、重点领域及实施机制。该纲要推进贸易投资便利化和经济技术合作，直至2020年实现商品服务、资金技术自由流动。2004年比什凯克总理会议通过的《关于〈上海合作组织成员国多边经贸合作纲要〉落实措施计划》，将在高官委员会协调下采取共同商定的实际措施和执行各专业工作组建议的共同项目。上合组织确定经济合作项目"自愿"性原则，即成员国自愿参与研究和实施共同项目。《关于〈上海合作组织成员国多边经贸合作纲要〉落实措施计划》涵盖各国在贸易投资和海关领域、采用技术标准规程和评定合格程序领域、税收金融和创新领域、信息电信高技术领域、交通领域、利用自然和环境保护领域、能源领域、农业领域、科学和新技术领域及卫生、教育和旅游等11个重要领域的合作，共涉及127个项目、课题及合作方向，并根据分阶段原则确定了落实机制，规定了各项目参加国以及项目执行时间和单位。

上合组织建立了海关、质检、电商、过境运输、投资促进、能源、现代信息和电信技术7个专业工作组，以此推进贸易和投资便利化，建立区域经济合作网站，创立上合组织实业家委员会和银行联合体。①

（2）能源、金融领域合作水平显著提升

上合组织成立以来，成员国间从最初的单一资源性产品和一般性技术贸易往来，逐步延伸扩展到交通、电信等非资源领域和高新技术、专利转让等高端技术的交流与合作，区域货物、资本、技术和服务等自由流通方面取得明显成效，相互间依存度深化，经济联系日趋紧密。区域内道路交通设施建设稳步推进，中吉乌铁路、公路等大项目取得积极进展。能源合作成果丰硕，中哈原油管道、土库曼斯坦连接乌兹别克斯坦和哈萨克斯坦到中国的天然气管道以及俄中石油管道相继贯通。大型电力、核电及煤炭国际合作稳步推进，由西至东的上合组织区域能源合作网络已见雏形。

上合组织框架内能源资源金融合作更加紧密，成立了"上合组织银行联合体"，为成员国能源资源合作搭建融资平台。中方在框架内向上合组织成员国提供9亿美元优惠出口买方信贷，并为上合组织双边和多边经济合作提供100亿美元信贷支持。俄罗斯也向中亚提供数十亿美元优惠贷款和投资，其中包含俄对外经贸银行向哈方提供30亿美元贷款用以改造埃基巴斯图兹2号水电站项目。中俄互设金融机构，将人民币和卢布在对方挂牌交易并在双边贸易中采用本币结算，中乌、中哈双方银行签署贷款、货币互换和投资协议，积极开展能源资源金融合作。

2. 通过中亚区域经济合作机制推动丝绸之路经济带能源合作

中亚区域经济合作（CAREC）机制是由中国、哈萨克斯坦、乌兹别克斯坦、吉尔吉斯斯坦、塔吉克斯坦、蒙古、阿塞拜疆、阿富汗、土库曼斯坦、巴基斯坦和格鲁吉亚11个成员国和世界银行、国际货币基金组织、亚洲开发银行、欧洲复兴开发银行等国际组织形成的区域经济合作机制。该机制1996年由亚洲开发银行（亚行）首倡启动以来，2002年提升为部长级合作机制，通过交通运输、贸易、能源和其他领域区域合作，促进CAREC成员国经济社

---

① 吴宏伟，等. 中亚地区发展与国际合作机制[M]. 北京：社会科学文献出版社，2011：174.

会发展。新疆是中国参与CAREC合作项目主要实施区，能源及资源合作是重点推进内容。

CAREC合作计划旨在推动区域一体化和形成自由贸易区，计划以交通基础设施、能源和贸易便利化为切入口，重点改善成员国交通基础设施状况。

能源开发和相关设施建设是CAREC的重点。拥有横跨欧亚的能源通道的中亚地区，油气资源富集，同时俄罗斯天然气也经中亚出口，能源设施建设将有利于该地区能源输入和输出，合作潜力巨大。

3. 丝绸之路经济带与欧亚经济联盟对接促进能源合作

欧亚经济联盟（Eurasian Economical Union）是由白俄罗斯、哈萨克斯坦、俄罗斯、亚美尼亚、吉尔吉斯斯坦等组建的超国家联盟体，源于2010年正式运行的俄白哈关税同盟。5年时间，欧亚经济联盟完成了"关税同盟—统一经济空间—欧亚经济联盟—欧亚联盟"的战略步骤，形成政治、经济、文化、安全的综合性联盟。[1]

欧亚经济联盟预计在2025年实现商品、资本、服务和劳动力自由流动，并在能源、交通运输、工农业等领域实施协调一致政策。欧亚经济联盟对内构建内部的统一能源空间，拟于2019年之前建立统一的电力市场，2025年之前建立统一的石油、天然气市场和石油产品市场。

欧亚经济联盟突出成员国间的经济融合和制度一体化，兼顾区域基础设施（交通、水和能源）和区域电力市场的建设。合作领域涉及共同贸易政策、统一的技术标准、油气出口基础设施、铁路和汽车运输基础设施、交通运输产业等。[2]

---

[1] Заместитель директора Департамента развития интеграции ЕЭК Саадат Асансеитова рассказала о евразийской интеграции и перспективах взаимодействия ЕАЭС с КНР[EB/OL]. （2015-09-25）. http://www.eurasiancommission.org/ru/nae/ news/Pages/30-09-2015-1.aspx.

[2] 胡颖："一带一路"倡议下中亚区域经贸合作机制比较与对接研究[J]. 北京工商大学学报：社会科学版，2016（5）：23-26.

中国与俄罗斯于2015年5月8日发表了《中华人民共和国与俄罗斯联邦关于丝绸之路经济带建设和欧亚经济联盟建设对接合作的联合声明》，进一步为中国与欧亚经济联盟的经济合作提供了基础，而俄罗斯也正式成为亚洲基础设施投资银行意向创始成员国。欧亚经济联盟成员国以及潜在成员国大部分都加入了由中国牵头发起的亚洲基础设施投资银行。

欧亚经济联盟实施传统地区主义，通过关税同盟取消市场壁垒，建立统一市场；对外实施新地区主义，建立欧亚中心区域市场及自贸区。但由于欧亚经济联盟内部俄罗斯、哈萨克斯坦为能源导向型经济，相似的经济模式导致双方在能源市场上是国际竞争关系，为中国与两国能源资源合作提供了机遇。

4. 借助联合国经社理事会"中亚经济专门计划"推进能源合作

由两个区域委员会（欧洲经济委员会、亚太经济和社会委员会）主持的联合国经社理事会"中亚经济专门计划"，利用联合国秘书处和联合国机构驻中亚办事处及中亚经济共同体执行委员会协助实施机制。该计划包含了中亚五国。（见表4-1）

表4-1 中亚经济专门计划合作领域及牵头国家

合作领域	牵头国家
交通基础设施	哈萨克斯坦
简化商品、服务和人员的过境手续	哈萨克斯坦
合理并有效利用能源和水资源	吉尔吉斯斯坦
塔吉克斯坦国际经济会议	塔吉克斯坦
能源领域合作	土库曼斯坦
改造工业企业，提高竞争力	乌兹别克斯坦

该计划自1998年启动以来，利用下设的区域咨询委员会、项目工作组、计划办事处和实业家委员会，促进中国新疆与周边中亚国家能源资源合作。

为保证"中亚经济专门计划"的实施，区域咨询委员会建立合作基金，并负责基金的管理和分配。合作基金源于成员国、国际金融组织和其他投资者，特别是欧洲复兴开发银行、亚洲开发银行和联合国开发计划署。

5. 发挥亚洲基础设施投资银行和丝路基金作用，促进能源合作

成立于2014年12月的丝路基金，致力于在基础设施、资源开发、产能合作等领域向共建"一带一路"国家提供投融资支持。

成立于2015年12月的亚洲基础设施投资银行（简称亚投行），是政府间亚洲区域多边开发机构，旨在重点扶持亚洲地区互联互通建设及推进经济一体化。

近年来，亚投行和丝路基金在中国新疆与周边国资源能源合作中日益发挥着重要作用。为提高哈萨克斯坦的电力供应能力，2018年3月亚投行为哈萨克斯坦卡拉干达的40兆瓦太阳能发电项目提供债务融资。2018年6月，丝路基金又与哈萨克斯坦阿斯塔纳国际交易所达成框架协议，通过下设中哈产能合作基金认购阿斯塔纳国际交易所部分股权，完成了中哈产能合作基金建立后的第一单投资项目。

与此同时，丝路基金与乌兹别克斯坦国家石油天然气控股公司签署合作协议，为乌兹别克斯坦油气相关项目提供美元和人民币投融资支持。由此可见，亚投行和丝路基金已成为中国新疆与周边国资源能源合作的直接投融资平台。

6. 利用政府间合作委员会推进能源合作

中国分别与新疆周边的哈萨克斯坦、土库曼斯坦、乌兹别克斯坦成立政府间合作委员会，目前已成为中国同中亚国家间重要的双边合作机制，该组织在强化双边政治关系的同时促进双方资源能源合作。

其中，中哈合作委员会成立于2004年，在2017年4月召开的中哈合作委员会第八次会议上，双方达成了丝绸之路经济带建设与"光明之路"新经济政策对接的共识，而在"一带一路"框架下持续深化产能合作、推进贸易平衡稳定发展。

在2016年8月中土合作委员会第四次会议上，双方表示将共同推进"一带一路"建设，重点加强能源、经贸等领域合作，为两国关系发展指明方向。

在2017年9月中乌合作委员会第四次会议上，双方就继续深化经贸、能源、交通、农业等领域合作，达成两国全面战略伙伴关系。此外，中哈总理定期会晤机制，有利于加快落实两国在资源能源领域合作。同时，中国也在积极探索同新疆周边国家建立自贸区建设，深化能源合作。

（三）建立促进能源合作的丝绸之路经济带共建共享机制

随着丝绸之路经济带建设的推进，能源贸易规模扩大与共建国家间互利互信水平提升，区域将形成多个稳定的能源生产与消费关联区，有效地保障能源生产国的利益和能源消费国的安全，促进能源格局的演变更趋平衡和优化。丝绸之路经济带能源合作成为各方能源对话合作的重要平台，并有望统一制定区域性能源战略，进行联合技术开发，甚至制度创新，共建政治法律领域，如试行统一的税制体系、能源价格市场化、统一能源运费标准、消除供应方的不当竞争等，①形成能源合作的共建共享机制。

2014年11月11日，在亚太经合组织（APEC）第二十二次领导人非正式会议上，习近平主席倡议启动亚太自贸区一体化建设，决定出资400亿美元的丝路基金，强化所有区域内国家间的相互合作。亚太自贸区（FTAAP）的启动为多边贸易组织建设、区域经济发展、全球价值链的形成提供了新的动力，也将为丝绸之路经济带能源合作提供广阔的发展空间。利用丝路基金、亚太自贸区拓展能源合作各类机制，构建丝绸之路经济带能源合作的共建共享机制。

二、依托互联互通建设，推进丝绸之路经济带能源合作

互联互通以基础设施建设、完善区域交通运输、形成产业分工合作为基础，建立整体服务体系关系，促进共同发展。丝绸之路经济带能源合作采取

---

① 许涛. 上合能源俱乐部显雏形[J]. 中国石油石化，2007（16）：32-33.

以管道、电网为主，铁路、公路运输并重的能源供给模式，促进了互联互通。能源通道建设已形成包含油气管道、公路、铁路、电网的通道体系。

1. 能源合作推进互联互通的管道、电网的体系建设

作为能源通道最重要的运输载体管道，包括了中哈原油管道、中亚天然气（中土、中哈）管道及对接的西气东输工程、西部原油管道成品油管道网，以及规划的中俄西线管道和中巴、中吉管道，并联结了我国新疆境内各主要支线的36条管线。未来甚至将考虑修建环里海油气管线。环里海油气管线可以使中亚与阿塞拜疆、伊朗、俄罗斯在能源供给方面相互支持，以次区域合作的模式对接国际市场，还有可能将环里海管线与波斯湾的油港相连。

同时，丝绸之路经济带能源合作的四大跨国输电线路初见端倪。

①起自吉尔吉斯斯坦、乌兹别克斯坦、塔吉克斯坦三国，经吐尔尕特—伊犁—乌鲁木齐—哈密—永登—乾县，抵达环渤海经济圈电力负荷中心线路，电源为吐尔尕特口岸吉乌塔三国电力、吉木乃口岸哈萨克斯坦电力；

②"喀什—库尔勒—托克逊"线路，对接吐尔尕特，联通吉乌塔三国电力和塔吉克斯坦西南水电基地；

③塔吉乌中吐尔尕特口岸输电线路（安集延—吐尔尕特—喀什输电线路），接中亚电网，输入塔吉乌三国水电、火电；

④"斋桑—吉木乃—克拉玛依"线路，接东哈州北部联合大电网和阿勒泰电网，电源为以东哈州水电、火电，汇入伊犁、乌鲁木齐输电网络。

2. 能源合作形成了互联互通的铁路体系

铁路是能源合作的一种重要运输载体。在目前已有的北疆铁路、精伊霍铁路基础上，将构建中国西北五大跨国铁路通道，即："克拉玛依—新西伯利亚"的中俄通道、"明水—吉木萨尔—阿亚古兹"的中哈通道、"乌鲁木齐—科布多"的中蒙通道、"喀什—塔什干"的中吉乌土通道、"喀什—瓜达尔港"的中巴通道。[①]

---

① 闫海龙，张永明. 新疆构建国家能源资源陆上大通道的路径选择[J]. 新疆财经，2014（1）：53.

3. 能源合作形成了互联互通的公路体系

能源合作还推进了跨国公路运输体系建设，构建了中国西北与周边国"一纵三横"国际公路通道体系。"一纵"指经过塔城、喀什两地，纵贯整个新疆区域，连接俄罗斯、南亚的国际公路通道；"三横"涵盖了经阿拉山口的新亚欧大陆桥、经霍尔果斯的国际公路及规划的由"喀什—安集延"铁路连接的泛亚大通道，构筑了横跨亚欧大陆的北、中、南三个方向的主干线。

能源合作促成了中国西北与欧亚已建成和设想中的能源通道网络对接，并促成以新亚欧大陆桥为核心的通道网络体系建设，随着丝绸之路经济带合作机制的完善，将形成铁路、公路、管运相互衔接的立体运输的互联互通体系。能源合作促成互联互通，进而也带动了欧亚各国间资金流、信息流、物流、人流等领域的深度合作。

三、强化丝绸之路经济带能源合作的金融支持

（一）利用上海合作组织银联体，解决能源合作中的资金问题

2005年10月形成《上海合作组织银行间合作（联合体）协议》，参与协议的银行包括：中国国家开发银行、哈萨克斯坦开发银行、吉尔吉斯共和国结算储蓄公司、俄罗斯对外经济银行、塔吉克斯坦国民银行、乌兹别克斯坦共和国国家对外经济银行。2005年11月，上海合作组织银行联合体在莫斯科成立。参与协议的各国银行在银联体框架下，构建上海合作组织区域有效融资机制，为组织成员国合作项目提供融资支持。[①]在这一组织框架中，可以探索解决能源合作资金问题的有效途径。

（二）利用 CAREC 机制，推进能源合作

由亚洲开发银行所倡导的中亚区域经济合作（CAREC）机制，现包括阿

---

① 邢广程，等. 上海合作组织研究[M]. 长春：长春出版社，2007：70-71.

富汗、阿塞拜疆、中国、哈萨克斯坦、吉尔吉斯斯坦、蒙古、塔吉克斯坦和乌兹别克斯坦等11个国家，而俄罗斯则以观察员的身份参与相关合作。CAREC的目的是推动人口、资本、货物的区域流动，为工商界提供服务。CAREC机制形成后，高度重视在能源领域的合作，并将能源列为优先发展的4个领域之一，其长远目标是建立市场化的能源运行机制，促进区域电力和能源贸易。其中，CAREC能源行业协调委员会提出的能源合作计划，积极促进相关国家能源安全。为了继续推动CAREC机制的实施，CAREC工商论坛提出中亚地区各国政府、多边机构及工商界人士共同努力，每年筹资20亿至30亿美元，用于推动这一区域的能源、交通和贸易便利化建设。

中国政府参与CAREC的同时，以新疆为主要项目执行区，充分利用CAREC机制积极推进新疆与俄罗斯—中亚的能源合作。国内也相应建立了由国家发展改革委、财政部、外交部、新疆维吾尔自治区人民政府和交通部、商务部、海关总署、电监会、中国民航局、全国工商联等相关行业部门参与的国内协调机制，以切实保证合作落到实处。

而在具体的项目合作中，中方除履行参加国的正常义务外，还在能力范围内以多种形式为各合作方提供支持，为推动合作不断深入发挥了建设性作用。如中方通过在亚洲开发银行设立的"中国减贫与区域合作基金"为中亚国家提供了农业、环境和能力建设等方面的技术援助；在中国—吉尔吉斯斯坦—乌兹别克斯坦公路项目中，中国在按期完成境内路段建设之外，还援建了吉尔吉斯斯坦境内的部分路段。此外，中国政府还适时提出合作新倡议，推动合作逐步深化。

（三）通过与国际金融机构合作，寻求新疆与俄罗斯—中亚能源合作

利用亚洲开发银行、世界银行、国际货币基金组织、欧洲复兴银行、伊斯兰开发银行等众多国际主流金融机构，并依托国内各金融机构，支持新疆与俄罗斯—中亚能源合作，促进新疆能源通道建设。

在《上海合作组织银行间合作（联合体）协议》框架中，与签署协议的

上海合作组织成员国的银行——哈萨克斯坦开发银行、吉尔吉斯共和国结算储蓄公司、俄罗斯对外经济银行、塔吉克斯坦国民银行、乌兹别克斯坦共和国国家对外经济银行积极合作，并借助亚洲开发银行所倡导的CAREC机制，在推进能源合作的同时，拓展新疆能源通道建设的合作空间。

（四）加大资金支持力度，建立能源开发基金，为在俄罗斯—中亚资源领域投资创造条件

1. 加大对丝绸之路经济带能源合作产业的金融支持力度

新疆地区金融资产基数小，中央银行应加大对新疆的基础货币投入量，广开融资渠道，加强新疆与东部发达地区商业银行甚至外资银行合作，鼓励其在新疆设立分支机构，为新疆提供建设资金。各金融机构在取得各自总行支持的前提下，积极介入新疆石油、天然气产业发展建设。依托工业园区载体，广泛吸引国内外能源加工企业与新疆合作，培育发展以新疆为基地的"两头在外"的能源加工企业，加快石油、石化相关产品的开发利用，以及加快能源企业技术改造和产业结构优化升级，将新疆建设成为我国重要的石油、石化产品生产基地。

2. 向俄罗斯—中亚开展投资，合作开发资源

早在2005年7月1日，中俄两国就签署了有关能源合作的一系列协议，内容包括：俄罗斯石油公司与中石化成立一家合资企业，共同勘探开发萨哈林-3号项目中维宁斯克区块的油气资源；中石油与俄罗斯石油公司在萨哈林岛近海长期进行油气开发合作等。这些项目显示，虽然俄罗斯对能源资源的国家控制越来越严，外国石油公司进入俄罗斯油气上游领域越来越困难，但是，中俄能源合作从单纯的贸易阶段上升到上游勘探开发阶段还是有一定的可能性。

通过买断油气田股权、风险勘探、自主开发的方式，解决单纯依靠进口随机采购的能源贸易形式问题，减少因能源价格的波动对进口方经济发展稳定性的影响。但买断股权也由于信息不对称等因素，增加了经济风险。中国

企业进入国外大型的油气田，并非完全掌控开采权，而应通过与大型跨国石油公司合作，成为国外油气项目的股东，一起融资、承担风险，在合作中学习它们的技术和管理经验。"进入上游，从融资环节做起，把石油公司做成一个石油商贸公司，采油的同时也参与石油价格的形成，这才是把握定价权的关键。"①

向俄罗斯—中亚油气领域投资关系到中国的经济安全与地缘政治利益，因此，有必要提供足够的资金，根据能源通道建设的需要有序地向俄罗斯—中亚开展投资，合作开发资源。应加紧实施中国与俄罗斯—中亚间已立项的能源开发项目，加大现有政策性资金的支持力度。对于向俄罗斯—中亚国家提供的有关发展基金和贷款，应本着同等优先的原则，重点向资源性开发项目倾斜，为企业"走出去"进行资源开发创造条件。②

因此，丝绸之路经济带能源合作中实施国外资源风险勘查开发，以获取国外能源稳定的供给就成了必然的选择。应当在俄罗斯—中亚建立一批能源生产供应基地和资源储备基地，确保资源的供应安全，从而改变目前能源产品进口基本上靠单一地从国际市场购买的被动局面，为新疆国际能源通道长期、稳定、经济合理地利用国外能源提供保障。

在国内企业通过收购外国公司、合资、参与项目等方式进行中外能源合作的过程中，投资资金的获取及投资保险、外汇结算等方面需要更完善的金融服务。

（五）建立能源开发基金，调整融资结构，加大债权融资比例

1. 建立丝绸之路经济带能源产业发展基金

建立新疆能源产业发展基金，使能源开发企业获得较稳定的资金来源，通过"走出去"战略，介入能源矿业权市场运作。矿业权市场是矿产勘查开

---

① 祝慧. "内外兼修"保障中国的石油安全——访中国人民大学国际能源战略研究中心主任查道炯[N]. 中国经济时报，2005-07-27.
② 韩立华. 中俄能源环境分析与对策建议[J]. 天然气经济，2006（1）：16-17.

发领域的最高级的市场组织形式，主要是获取风险勘查权和购置采矿权，保障新疆能源通道油气资源稳定的来源。利用能源产业发展基金支持参与开拓国际油气勘探开发，承担油气工程承包，获得海外石油股份和勘探开发区块，建立稳定的国外能源生产基地。

我国油气开采业资金来源于国内贷款的较少，仅占14.5%，自筹资金占比71.5%。而能源开发基金属于预防性生态风险基金，来源于资源开发企业、地方财政收入或专项资金以及财政转移支付资金等，主要用于预防无法预期的生态风险，由于不可抗力原因导致生态风险损失，使用范围限定为资源开发企业没有能力承担的部分。

2. 调整融资结构，加大债权融资比例

只有股市而没有债市，资本市场是不完整的。与股权融资相同，债权融资也是工业化阶段的一种最重要的市场化资金积聚与集中方式。投资资金在性质上分为资本性资金和债务性资金，与获得资本性资金的股权融资相比，获取债务性资金的债权融资方式不会使企业的股权总量和结构发生变化和转移，债权人只在债券契约的范围内对企业经营者存在约束关系，而对企业经营活动无权干涉，降低了企业决策压力和被兼并收购的风险；在我国，企业上交的所得税较高，债权融资的成本低于股权融资。债权融资的主要成本为利息，由于企业支付的债券利息属于企业经营活动中发生的费用，在纳税时可以从收入中扣除，从而抵消企业部分应付税款；相对于股票而言，债券具有稳定的收益和较高的资金回收保障，投资风险小。

所以，应制定适合新疆的债券发行体制与监管体制，鼓励能源开发企业发行企业债券。中央政府可以根据新疆能源通道建设的进程，每年发行"新疆能源开发"特种建设国债。国债由国家以资本金的形式投入能源通道建设，在项目建成后，采纳资本运营的方式，再将这部分投入以国有股权向社会公众或机构转让，并将回收的资金投入新的建设项目中，形成国债资金的良性循环，带动社会资本进入能源领域投资。

（六）着力口岸建设，推进能源贸易双方本币结算

1. 加大对过境口岸建设的金融支持

在加大对新疆能源通道沿线能源产业的金融支持力度的同时，特别要注重推进新疆能源通道过境口岸建设。制定对口岸金融支持的规划，推动加强中外人员、物资、资金、信息的双向流动，促进国内外能源市场连接和区域性联合；主动研究扩大信贷服务范围，积极争取总行优先的专项贷款，支持新疆能源产业发展和大通道建设；扩大中间业务服务，为企业提供财务顾问、发债承销、担保、项目融资方案设计等种类多样的金融服务。①

另外，建议在霍尔果斯国际边境合作中心尽早设立人民银行分支机构，满足能源通道过境口岸的边境合作中心贸易结算、金融服务等方面的需求。

2. 推进口岸建设，能源贸易金融创新

国际能源贸易一直以美元计价，美元币值的不稳定也导致了能源价格的大幅波动，因此改进现有的计价体系不仅有利于维护能源的稳定，而且可有效遏制投机资本对能源贸易造成的冲击，以实现国际能源贸易稳定，让能源价格回归理性。②

中俄双方早在2003年就在边境口岸黑龙江省黑河市与布拉戈维申斯克市启动边境贸易银行结算试点工作。中国银行黑河分行与布拉戈维申斯克市东方快捷开放式股份商业银行签署协议，启动了中俄贸易本币结算业务，俄中两国在边境区尝试使用人民币或卢布进行贸易结算，已取得了不错的成果。在当前人民币应对美元升值压力的经济形势下，俄中两国如继续用美元结算，将对双方造成一定的损失。在能源合作带动下，中国银行新疆分行积极进行金融创新，在2011年6月28日首推人民币对坚戈直接汇率项目下的坚戈现汇业务，标志着中哈贸易结算提升到直接汇率的市场化阶段。2012年4月15日，哈萨克斯坦人民银行通过摩根大通有限公司上海分行将设立的代理账户变更为

① 郭新明. 对金融业关注和支持新疆能源大通道建设的思考[J]. 新疆金融, 2008（1）: 71.
② 新华国际时评: 让国际油价回归理性[EB/OL]. http://news.sohu.com/20081218/n261289716.shtml.

法人办理人民币结算业务。2012年6月18日在中国工商银行阿拉木图分行，哈萨克斯坦BTA银行建立"中哈双币通"清算系统，开设人民币代理账户，两国贸易可直接人民币结算，不仅规避了美元汇率风险、减少了汇率损失，而且推动了双方贸易额快速增长。

由于不经第三国转汇，企业资金结算速度得到提升，结算经营成本降低，且当日清算使企业避免由于汇率波动造成的损失。以油气为代表的能源交易在丝绸之路经济带贸易中占较大比重，中俄、中哈货币成为结算币种，并纳入国际收支及贸易核销体系，将为推进贸易合作奠定政策基础。

中哈两国政府和中央银行分别于2004、2005年签署《建立霍尔果斯国际边境合作中心的框架协议》《中国人民银行与哈萨克斯坦国家银行关于边境地区贸易银行结算协议》。其中：《边境地区贸易银行结算协议》对于边境地区的资金结构、贸易等方面做出明确界定，即可使用人民币、坚戈进行边贸结算；中哈商业银行亦可互开对方国货币协议（合同）或账户规定的其他可自由兑换货币账户，进行边境区跨国商务贸易结算。边贸结算产生的差额以双方商业银行协商接受的币种清算，并在两国现有的法律规定许可范围内设立货币兑换点。

2012年中国人民银行、财政部、国家税务总局、海关总署、商务部和银监会联合出台了《关于出口货物贸易人民币结算企业管路有关问题的通知》，规定具有进出口经营资格的企业可依照《跨境贸易人民币结算试点管理办法》，从事出口货物贸易人民币结算业务。一反长期以来企业使用美元的传统结算方式，人民币跨境结算推及所有进出口企业。

这为能源合作及贸易合作中双方本币结算奠定了基础。

3. 创新金融产品，扩大融资渠道

能源大通道基础设施建设，需加强道路、管道、口岸等基础设施建设，解决铁路运力不足、口岸过货能力偏低等问题。满足大通道基础设施建设的资金需求，从宏观角度，需要金融业加大与财政投融资的配合协调；从微观角度，需要政策性、商业性金融机构依照自身的业务范围积极创新金融产品。

支持企业进行石油资源勘探开发。探索能源境外投资保险业务,鼓励政策性银行建立专门从事境外投资保险业务的机构,分散国内能源企业境外投资风险。探索能源投资信托、能源勘探权证券化等新型金融产品,拓宽投融资渠道。提供融资,即为资源国大型矿业项目提供融资,以换取矿业项目中的部分权益,或取得与资源国的长期供货合同等。①

进行能源产品市场运作,利用国外能源的最传统方式,即通过贸易进口的方式取得资源,主要形式为:签订长期、稳定供货合同,现货贸易。

国际石油贸易主要有三种方式,即长期供货合同、份额油和现货期货贸易。新疆能源通道供给多元化策略应在巩固现有现货交易的基础上,积极探索其他有效的贸易模式。长期供货合同能够保证获得油气资源的稳定性,中国石油公司可通过协商合作等方式获得;份额油是石油公司海外投资获取利益的方式,可以避免油价起伏带来的利益损失;期货交易可以降低交易者的价格风险,规避现货交易"买涨不买落"的问题。把市场作为获得原油和油品的主要手段,积极参与原油和油品的期货和现货交易。②如2005年,中石油与俄罗斯石油公司在政府框架下签订首次为期15年的长期石油供货协议。协议规定,中石油一次性向俄罗斯石油公司支付60亿美元,俄罗斯石油则保证在2005—2010年间共向中国输出石油4 820万~4 860万吨,价格按照合约为120美元/吨。③

(七)发挥财政与金融、金融与资本运营手段的联动作用

1. 发挥财政与金融联动作用推进能源合作

积极发挥财政与金融的联动作用,提高整体效益。发挥财政资金的先导作用,加大基础设施建设的投入,加快建设铁路、管道等国际运输通道,增强连接新疆和国内其他主要经济区的运输能力;通过财政贴息等政策,鼓励金融机构为新疆能源大通道基础设施建设和海外能源开发合作提供资金支

① 吴荣庆,等.国外矿产资源勘查开发基本框架及其对策思考[J].中国矿业,2001(6).
② 赵旭,赵文丽.能源安全:合作、贸易、通道须全面多元化[N].中国化工报,2009-01-20.
③ 朱磊,张茜.中国能源企业对俄罗斯油气资源的投资与合作[J].俄罗斯中亚东欧市场,2008(12):8.

持。实施税收优惠，主要包括税收抵免、延期纳税、纳税时的亏损转回和纳税时的亏损结转。[①]

2. 利用金融与资本运营手段联动作用

在中国西北能源通道建设中，应不断积极拓展俄罗斯—中亚能源市场。实施"走出去"战略，在进行跨国经营获取国外能源的同时，进行能源资本市场运作。

以矿业权为纽带的能源资本市场运作，采取购并目标公司和购买目标公司股份或交叉持股，购买目标公司拟转让能源地产中的股权。在具体操作上，或采取财团方式跨国联合，或兼并。

总之，通过强化与国际金融机构协作，设立能源开发基金，着力推进通道过境口岸建设，推进能源贸易双方本币结算，发挥财政与金融、金融与资本运营手段的联动作用，将为丝绸之路经济带能源合作提供有力的金融支持。

四、依托丝绸之路经济带核心区建设次区域能源经济圈资源枢纽

以现有的能源加工基础为依托，打造天山北坡经济带、克拉玛依—独山子、南疆、吐哈四大国际能源加工产业中心。

1. 建设天山北坡经济带国际能源加工产业中心

天山北坡经济带是新疆经济发展的核心区。其中乌昌经济圈能源产品加工产业集中，分布着包括中泰化学、乌鲁木齐石化等企业集团的米东化工园、甘家堡工业园，而石河子市是天山腹地的中央支点，拥有"天业化工园区"。在石油化工业发展中，要依托乌鲁木齐石化，辐射乌昌经济圈，建设一批以石油天然气化工为重点的产业集群。

---

① 郭新明. 对金融业关注和支持新疆能源大通道建设的思考[J]. 新疆金融，2008（1）：7.

2. 建设克拉玛依石化基地国际能源加工产业中心

克拉玛依石化基地是新疆石化工业的重心之一，要利用俄罗斯—中亚和克拉玛依的油气资源，实现炼化一体化发展，实现新疆油田稠油的全部集中加工，提高原油加工规模，2015年达到1 000万吨的加工能力。

3. 建设吐哈国际能源加工产业中心

依托吐哈天然气优势，发展大型液化天然气项目，扩大甲醇规模，发展精细化工。而所属的石油石化企业应走"大型化、基地化、集中化、园区化"的发展道路，这也是国际上通行的做法，可以节约生产成本，聚集资金、人才和技术，形成规模效应。

4. 建设南疆国际能源加工产业中心

依托新疆南部能源的资源优势和库车炼厂的基础条件，推进油、化、纤、肥一体化，兴建一批高技术、高水平大型能源产品加工项目，建设南疆石化产业带，使南疆成为面向中亚、南亚市场的重要石化加工基地。

5. 打造煤炭、煤化工基地及煤化工产业集群

重点建设新疆等14个亿吨级大型煤炭基地以及哈密、准东等9个千万千瓦级煤电基地。发展精细化工，推进节能减排。形成氯碱化工、煤化工、油气化工产业集群。适度发展煤制油，重点发展煤制烯烃、煤制乙二醇、煤制芳烃循环经济产业基地，打造准东、吐哈、伊犁河谷、库拜、和克五大煤化工经济基地，建立准南、库拜煤气层开发加工基地，形成塔城—和丰煤化工集聚产业，建成大型煤制烯烃、煤制天然气基地。将新疆建成国内重要的煤化工和煤制天然气产业基地，打造面向中亚的化工产业高地。

6. 打造清洁的能源开发产业集群

打造"两大基地，一个条带，五大区块"，提升"两种能力"，大力发展风电产业，扩大风电消纳能力，提升风能资源综合利用水平，建成国家大

型风电基地，结合电力市场、区域电网和特高压外送输电通道建设，加快实施建设哈密千万千瓦级风电基地，积极推进准东百万千瓦级风电基地建设，加快达坂城、百里风区、塔城、阿勒泰、若羌等百万千瓦级风电基地建设。打造风电装备制造基地。充分发挥风电产业优势，集中力量，重点培育，提高科技含量，提升核心竞争力，促进转型升级和成本降低，全力打造以金风科技、华锐、海装、明阳等企业为主的风电装备制造基地。利用互联网、物联网、大数据等新一代信息技术，加大大规模风电场和光伏电站集群远程监控技术攻关。

五、构建丝绸之路经济带能源合作的微观组织合作模式

丝绸之路经济带能源合作创新了国际能源合作项目运作模式。

1. 联合开发模式（综合模式）

对丝绸之路经济带区域内的优势资源进行联合开发，以资源换市场、资源换资金、资源换技术。通过进一步开放资源和资本市场，吸引和承接国内外资本、产业、技术、管理和人才，加快核心区新疆新型工业化进程和区域经济发展。中国与周边国家在经济、技术和市场方面有较强的互补性，可以从不同产业、不同领域的特点出发，灵活选择中国与周边国家企业联合开发与产业融合的对接方式。一是"中国资源、资金、管理、技术、劳动力+中亚市场"方式；二是"中国资金、管理+周边国资源、劳动力、技术、市场"方式；三是"中国市场+周边国资金、劳动力、技术"方式；四是"中国资金、管理、技术+周边国资源、市场"方式。

2. 企业参股模式（合资股份模式）

股份制能使丝绸之路经济带区域企业利益双方按照共同利益目标和一定的规则进行合作，在追求共同利益最大化的目标下，股份制企业在经营管理方面各施才华、优势互补、共谋发展策略。

3. 合资经营模式

制定各种优惠政策，动员区域内各方面的力量共同参与投资，形成一个包括政府合作投资、企业投资、个人投资和引进外资在内的多元化投资格局。多方共同投资，共同经营。

4. 合作经营模式

合作经营通过合同约定各自的权利和义务，方式较为灵活。中方可以土地、资源及无形资产等要素作为合作的条件，允许外方投资者先行回收投资，对外方投资者应有较大的吸引力。

5. 技术合作模式

双方应长期进行知识技术方面的交流，实现某些技术共享的目的，以此提高区域整体科技水平。新疆与中亚国家在能源勘探与开采技术、金属产品生产技术和机械产品生产技术方面互有优势，当前可重点选择这些领域进行技术合作。

6. 战略联盟模式

战略联盟是由两个或两个以上有着对等实力或者互补资源的企业之间，通过各种协议结成的优势相长、风险共担的松散型合作竞争组织。其特征包括组织灵活、边界模糊、关联松散、运作高效、技术先进、发挥优势和彼此信任。[1]

---

① 高志刚. 中国企业参与中亚次区域合作的模式与思路[J]. 开发导报，2007（2）：78-79.

第五章
能源合作推进丝绸之路经济带核心区建设的战略措施

一、利用能源合作构建丝绸之路经济带核心区的产业发展格局

1. 丝绸之路经济带核心区新疆能源基地发展目标

在丝绸之路经济带能源合作的推进下，"十三五"期间新疆将成为国家最大的石油天然气生产基地，重要的国家原油、天然气、成品油战略储备基地，国家重要的新能源基地。2017年新疆维吾尔自治区经信委发布的《新疆维吾尔自治区新型工业化"十三五"发展规划（2016—2020）》提出："到 2020年，全区油气当量超过6 600万吨（常规油气资源），天然气产量400亿立方米、原油产量3 000万吨、原油加工量4 000万吨；煤层气5亿立方米，煤制天然气100

亿立方米，煤制油300万吨，煤焦油深加工量300万吨；烯烃300万吨（其中煤制烯烃68万吨）、芳烃200万吨（其中煤制芳烃40万吨）、乙二醇95万吨（其中煤制乙二醇75万吨）、聚氯乙烯700万吨、化工新材料和高端专用化学品75万吨以上，化学肥料（实物量）800万吨。把我区建成国内最大的油气勘探开发基地、重要的油气储备和石油化工基地、重要的煤化工升级示范基地。"

2. 丝绸之路经济带核心区新疆能源产业的布局

新疆能源基地建设布局为：以产业化为方向，形成以四大石化基地、五大煤炭产业基地为主，众多园区为支撑，产业集群化的能源经济格局。

（1）油气生产加工基地

加大塔里木、准噶尔、吐哈三大盆地油气勘探开发力度，积极开辟伊犁、焉耆、三塘湖等中小盆地油气勘探开发，加快建设石油、天然气开采、加工基地。

重点培育和建设生产加工基地，形成奎屯—独山子宝塔集团、乌鲁木齐石化、克拉玛依石化和南疆塔河石化4个具有国际竞争力、千万吨级大型炼油基地；集中力量建设乌鲁木齐、克拉玛依（独山子）、吐哈、南疆四大石化基地，到2020年把新疆建成全国大型油气生产和加工基地。

（2）大型煤炭基地

以"优势资源转换战略"为指导，以煤炭资源保障为核心，以资源有序开发、产业协同发展为目标，服务于新疆区域内"西气东输""西煤东运""西电东送"3个战略能源基地建设。大型煤炭基地的吐哈区以疆煤外运和疆电外送为主，准噶尔区以发展煤电、煤化工示范项目为主，伊犁区以发展煤化工示范项目、煤电为主。建立由准东北塔山能源化工基地、阜康煤电煤焦化基地、吐哈煤电化基地、库拜煤炭煤电煤焦化基地、伊利煤电煤化基地五大区组成的新疆大型煤炭基地。区域产业集群总体布局重点在伊犁区域建设百亿立方米级"西气东输"基地，在吐哈区域建设千万吨级"西煤东运"基地，在准东区域建设千万千瓦级"西电东送"基地，推进在伊犁、吐哈、准东、乌昌、塔城地区开展11个总装机容量达1 117万千瓦的电源项目。总体上沿天山北坡经济带，依托"西气东输"二线工程、"一主两翼"铁路兰新铁路主线、新疆750千伏电网及规划中的特高压直流外送走廊，布局伊犁、吐哈、准东、库拜四大煤炭基地。

3. 建立能源储备基地和油气交易中心

（1）建立能源储备基地

在丝绸之路经济带核心区新疆的独山子、鄯善建成大型原油储备基地，依托独山子现有设施和中哈原油管道，使原油储备能力达到500万立方米，建成国内重要的大型国家原油战略储备基地。独山子石油储备基地规划库容540万立方米，首期工程规划建设30座容积为10万立方米的储罐，总库容约220万吨；鄯善达到800万立方米（储油能力达580万吨）的总库容量，一期工程规模100万立方米，包括10座10万立方米的外浮顶原油罐及相应的辅助配套设施，鄯善原油商业储备基地规划库容200万立方米，一期工程100万立方米，二期工程100万立方米，单罐库容10万立方米。

目前我国已形成京津冀、西北、西南、东北、长三角、中西部、中南、珠三角八大储气基地，其中在"十二五"规划期内，已形成1 300万立方米储气库规模的基础上，又在丝绸之路经济带核心区新疆的乌昌地区建成40亿立方米天然气储气库项目。

开展创新模式，在战略石油储备基地另辟外贸分区，为境外石油产消国提供储备服务；充分利用石油储备基地闲置空间为商业储备提供有偿储存，利用直管和代理、发行特别债券、BOT、自建和租赁、收取能源资源使用权费等方式，鼓励民间资本投资储备基地。

储备基地建设旨在保障能源供应安全，同时强化应对突发事件能力，强化能源市场的调控能力，特别要发挥能源储备的战略保障作用，以充当政府储备资产。构建国家战略石油储备、地方政府石油储备、国有石油公司商业储备和其他中小型公司石油储备的体系。通过储备调节市场的供需状况，从而消弭国际能源价格振荡影响，对抵御能源价格波动风险具有重大意义。

借助国际合作，为中国新疆周边国提供储备战略石油，并提供储备库为期货市场提供交割周转服务，甚至可以为国际石油期货交易所出租库容，不断提升中国企业参与国际石油期货市场的实力与话语权，强化新疆与周边国家的合作，共建面向中亚的能源储备基地。

构建跨国能源储备机制，应对战争、争端事件、国际政治形势变化等带来的冲击；有利于供给国规避能源市场价格波动的影响，确保长期的石油和天然气收益。跨区域能源联合储备，并不局限于双边合作，中国可在丝绸之路经济带的哈萨克斯坦、土库曼斯坦和乌兹别克斯坦实行联合能源储备，必要时可同时协调三国的跨国储备，最大限度保证中亚各国的能源收益和中国能源稳定供给。

（2）建立丝绸之路经济带核心区国际能源交易中心

由于垄断性和外部性，能源价格不能充分反映市场供求关系，通过建立区域性的能源价格协调机制和稳定机制，保障能源的供给和价格稳定性。利用新疆克拉玛依市筹建新疆石油天然气交易中心的契机，努力建成立足中国新疆、辐射亚太的国际性石油天然气交易中心，与上海、重庆油气交易中心形成鼎足之势，打造与美国Henry Hub、英国NBP抗衡的亚太油气交易中心、信息中心和能源金融中心，形成与美国西德克萨斯轻质中间基原油（WTI）期货以及北海布伦特（Brent）原油期货相抗衡的局面，提升中国新疆在国际石油天然气领域的话语权和影响力，[①]特别要加快金融市场体系建设，促进能源金融衍生品的推出，从而为通过能源交易中心的金融平台实现价格发现、风险管理。通过油气现货、期货贸易的电子交易和实货交易平台建设，以及天然气现货和期货产品及合约的设计，为中国新疆创建亚太能源市场定价中心，并生成有影响力的能源基准价格打牢基础。

交易中心的建成对促进新疆能源资源开发利用，加快新疆国家级综合能源基地建设，加强与周边国家能源合作，发挥新疆丝绸之路经济带核心区作用具有重要意义。为能源期货上市提供了有效的政策保障和支撑，为境外投资者参与国内资本市场创造了前所未有的基础市场环境和有利条件；同时，

---

① 邓郁松. 建设交易中心，完善油气市场[N]. 中国石油报，2015-07-06.

打造国际化期货交易平台无疑将助推自贸区实现人民币国际化、金融市场开放等重点改革，为全面深化金融业改革开放探索新途径、积累新经验。实现价格发现，通过保值实现风险转移，并借助原油期货市场，通过"保税交割"在中国建立交割仓库以储存原油；通过期货市场中的期货保证金制度帮助企业建立起稳定的远期供销关系，减少企业的原油现货库存，补充原油战略储备量。[①]

二、打造支撑能源合作的丝绸之路经济带核心区经济平台和载体

1. 完善立体化运输网络，完善国际能源通道体系

（1）国际能源通道体系建设

加快建设丝绸之路经济带交通战略通道，着力推进丝绸之路经济带（新疆段）重大骨干交通项目建设。铁路建设方面：北通道建设将军庙—哈密（三塘湖、淖毛湖）—柳沟铁路、克拉玛依—巴克图口岸铁路、北屯（阿勒泰）—吉木乃口岸铁路、三塘湖—老爷庙口岸铁路、阿勒泰—富蕴—准东铁路，加快推进富蕴—塔克什肯口岸铁路项目前期工作，启动阿勒泰—吉克普林口岸铁路项目研究工作；中通道建设以完善和提升通道功能为重点，加快建设精河—阿拉山口二线铁路，积极推进乌鲁木齐—伊宁高速铁路项目前期工作；南通道推进建设中吉乌铁路、中巴铁路，积极开展中吉塔阿伊五国铁路、阿克苏—别迭里口岸等铁路项目前期工作，积极推动中巴经济走廊规划与建设。推动北屯经吉木乃至斋桑通道和克拉玛依经塔城至阿亚古兹通道。形成克塔阿国际通道、北吉斋（北屯—布尔津—吉木乃—斋桑）国际通道建设，加快口岸建设，增加国际客货运航线。

其中，要重点利用能源合作促成中亚"三横两纵"及新疆的国际能源通道系统建设。

---

① 孙海鸣，史龙祥，陈盈佳. 上海自由贸易试验区国际能源交易中心建设研究[J]. 国际商务研究，2015（9）：32-33.

中亚"三横两纵"交通体系包含：横向已建成的铁路"新亚欧大陆桥""杰兹卡兹甘—别伊涅乌"以及在建"土—阿—塔"铁路；纵向"俄—哈—吉—塔"铁路和国际"北—南"运输走廊。2012年中国霍尔果斯口岸与哈萨克斯坦阿滕科里口岸铁路对接。

目前，中国新疆联通中亚拥有3条陆路过境运输线路。北线：乔普—基辅—莫斯科—车里雅宾斯克—多斯特克—阿拉山口—连云港；中线：基辅—伏尔加格勒—阿拉木图—阿克斗卡—多斯特克—阿拉山口—连云港；南线：伊斯坦布尔—安卡拉—大不里士—德黑兰—马什哈德—谢拉克斯—塔什干—阿拉木图—阿克斗卡—多斯特克—阿拉山口—连云港。

而新疆设计了4条向西开放的国际铁路通道包括：阿拉山口（新疆）—阿克斗卡（哈萨克斯坦）、霍尔果斯（新疆）—萨雷奥泽克（哈萨克斯坦）、新疆吐尔尕特—吉尔吉斯斯坦—乌兹别克斯坦（又称中吉乌铁路）、新疆红其拉甫—巴基斯坦国际铁路。

目前土库曼斯坦在建设与推进"土库曼斯坦—阿富汗—塔吉克斯坦"铁路、联通中亚中东的"乌兹别克斯坦—土库曼斯坦—伊朗—阿曼"货运走廊、"阿富汗—土库曼斯坦—阿塞拜疆—格鲁吉亚"交通走廊等项目。

（2）推进哈萨克斯坦与新疆基础设施的互联互通建设

一是修建多斯特克—阿拉山口铁路延伸至新疆精河，与精河—伊宁—霍尔果斯铁路对接，借此缓解多斯特克、阿拉山口换装压力，同时可开工建成萨雷奥泽克—霍尔果斯口岸铁路，提高"霍尔果斯—热肯特"铁路运输效率。

二是修建1 200千米横贯东西的"杰兹卡兹甘—沙尔卡尔—贝聂"铁路，线路西向经里海、高加索通向欧洲，东向连云港，建成后阿拉山口到阿克套的运输里程缩短1 200千米，促进欧亚走廊（欧洲—高加索—亚洲）的"塔什干—阿什哈巴德—土库曼巴希—巴库—第比利斯—波季"物流发展。

三是规划"哈萨克斯坦—土库曼斯坦—伊朗"铁路线（总长934.5千米）。线路主体在土库曼斯坦境内（长约722.5千米），为联通俄罗斯—中亚铁路、扩大阿克套港转运能力创造条件，可在伊朗、土耳其等国建物流中心，利用这些国家出海口。

四是筹建欧亚高铁，从伦敦出发，经巴黎、柏林、华沙、基辅，过莫斯科后分成两支，一支入哈萨克斯坦，另一支通向哈巴罗夫斯克，进入中国境内。

在公路交通一体化方面，中哈合作成效突出。"乌鲁木齐—阿拉山口口岸—阿克斗卡—卡拉干达—阿斯塔纳—彼得罗巴甫洛夫斯克—库尔干""乌鲁木齐—霍尔果斯口岸—阿拉木图—比什凯克—希姆肯特—突厥斯坦—克孜勒奥尔达—阿克套—欧洲"的国际公路已基本建成，主要路段经过哈萨克斯坦。吉木乃口岸开放后，中哈双方启动了经口岸直通中亚的7条运输线路相关规划的实地考察。此外，哈萨克斯坦与俄罗斯、白俄罗斯、阿塞拜疆、格鲁吉亚、巴基斯坦、吉尔吉斯斯坦等国强化物流运输合作，高加索交通走廊建设初见成效，里海和黑海的国际转运码头正在建设中。

（3）推进乌兹别克斯坦与新疆基础设施的互联互通建设

中国主修的两条国际公路，"乌鲁木齐—库尔勒—阿克苏—喀什—伊尔克斯坦口岸—奥什—安集延—塔什干—布哈拉—捷詹—马什哈德—德黑兰—伊斯坦布尔—欧洲"和"喀什—卡拉苏口岸—霍罗格—杜尚别—铁尔梅兹—布哈拉"，主要路段经过乌兹别克斯坦，在距布哈拉85千米、撒马尔罕190千米处形成国际物流中心纳沃伊工业园区，纳沃伊拥有连接北京、巴黎的E-40国际公路干线，通向欧亚大陆几乎所有港口的铁路线交通枢纽。乌兹别克斯坦铁路项目"安格连—帕普"贯通，经卡姆奇克山口，可绕过塔吉克斯坦，与乌东部地区连接。费尔干纳谷地所在的3个州——安集延州、纳曼干州和费尔干纳州将直通铁路。铁路在连接欧亚大陆交通运输中发挥作用，尤其在"中国—吉尔吉斯斯坦"国际走廊南线开通后，从中国来的货物可直接从乌兹别克斯坦、塔吉克斯坦、土库曼斯坦进入伊朗和阿富汗。

（4）推进吉尔吉斯斯坦与新疆互联互通建设

为应对中吉乌铁路，俄罗斯力推兴建俄哈吉塔铁路，绕道乌兹别克斯坦，经哈萨克斯坦、吉尔吉斯斯坦联通土库曼斯坦、伊朗，直抵波斯湾，对于贯通亚欧大陆南北向交通、提升沿线运力具有重要意义。而中国倡导的中吉乌铁路，规划分南北两线，北线"喀什—托帕—盖克力克—吐尔尕特山口—科什乔别—巴吉什—贾拉拉巴德—卡拉苏—安集延"，全长约577千米（其中新建铁路约485千米）；南线"喀什—乌恰—库尔干—伊尔克什坦—萨雷塔什—卡拉苏—安集延"，全长约523千米（其中新建铁路473千米）。

而全长959千米的中吉乌公路起自新疆伊尔克什坦口岸，经过吉尔吉斯斯坦南部奥什，通过两条公路到达乌兹别克斯坦首都塔什干。

（5）塔吉克斯坦与新疆基础设施的互联互通建设

经济发展落后、交通封闭的塔吉克斯坦，力推建成中吉塔铁路（中国至吉尔吉斯斯坦、塔吉克斯坦）和中塔阿伊铁路（中国至塔吉克斯坦、阿富汗、伊朗），并试图开通"塔吉克斯坦—阿富汗—土库曼斯坦"的路线，试图破解铁路交通过度依赖乌兹别克斯坦的局面。线路始自塔吉克斯坦南部喷赤，西南向经阿富汗的马扎里沙里夫、安德胡伊，再向北抵土库曼斯坦阿塔梅拉特。线路将激活中亚物流系统，并连接包括了南亚次大陆市场。期待中的中塔直通公路，计划线路为"杜尚别—库里亚布—霍罗格—穆尔加布"，取道中国新疆区内的喀喇昆仑公路，直入巴基斯坦。

（6）土库曼斯坦与新疆互联互通的基础设施建设

土库曼斯坦是中亚国家中率先采用现实的铁路方案（伊斯坦布尔—德黑兰—梅什赫德—谢拉赫斯—土库曼巴希—塔什干—阿尔玛德—多斯特克—乌鲁木齐—北京），并修复丝绸之路的国家之一。包括谢拉赫斯、古什德、阿尔德克、土库曼巴希、达绍古兹、塔西阿塔什、卡扎扎克、法拉普、基里夫和塔利马尔詹10个国际对接站，总长400千米的土阿塔铁路在建，土库曼斯坦段为阿塔穆拉特—阿基纳，阿富汗段从下喷赤地区接入塔吉克斯坦南部库尔干秋别铁路网，建成后，国际列车可从杜尚别经阿富汗、土库曼斯坦直通伊朗。土哈间叶拉利耶夫—贝克达什—土库曼巴希跨境铁路在建设中。土库曼斯坦公路密集，可抵达与其接壤的所有国家的边境，包括乌兹别克斯坦、阿富汗、哈萨克斯坦和伊朗，从而将其与欧洲、波斯湾、独联体和东南亚国家运输连成一片。

（7）推进中亚高铁项目建设

筹建中的中亚高铁从新疆乌鲁木齐出发，经由哈萨克斯坦、乌兹别克斯坦、土库曼斯坦、伊朗、土耳其等国，最终到达德国。这条线路将连接17个国家和地区，总长约8.1万千米，建成后将促进中国、中亚与欧洲国家的贸易。[①]

2. 依托区域中心城市及交通枢纽建立国际能源商品物流枢纽中心

以乌鲁木齐市为中心，充分发挥其区位优势和优越交通条件，紧密衔接东、西两翼枢纽，加快形成丝绸之路经济带和我国向西开放的国际门户枢纽，以重要交通枢纽城市和口岸为节点，提升和新建一批国际商贸物流园区，形成适应丝绸之路经济带发展的布局合理、定位准确、运营高效和系统优化的现代国际物流网络体系。依托乌鲁木齐铁路枢纽、公路枢纽、国际机场枢纽等国际物流集散地，改造提升现有物流园区，重点建设新疆海关多式联运监管中心、乌鲁木齐陆路港、乌鲁木齐乌拉泊国际物流园区、乌鲁木齐空港国际物流园区，发挥乌鲁木齐市在丝绸之路经济带核心区商贸物流中心的聚集和辐射作用。建设喀什陆路港，依托区域性交通枢纽城市和重要口岸。

其中，以乌鲁木齐为核心节点，涵盖昌吉市、吐鲁番市、石河子市、阜康市以及五家渠等周边地市的主要节点，重点依托丝绸之路经济带中通道和中蒙交通轴线、门户机场、中欧班列枢纽节点、公路运输主枢纽、综合运输信息平台等；以喀什为核心的国际性枢纽定位于沟通两洋交通枢纽，主要以喀什为核心节点，涵盖疏附、疏勒、阿图什、阿克陶、乌恰等周边节点以及红其拉甫、卡拉苏、伊尔克什坦、吐尔尕特等重要口岸。重点依托门户机场、陆路交通口岸，特别是中巴通道、中吉乌通道、中塔和中阿伊等国际运输通道，充分利用内陆经济特区等政策优势，打造我国"一带一路"西向开放的源生性、口岸中转型综合交通枢纽，重点强化我国与中亚、西亚以及印度洋方向的人员物资交往流通。

---

① 欧阳向英. 中亚交通一体化与丝绸之路经济带政策的协调[J]. 俄罗斯中亚研究，2016（2）：63-74.

以伊宁、石河子、昌吉、克拉玛依、阿勒泰（北屯）、库尔勒、阿克苏、哈密、吐鲁番、奎屯—乌苏、精河、霍尔果斯、阿拉山口、巴克图、乌恰等为重点节点，建设一批国际物流园区，支持跨国物流企业做大做强，形成具有地域特色的物流网络。

3. 建设高载能产业集聚区

承接内地化工、煤电等产业转移，逐步形成煤电一体化、煤液化、煤焦化、煤化工等多产业融合发展的联动体系，努力把新疆打造成为国家高载能产业聚集区。

建立三大火电基地（哈密火电基地、准东火电基地、伊犁火电基地），积极推进煤制天然气项目，重点建设准东、伊犁河谷、吐哈、库拜、和克（和布克赛尔—克拉玛依）五大高载能煤化工基地，打造甘泉堡—石河子、巴州两大高载能煤化工集聚区。"十二五"期间，新疆高载能产业加快向重点地区、重点企业集聚，产业园区化、基地化发展格局正在形成，已基本形成准东、伊犁、吐哈、库拜、和克五大煤化工产业基地和石河子煤化工集聚区，拥有了10个自治区级煤化工园区。2015年，伊犁煤化工基地煤制天然气产量达155亿立方米，准东煤化工基地煤制天然气产量达105亿立方米，和克煤化工基地煤制天然气产量达40亿立方米。新疆高载能产业区力争2020年实现煤制天然气年产能达100亿标准立方米，煤制油年产能达300万吨。

（1）准东高载能产业基地

准东煤田由东部矿区、中部矿区、西部矿区、老君庙矿区、吉木萨尔矿区等矿区组成，总面积1.12万平方千米，预测资源总量3 748亿吨。目前已有山东鲁能集团有限公司、国家能源集团、山西潞安矿业（集团）有限责任公司、内蒙古神东天隆集团有限责任公司、香港明基集团、福建恒联股份有限公司等知名企业43家在这里发展煤电煤化工产业，建成了亿吨级煤炭生产、千万吨级煤化工和千万千瓦级煤电的国家重要的特大型煤电煤化工基地。准东煤炭基地为新疆区域"西电东送"基地的发展提供煤炭资源保障，建设"西电东送"煤电一体化的煤炭生产基地，并参与西煤东运。重点布局以煤—焦化—化产加工、煤—电—电石—聚氯乙烯（PVC）—建材—化产、合成氨/尿素、煤制烯烃、煤制油、煤制天然气、煤炭分质利用为主的煤化工产业。

（2）阜康高载能煤电煤焦化基地

阜康引进了海亮集团、重庆东银集团、德力西集团、龙煤集团、优派能源、八钢等大企业大集团入驻，整合煤炭资源，并引进永鑫煤化、晋泰实业、松迪公司、艾斯米尔焦化、博达焦化等10家焦化企业，加快火电项目建设。鼓励发展热电联产，积极推进煤层气勘探开发，实现煤炭勘探开发、加工转化和煤层气产业的有序发展。加强能源基地建设，结合煤电、煤化工等产业发展，稳步建设大型煤炭基地。

（3）吐哈高载能产业基地

吐鲁番、哈密地区地处新疆东部，煤炭资源丰富，总面积1.16万平方千米，预计煤炭储量在6 000亿吨左右，主要分布在沙尔湖、淖毛湖、大南湖、艾丁湖和三塘湖等地区。目前已探明的煤体资源总量超过200亿吨。吐哈煤炭基地即为新疆区域"西煤东运"基地，并满足当地生产及生活用煤。目前吐哈煤炭基地已形成了以大南湖、沙尔湖、三塘湖、野马泉、淖毛湖、巴里坤以及三道岭等几个大矿区为支撑的煤炭产业发展基地，吸引了中国华电集团有限公司、中国华能集团有限公司、中国保利集团公司、中国电力投资集团、国家开发投资集团有限公司、中国中煤能源集团有限公司、香港明基集团、新疆广汇实业投资（集团）有限责任公司、山东鲁能集团等30多家企业集团参加开发。重点布局煤—电—化、焦化（半焦）、煤炭分质利用、煤制甲醇—二甲醚—液化天然气及下游深加工等煤化工产业，到2020年实现5亿吨/年的产能。

（4）库拜高载能产业基地

库拜煤田由库车俄霍布拉克矿区、拜城东矿区、拜城西矿区、阿艾矿区组成，查明及预测煤炭资源总量3 748亿吨。库拜煤炭基地为区域煤电一体化产业提供煤炭资源保障，以满足南疆四地州生产生活用煤，适度发展焦煤等稀缺煤种生产为主，重点布局以煤焦化—电—化产加工及煤焦油加工利用、煤炭分质利用为主的煤化工产业。

（5）伊犁高载能产业基地

伊犁河谷煤炭资源主要分布在伊南煤田、伊北煤田、尼勒克煤田和昭苏煤田，四大煤田地表面积5 800多平方千米，远景预测储量6 000亿吨。现已探明煤炭储量近360亿吨，占新疆已探明储量的近1/3。伊犁煤炭基地为新疆区域"西气东输"基地的发展提供煤炭资源保障，重点发展"西气东输"煤制天然气和煤化工的煤炭生产基地，并满足当地生产及生活用煤。

伊犁水资源丰富，有发展煤化工的先天优势。伊犁河年径流量167亿立方米，由于当地工业基础薄弱，目前水资源利用率不到30%。丰富的煤炭和水资源，为伊犁河谷发展煤电煤化工奠定了资源基础。包括国家开发投资集团、山东能源新汶矿业、潞安矿业集团等在内的15家国内大型煤炭企业进驻伊犁。伊犁重点布局焦化、煤制油、煤制气、煤炭分质利用等煤炭深加工项目。

此外，和克高载能产业基地重点布局焦化、煤炭分质利用、煤制气、煤—电—化等煤炭深加工项目。石河子高载能煤化工集聚区形成以煤—电—化—焦化—电石—PVC—乙二醇—建材为一体化的煤化工产业链。

4. 依托重点口岸、园区、综合保税区等载体推进能源合作

（1）推进口岸建设，促进丝绸之路经济带能源合作

目前，已有阿拉山口口岸和霍尔果斯口岸的石油天然气管道，经乌恰县边境的伊尔克什坦口岸的中国—中亚天然气管道D线，促进了重点口岸的发展。

根据能源合作需要，要加快能源通道节点口岸工业园区建设，吸引更多进出口贸易加工型、进口能源加工型企业和高新技术产业向园区集中，推动新型工业化建设，优化贸易结构。要以丝绸之路经济带沿线国为市场，以能源加工为龙头，以资源储备和生产加工为核心，建设集生产、加工、仓储、物流为一体的工业园区。

其中，可在阿拉山口口岸、霍尔果斯口岸、伊尔克什坦口岸和巴克图口岸建立大型油气生产加工和储备基地。因为除巴克图口岸外，其余口岸均以进口油气为支撑，来自哈萨克斯坦和土库曼斯坦的油气途经阿拉山口口岸、霍尔果斯口岸和伊尔克什坦口岸输往内地。

同时，在吐哈煤田、准东煤田、伊犁煤田、克州煤矿区分别对应的巴里坤县老爷庙口岸、奇台县乌拉斯台口岸、察布查尔县都拉塔口岸、乌恰县吐尔尕特口岸，建立边境口岸煤炭煤电煤化工基地。在南疆的红其拉甫口岸、伊尔克什口岸、吐尔尕特口岸，北疆的塔克什肯口岸。都拉塔口岸建设风电和光伏发电基地。而阿拉山口口岸可成为我国西部最大的石油输入口岸和最大的国际贸易中转口岸。阿拉山口口岸处在全国可利用风能带上，阿拉山口地区每年8级以上大风天可达165天，主能风向为西北风，近10年平均风速为5.22米/秒，具有风力强、频率高、持续时间长、风向稳定的显著特点，属于新疆风能资源最丰富的地区之一。目前，阿拉山口口岸共有两家风力发电企业，分别是国电新疆阿拉山口风电开发有限公司和龙源阿拉山口风力发电有限公司。阿拉山口风电场每期风电项目年等效满负荷小时数可达100天以上，年发电量平均约为1.3亿千瓦时，未来新能源产业发展前景广阔。

此外，利用红其拉甫国际口岸建设，加快中巴铁路建设；利用伊尔克什坦口岸建设，尽早建成中吉乌铁路，并启动巴克图—阿亚古兹铁路建设，促进能源交通发展。

（2）发展边境经济合作区，促进能源合作

发挥伊犁边境经济合作区、塔城边境经济合作区、博乐边境经济合作区等作用，突出能源合作。

吉木乃边境经济合作区，占地面积14.39平方千米，距吉木乃口岸18千米。吉木乃边境经济合作区建设定位为建成境内外能源资源开发、加工生产制造、商品贸易、仓储转运、国际物流采购的综合经济功能区，成为经济发展、边疆稳定、民族团结、社会和谐的开放示范区。目前，新疆广汇已入驻园区，与哈萨克斯坦塔力巴塔伊（TBM）公司斋桑油气一体化合作项目正式签约，建设完成一期年加工5亿立方米天然气工厂、10万吨境外原油装卸站。

依托吉木乃边境经济合作区的优势，发展外向型特色产业，合理开发利用石油天然气等战略性产业。以哈萨克斯坦丰富的石油、天然气资源为依托，进行加工处理，供应国内市场。加快推进新的能源加工项目，力促液化天然气二期、压缩天然气工程动工，全力支持广汇集团在县域开展石油天然气下游产品深加工，延伸产业链。

青河塔克什肯口岸是全国对蒙古国开放的第二大口岸，新疆对蒙古国开放的第一大口岸，是蒙古国西部地区5省与我国的重要进出口通道，进口蒙古国煤炭等矿产资源的主要通道。青河塔克什肯口岸成为旅游、边贸型口岸，规划总面积21.04平方千米，建设采取"一区三园"模式，由塔克什肯镇商贸园、塔克什肯镇物流园和红柳沟工业园区组成。目前口岸产业发展已初见成效，已有部分项目完成投资：香港蒙古能源有限公司300万吨的洗煤厂建设项目已落户园区，完成了堆煤场的建设，完成了一期150万吨洗煤场的建设。随着口岸的发展，蒙古西部5省对塔克什肯口岸的依赖性日渐增强，口岸已成为蒙古进口商品的集散地和最大的日用品、生活用品供应地。

重点推进与成员国合作建设跨境经济合作区、境外经贸合作区、边境经济合作区等各类产业园区，并以大型投资项目为抓手，共同打造跨区域生产合作网络。要将中白工业园作为优先推进方向，并以基础设施、工业、电力三大类项目为导向，着力将其打造成"一带一路"上国与国合作的新典范。

实行"一区两国、境内关外、自由贸易、封闭运作"模式，将跨境经济合作区建成中国与东盟的区域贸易中心、物流基地、出口加工制造基地和信息交流中心。

建立"境外经贸合作区"，鼓励企业在境外建设或参与建设各类经济贸易合作区，如开发区、工业园区、物流园区、自由贸易区、自由港、工业新城以及经济特区等，为中国企业对外投资搭建平台，提供经济可靠的海外发展场所，形成贴近市场的产业链和产业集群，降低企业投资成本和经营风险。以辽宁省为例，如建成俄罗斯巴什科尔托斯坦石化工业园、中俄尼古拉商贸物流保税园区等5个海外工业园区建设。

结合俄罗斯远东及西伯利亚地区、矿产油气资源和农业资源条件，结合丝绸之路经济带核心区新疆建设、东北地区老工业基地振兴规划，重点布局资源加工利用型园区和农林产品加工园区，一方面建立稳定、可靠的资源来源（原料及半成品）供应渠道，保障我国战略资源供应安全，另一方面实现境内境外产业互动，建立跨境国际产业链。

　　针对具体产业，结合能源资源条件和市场需求，重点布局建材、化工、轻纺、汽车等生产加工型园区，以煤炭、矿产、油气为主的资源利用型园区和围绕棉花种植加工、畜牧养殖等为主的农业产业型园区。

　　建立上下游一体化合资企业，以及跨境经济合作区、出口加工区、物流园区等，是中国吸引欧亚经济体联盟成员国的主要方式之一。已建成的大型项目有中俄石油合作领域的东方能源公司（在天津成立炼厂）、中哈霍尔果斯跨境合作区、中哈物流合作基地、上海合作组织成员国（连云港）国际物流园等。

　　此外，积极推进阿勒泰中俄经济技术开发区建设。

　　吉克普林口岸功能定位为中俄西线天然气能源的进出口通道，是对俄罗斯贸易的重要口岸。我国新疆与俄罗斯边界长约54千米，而吉克普林口岸是新疆对俄罗斯的唯一陆路口岸。由于吉克普林口岸位于我国国家级重点自然保护区，始终保持着原始生态环境，公路建设滞后，在此情况下，我国新疆对俄贸易只能借助于第三国的公路运输开展转口贸易，不仅导致货物运输时间延长，运输成本增加，还易受诸多不可控因素的影响，加大了双方贸易合作的风险。2012年，我国新疆对哈萨克斯坦的进出口额占新疆外贸总额的46%，而对俄罗斯进出口额仅占1%。我国新疆对俄罗斯直接贸易受阻，导致其对俄口岸的物流业发展空间受限。

　　依托中俄吉克普林口岸建设，建立阿勒泰中俄经济技术开发区，辐射布尔津县民生工业园区和福海工业园区。随着中俄天然气协议的签订，中俄间的西线天然气管道建设也提上日程。吉克普林口岸是中俄天然气管道的西线必经之地，由西西伯利亚地区经阿尔泰共和国至新疆，最终和中国的西气东输管道相连。年输气量达300亿立方米。

　　支持更多的企业在格鲁吉亚、乌兹别克斯坦、塔吉克斯坦、哈萨克斯坦、印度等国建设的境外经贸合作园区。

（3）建立出口加工制造基地

　　依托口岸地缘优势，打造向西开放的区域性商贸中心，依托口岸集聚效应，打造重要的出口加工制造基地（奎独乌经济区、博乐—阿拉山口、塔城

—巴克图等地建立若干个进出口加工区，加快口岸经济园区的建设），依托口岸通道优势，打造能源和矿产资源开发利用的枢纽。

5. 打造丝绸之路经济带能源合作的先导区

利用能源国际合作，加快"丝绸之路经济带创新驱动发展试验区"建设。采取差异化和非对称措施，加强与深圳等国家自主创新示范区的深度合作，推动新疆和内地在科技创新方面优势互补、有效对接。按照"一区多园"顶层设计思路，在高新区、经济开发区和科技园等基础上，优化空间布局，搭建最具吸引力的科技成果转化平台，形成以企业为主体的创新体系，建成若干个以龙头企业为支撑的创新园区，培育发展一批新产品、新产业和新业态，把试验区建设成为丝绸之路经济带创新驱动转型发展示范区、全国科技成果转化示范区和面向中亚、西亚的国际化区域创新高地。

三、构建丝绸之路经济带核心区能源合作的产业集聚

1. 构建丝绸之路经济带核心区国际能源产品加工基地

建立以新疆为主的中亚次区域经济圈能源产品加工的产业中心，形成中国新疆国际能源产品加工基地。以现有的能源加工基础为依托，打造天山北坡经济带、克拉玛依（独山子）、南疆、吐哈四大国际能源加工产业中心。

（1）天山北坡经济带国际能源加工产业中心

天山北坡经济带是新疆经济发展的核心区。其中乌昌经济圈能源产品加工产业集中，分布着包括中泰化学、乌鲁木齐石化等企业集团的米东化工园、甘家堡工业园，而石河子市是天山腹地的中央支点，拥有"天业化工园区"。在石油化工业发展中，要依托乌石化，辐射乌昌经济圈，建设一批以石油天然气化工为重点的产业集群。

（2）克拉玛依石化基地国际能源加工产业中心

克拉玛依石化基地是新疆石化工业的重心之一，要利用俄罗斯—中亚和克拉玛依的油气资源，实现炼化一体化发展，实现新疆油田稠油的全部集中

加工，提高原油加工规模。

独山子着力开发石化下游产品、建立石化企业集群。现有中哈石油管道项目和中石化1 000万吨炼油、120万吨乙烯工程，是中国规模最大的炼油和化工一体化项目。石化工业园区重点发展乙烯、重芳烃、碳四、聚异丁烯、塑料、新型建材等中下游精细化工产品和高档润滑油、溶剂油、道路沥青等特色产品。以民营资本"奎山宝塔"为主、投资300亿元的年生产能力达1 000万吨的石化项目，已在奎屯国家级经济技术开发区启动。这一石化项目进一步提高了石油在新疆就地加工的比例，必将极大带动新疆能源生产基地建设。

（3）吐哈国际能源加工产业中心

依托吐哈天然气优势，发展大型液化天然气项目，扩大甲醇规模，发展精细化工。而所属的石油石化企业应走"大型化、基地化、集中化、园区化"的发展道路，这也是国际上通行的做法，可以节约生产成本，聚集资金、人才和技术，形成规模效应。

（4）南疆国际能源加工产业中心

依托新疆南部能源的资源优势和库车炼厂的基础条件，推进油、化、纤、肥一体化，兴建一批高技术、高水平大型能源产品加工项目，建设南疆石化产业带，使南疆成为面向中亚、南亚市场的重要石化加工基地。

其中，利用克拉2号、克拉美丽两大天然气田，可实施城市气化和发展炭黑、乙烯项目；利用塔河亿吨大油田、雅克拉油气田的原油和天然气在库车扩建塔里木化工厂；利用亚松迪油气田、巴什托油气田、和田河油田的气源在和田和喀什地区兴建大型天然气发电厂；利用巴州丰富的石油天然气资源，在库尔勒建成大型石化产业。[①]推进美克化工工业园、库车石化工业园区建设。

轮台县也建有为塔里木油气生产提供辅助服务的"红桥石油服务区"和聚集油气深加工项目的"拉依苏石油化工区"。同时，东辰工贸有限公司投资轮台县，将建成国内第三大甲醇生产基地。

---

① 周英，等. 塔里木石油勘探开发是带动南疆地区经济发展的最佳途径[J]. 新疆有色金属，2005（2）.

而兵团南疆石油化工基地将依托南疆温宿等地丰富的石油、天然气资源，规划建设年产80万吨甲醇、52万吨尿素等项目。

2. 丝绸之路经济带核心区煤炭及化工产业布局发展

新疆煤炭预测资源总量2.19万亿吨，占全国煤炭资源总量的40.6%，资源量居全国之首。新疆煤炭资源总体禀赋条件好、煤层厚，煤种中长焰煤、不黏煤和弱黏煤占资源总量的90.91%，煤质多具备特低硫—低硫、低磷、高挥发分、高热值的特点，同时，煤的反应活性高，适合于煤气化和间接液化，也是优质的煤化工用煤。全疆预测量超过100亿吨的煤田有24个，约占预测总量的98%；预测量超过1 000亿吨的煤田有准东煤田、沙尔湖煤田、伊宁煤田、吐鲁番煤田、大南湖—梧桐窝子煤田5个煤田，约占预测总量的60%。煤炭资源主要分布在北部和东部，其资源量约占预测总量的94.7%。重点建设新疆亿吨级大型煤炭基地以及哈密、准东等9个千万千瓦级煤电基地。重点建设准东、伊犁河谷、库拜、吐哈、和克五大煤化工基地，建成大型煤制烯烃、煤质乙二醇、煤质芳烃项目，建立准南、库拜煤气层开发加工基地，形成塔城—和丰煤化工集聚。"十三五"期间，新疆将建成国内最大的煤化工、煤制天然气基地。

3. 构建丝绸之路经济带核心区可再生能源发展的产业集群

在保护生态的前提下，进一步加快伊犁河、额尔齐斯河、开都河、叶尔羌河等一批有调节能力的梯级水电站建设，推进玛纳斯河、和田河、喀什噶尔河、盖孜河、精河等河流水电开发。建成五大水电基地（额尔齐斯河水电基地、伊犁河水电基地、开都河水电基地、阿克苏河水电基地、叶尔羌河水电基地）。

在达坂城、哈密、喀什、和田、克州等规划建设一批5 000千瓦以上并网光伏电站，建成乌鲁木齐高新区、喀什、哈密等为重点主要分布在天山北坡及南疆三地州的光伏发电产业基地。形成乌鲁木齐高新技术开发区、石河子经济技术开发区、阿拉尔光伏电子园区、奎独经济技术开发区等4大光伏产业制造集聚区。

建设百万千瓦级光伏发电基地。加快哈密、吐鲁番、巴州、博州、南疆四地州等区域太阳能资源开发，积极落实电力消纳，形成光伏发电"四大集群、两大基地"，积极推进光热电项目试点，有序发展分布式发电项目。

积极建成乌鲁木齐、阿勒泰、塔城等地风电供暖示范项目及阜康4×30万千瓦抽水蓄能电站。

加快国家大型风电基地建设。结合电网条件及电力市场需求，加快哈密东南部、三塘湖—淖毛湖等九大风区风电开发，重点建设准东、达坂城、吐鲁番—哈密百里风区等百万千瓦级风电基地和哈密千万千瓦级风电基地，根据区内电力消纳情况，适时建设阿勒泰千万千瓦级风电基地。稳步推进达坂城、阿勒泰、塔城等地风电供暖试点。

风光电开发项目。重点建设哈密千万千瓦级风电基地，达坂城、吐鲁番、昌吉、博州、塔城、巴州等百万千瓦级风电基地。加快哈密、吐鲁番、巴州、博州、塔城、南疆四地州等百万千瓦级光伏发电基地建设。

到2020年，力争风电装机规模达到2 500万千瓦，光伏装机规模达到1 000万千瓦，水电装机1 044万千瓦。

在加快油气管道建设，重点建设新疆煤制气外输管道工程、西气东输四线、西气东输五线、中俄西线喀纳斯—中卫段等4个输气管道项目（年输气能力1 200亿立方米）的同时，努力推进"疆电外送"工程建设，千方百计扩大"疆电外送"规模，提高内地市场接纳份额。力争到2020年疆电外送规模达到3 000万千瓦左右。建成准东—华东（皖南）±1 100千伏特高压直流输电线路工程、哈密北—河南信阳±800千伏特高压直流输电线路工程，启动准东—湖北武汉±1 100千伏特高压直流输电线路工程及中巴联网工程前期工作和项目建设。

通过兰新二线、将军庙—哈密—额济纳、库尔勒—格尔木、准东—阿勒泰—吉木乃口岸等铁路项目建设，提高新疆能源资源外运能力。

第六章
丝绸之路经济带能源合作的
重大意义

一、丝绸之路经济带能源合作推进了"一带一路"的建设进程

（一）能源合作促进了核心区互联互通建设

1. 推进核心区三大能源互通枢纽建设

基于丝绸之路经济带核心区的地缘特点，充分发挥新疆西出中亚、东联内地的区位优势，统筹考虑枢纽对丝绸之路经济带能源合作的通道作用，加快核心区枢纽建设进程。

（1）乌鲁木齐枢纽

乌鲁木齐是丝绸之路经济带北、中、南三大通道运输衔接转换的核心枢纽，应充分发挥区位优势，紧密衔接东、西两翼能源枢纽，在推进能源国际合作的同时，加快形成丝绸之路经济带及我国向西开放的国际门户枢纽。

（2）喀什枢纽

喀什枢纽地处我国向西开放前沿和丝绸之路经济带南通道节点位置，应充分发挥其区位优势，发挥其国家能源运输战略性节点作用，发挥其在中巴经济走廊中重要战略支点的作用。喀什枢纽通过完善互联互通大通道和枢纽设施建设，加快形成我国面向中南亚的重要交通门户、丝绸之路经济带南通道的交通枢纽中心、南疆地区重要交通枢纽，成为喀什经济特区建设的重要依托，在能源运输枢纽的基础上升级成为承担中国与中南亚国家间的物流客流中心、中国至印度洋出海通道的陆海联运中心，以及南疆西部地区与疆内其他地州、国内主要经济区和大中城市间的快速运输中心。

（3）霍尔果斯—伊宁枢纽

霍尔果斯—伊宁枢纽应充分利用伊宁联通丝绸之路经济带中、南两大通道的交通优势，借助霍尔果斯铁路、公路口岸优势，加快形成面向中西亚的重要交通门户、丝绸之路经济带重要的国际陆路物流枢纽，成为国家能源运输重要的战略性节点。推进霍尔果斯特殊经济开发区建设发展，使霍尔果斯—伊宁枢纽成为承担中国与中西亚国家间的货物运输枢纽，以及伊犁州与疆内其他地州、中国主要城市间的快速客货运输中心。

2. 促进了新欧亚大陆桥运输建设

亚欧大陆桥的交通运输体系主要由民航、铁路、公路、管道和海运等多种运输方式共同构成。尽管目前以铁路为主，但民航、公路、管道同样发挥着重大的作用。中国西北能源通道建设成为新亚欧大陆桥的重要组成部分，在能源运输通道中具有重要的战略意义。

在精伊霍铁路贯通后，新疆将铁路向西延与哈萨克斯坦接轨，建成霍尔果斯至萨雷奥泽克铁路，规划将与哈萨克斯坦的阿拉木图铁路接轨。而目前在建的3条线路，即南疆的吐鲁番至库车复线、乌精二线、奎屯至北屯的新建铁路，最终都要和哈萨克斯坦的铁路联成网络，在未来发展中，必将极大地提高中哈两国之间铁路的能源运输能力。

而兴修新疆奎屯至俄罗斯比斯克之间的铁路，可减少新亚欧大陆桥途经国，增加大陆桥的竞争力。具体线路为：以奎屯—北屯铁路的北屯站为起点，经哈巴河县，延伸至喀纳斯口岸，北接俄罗斯的新西伯利亚，建成连接新疆北屯至俄罗斯比斯克的铁路，可以与俄罗斯境内的东起符拉迪沃斯托克，西至莫斯科的欧亚大陆桥接轨。[①]此外，甚至还可以规划喀什至吉尔吉斯斯坦、乌兹别克斯坦的跨国铁路。

铁路通道甚至能将新疆与莫斯科和德黑兰连接起来，并且不断延伸，经过设想中的阿富汗兴都库什至喀布尔的直通铁路，使阿富汗与中亚的铁路相接，连接我国新疆、阿富汗和中亚各国。这将改变中国新疆的能源运输格局，并将完善新亚欧大陆桥南部通道，形成东亚、东南亚通往中亚、西亚和北非、南欧的便捷运输通道。[②]2014年开通了乌鲁木齐—中亚"西行国际货运班列"，实现了铁路国际班列常态化运营。

"十二五"期间，新疆公路建设推出"57712"工程，其中包括建成华东至霍尔果斯、华北至巴克图口岸、乌鲁木齐至红其拉甫口岸、西南至伊尔克斯坦口岸高速公路的路网构架；建成明水、星星峡、依吞布拉克、界山达坂4条东连内地通道，霍尔果斯、阿拉山口等口岸8条西出的国际大通道，已形成联通国内外的公路通道网络。中国还与哈萨克斯坦、乌兹别克斯坦、吉尔吉斯斯坦、塔吉克斯坦、巴基斯坦、俄罗斯、蒙古等国签订了双边汽车运输协定，中哈过境货物协定以及中吉乌、中巴哈吉多边汽车运输协定。截至2013年已开通国际道路运输线路107条，占全国线路总数的43%。

"十三五"期间，随着丝绸之路经济带核心区建设的推进，加快打通丝绸之路经济带北通道，开通建设G3018精河至阿拉山口公路，布局克拉玛依

---

① 吴文化，李连成. 建设中俄西部运输走廊的设想[J]. 综合运输，2006（1）.
② 吴永年. 论中巴开辟新"贸易–能源"走廊[J]. 世界经济研究，2006（11）：83-85.

至塔城至巴克图铁路、富蕴至青河至塔克什肯铁路，在精伊霍铁路虽已建成运营的基础上，力争与哈萨克斯坦铁路实现对接；稳步提升丝绸之路经济带南通道，推进喀什至吐尔尕特铁路（中吉乌铁路国内段）建设，建成G3013喀什至伊尔克什坦（吐尔尕特）高速公路，并分步打通中巴经济走廊战略通道，推进喀什至红其拉甫铁路（中巴铁路国内段）建设。

（二）能源合作推进经济走廊建设

中巴经济走廊是连接位于中国西部和贯穿巴基斯坦南北的公路和铁路主干道的交通经济带，从新疆的乌鲁木齐、喀什至巴基斯坦的西南港口城市瓜达尔港，将成为我国新开辟的一条经新疆直抵印度洋出海口的重要通道。

中巴经济走廊通道，是"丝绸之路经济带"和"21世纪海上丝绸之路"的陆路战略连接通道（枢纽通道）。其中交通主要由铁路和公路两种运输方式组成，铁路主要由南疆铁路和中巴铁路等组成；公路主要由G3012乌鲁木齐至喀什高速公路、国道314线等组成。航空主要由经乌鲁木齐、喀什至伊斯兰堡、瓜达尔港等国际航线及疆内航线网络组成。在丝绸之路经济带能源合作带动下，中巴经济走廊开通，凯西姆、卡拉奇、瓜达尔等港口为中方提供出海口，直通印度洋和非洲，使中国获得距印度洋的最近通道，成为重大的地缘结构连接点。

中巴经济走廊贯通，不仅使中国西北拥有最便捷的出海口，而且使巴基斯坦有了与中国西北相连的新通道。以往新疆陆路仅有联通巴基斯坦苏斯特口岸，若开通了中巴能源陆路运输线，经伊斯兰堡、卡拉奇等港口，则可直通印度洋。新疆货物出口可以不再经4 000千米铁路运抵天津港、再由海运至世界各地。通过这条能源通道，我国西北地区大量来往于中东、南亚和非洲地区的货物，不需绕道东南沿海港口，即可直接运往目的地，可以节约时间、降低运输成本。中巴"能源走廊"将对我国企业参与经济全球化竞争和维护能源安全发挥积极的促进作用。

此外，丝绸之路经济带能源合作还能推进新亚欧大陆桥、中国—中亚—西亚经济走廊、中蒙俄经济走廊建设，并将促成以新亚欧大陆桥为核心的通道网络体系，将形成铁路、公路、管运相互衔接的立体运输的能源通道网络。依托新亚欧大陆桥经济走廊创建新疆国际物流合作基地、大宗散货交易中心，在哈萨克斯坦东门经济特区物流基地和新疆霍尔果斯共建物流场站，借鉴中巴经济走廊的"1+4"合作整体推进模式，即以能源、交通基础设施和产业合作为重点，形成产业合作园区，采取"工业园+交通基础设施+能源管道"的方式，以能源资源合作形成倒逼走廊整体发展机制。

承载着丝绸之路经济带能源合作的"中国—中亚—西亚经济"走廊从霍尔果斯口岸出境，经中亚五国、伊朗、伊拉克、土耳其的新经济走廊，终点为地中海沿岸及阿拉伯半岛。中国与沿线中亚国家签署了与共建丝绸之路经济带相关的双边合作协议，线路涉及区域具有建设契合点，与哈萨克斯坦的"光明之路"、塔吉克斯坦的"能源交通粮食"战略、土库曼斯坦"强盛幸福时代"等战略对接。

中国积极拓展对外经济项目，在中国—中亚天然气管道D线的建设基础上，完成乌兹别克斯坦安格连1×150兆瓦燃煤火电厂总承包项目、塔吉克斯坦"瓦赫达特—亚湾"铁路项目、杜尚别2号热电厂项目，深化中国中亚能源合作。预计2020年中亚天然气管道D线完工，届时中国—中亚天然气管道整体输气量达850亿立方米。

中俄石油管道、中俄东线天然气管道则成为中蒙俄经济走廊战略的重要支撑项目。丝绸之路经济带能源合作对接蒙古"草原丝绸之路"规划，联通俄罗斯与中国全长997千米的过境运输公路，起自阿尔坦布拉格，延伸至乌兰巴托，最终连接扎门乌德，还包括1 100千米的电缆线路的铺设，以及天然气和石油运输管道的建设。俄罗斯通过欧亚铁路建设组建欧亚经济联盟，形成对接"中蒙俄经济走廊"建设的战略平台，以建设西伯利亚大铁路为依托，带动油气管道的建设，推动高新技术产业群与现代科学工业园区的建设。[1]作为俄罗斯最大的天然气使用方，中国与俄将建设长达4 000千米的西伯利亚管道。天然气管道建设将分为两个部分，即"雅库特—哈巴罗夫斯克—符拉迪沃斯托克"天然气管道和"伊尔库茨克—雅库特"天然气管道。

---

① 于洪洋，等.试论"中蒙俄经济走廊"的基础与障碍[J].东北亚论坛，2015（1）：99-102.

二、丝绸之路经济带能源合作维护了国家资源安全

在目前国内石油总体进入低品位资源勘探开发的新阶段，产量大幅增长难度大，开放条件下的石油供应安全仍是面临的重要问题。原油进口主要集中在中东等地缘政治不稳定地区，海上运输过于依赖马六甲海峡，陆上跨国管道突发事件等风险依然存在。石油储备规模及应急响应水平、国际石油合作质量还不能完全适应近年来国际油价波动幅度加大、频率加快的市场格局。[①]

丝绸之路经济带能源合作保证了能源供给的稳定性。新疆境内的塔里木油气田与已投产的西气东输一线，都与西二线相同管网连通，所有资源都可调度和保证，使得在新疆区内配套的辅助气源完全能保证供给。目前，在西二线新疆段附近已经探明和开发了准噶尔、塔里木、吐哈等气田，这些气田已探明的总储量超过34 000亿立方米，形成了国内的气源保障，不会出现断供问题，而且在市场价格谈判中还有主动权。同时，西气东输二线与国外签的合同为期30年，其间新疆和国内其他地区还会有新的油气田探明发现。[②]

从中长期合作远景看，新疆地区既有进口原油管道，也有天然气管道，还有跨国入境铁路和公路，这些管道与铁路、公路的输油能力加在一起可达1亿吨以上。同时，随着新疆煤炭大产业发展，作为能源补充的煤制油、煤制天然气以及页岩气的产能扩大后，千万吨煤制油、数百亿立方米煤制天然气和煤层气，也将成为重要的能源供给。由此可见通过实施国家中亚能源对接战略，丝绸之路经济带能源合作在我国能源安全方面具有极端重要地位。

三、丝绸之路经济带能源合作影响着国际地缘政治格局

（一）构成中国与周边国家加强区域安全合作的重要内容

丝绸之路经济带覆盖的里海地区蕴藏着十分丰富的石油和天然气资源，

[①] 国家发展和改革委员会. 石油发展"十三五"规划[Z]. 2016-12.
[②] 中石油：西气东输不会出现断供[EB/OL]. http://finance.sina.com.cn/roll/20090207/21195829043.shtml.

被誉为21世纪的"世界能源供应基地"。为了维护本国的核心利益，中亚里海地区的各国积极推行能源出口多元化战略，并在逐步加强对本国油气资源的控制。中亚里海地区所拥有丰富的能源资源，以及处于亚欧大陆"十字路口"的地缘战略地位，引起了国际社会的普遍关注，已成为大国争夺能源的焦点地区之一。我国参与中亚里海地区的能源开发利用具有自身的优势。环里海国家是我国新疆的近邻，陆路能源运输具有距离较短、风险相对较小等有利条件，中亚的哈萨克斯坦、乌兹别克斯坦、吉尔吉斯斯坦、塔吉克斯坦和中国均是上海合作组织成员国，相互信任与和平共处为发展双方在中亚里海地区的能源合作奠定了良好的政治基础。中亚里海国家与我国的能源合作，建立在双方油气供需大势的基础之上，具有很强的互补性，符合有关国家的根本利益，既有利于我国获取新的油气来源，也有利于中亚里海国家推进油气出口多元化战略，形成了中国开展国际油气资源合作的区域格局。

共同利益是多方能源合作的基石。从发展战略的角度看，能源战略相互衔接、资源市场互补的优势成为两国的能源合作的重要支持。从安全战略角度看，两国的能源战略利益如果一致，在国际与地区稳定和发展的重大问题上立场相近，就使能源合作具有互为支撑、互为依托的优势。

1. 能源合作符合共建国利益

没有出海口的中亚四周被陆地包围，其与世界市场的联系必须借助其他国家。从地缘经济来看，中亚北临俄罗斯市场，西向欧洲市场，南抵新兴的南亚次大陆，向东借欧亚大陆桥延伸到亚太市场。由于历史和政治因素，其向南和向北的通道都不符合中亚经济发展利益；尽管向西"巴杰线"已经贯通，但基于能源安全和利益考虑，中亚国家更倚重向东的通道——借助中国走向巨大的亚太市场——实际上中国本身就是亚太地区最大的新兴市场，对能源的需求很大；加之向东的通道延伸可将日本、韩国、东南亚市场连接起来，成为稳定的能源消费市场，这无疑符合中亚国家的利益，并具有较强的吸引力。[①]

---

① 张新花. 中亚国家能源政策及对策分析[J]. 扬州大学学报，2007（1）：86.

由于来自土库曼斯坦与哈萨克斯坦的天然气主要是石油伴生气，一旦不及时输出就会自然损耗。考虑到路程距离及过境俄罗斯管道不经济等因素，天然气最佳输送目的地是中国新疆。乌兹别克斯坦一直保持中亚能源中心的地位，但是历史形成的与之接壤的定向能源输出国吉尔吉斯斯坦和塔吉克斯坦现阶段财力不支，乌兹别克斯坦急于寻求有支付能力的能源输出对口国，中国和俄罗斯是其首选。乌兹别克斯坦提出的方案之一是将中俄支付的能源专款用于维护地缘稳定，以保证本国和地区安全。

因此，在涉及中国新疆的中亚区域能源合作框架中，参与各方将共享能源安全和经济发展，与新疆能源通道对接符合中亚国家的利益。

2. 能源合作符合共建国希望获得中国支持的意愿

从与丝绸之路经济带核心区毗邻的中亚局势分析，宗教极端主义、民族分离主义和国际恐怖主义日益成为中亚国家的现实威胁和动乱之源。而中亚国家自身国力薄弱，难以独自对付上述势力的威胁，迫使中亚求助外部支持。而中国新疆的稳定性也同样受到"三股势力"的危害，中国和上海合作组织则能给中亚带来安定，通过新疆能源通道与中国能源合作并取得各种支持是最佳的选择。

此外，根据亚行报告，地处偏远、基础设施不足，开采、运输成本高，加大了中亚各国所处地区的能源开发费用，甚至高出了俄罗斯及其他主要产油国家成本，拥有资金和技术实力的中国介入能源领域开发符合中亚利益。

以哈萨克斯坦石油公司为例，产油区由于远离终端市场，高昂的运输成本成为公司最大的费用支出。据测算，公司原油的贴水值达12美元/桶，其中运输成本占到7美元/桶。如果公司将出口原油全部输往中哈原油管道，运输费用可以在目前水平上节约3.5美元/桶（投资银行Bear Stearns计算值），运输成本降幅达50%，盈利能力将大幅提高。在公司各项指标敏感性分析中，原油贴水对公司净利润和现金流的影响程度仅次于原油销售价格，居第二位。

3. 能源合作国与中国具有资源和经济互补性

至2014年，中国已形成23套炼化一体化联合装置，其中14家企业达到了千万吨级炼油、百万吨级乙烯一体化的国际先进标准。加强与中亚国家的能源深加工合作，既符合我国石化行业国际产能合作的战略需要，也契合中亚国家的发展诉求。

中亚各国自然资源丰富，并以资源产业为国家支柱产业，但经济结构单一，加工业较为落后，轻工业不发达。哈萨克斯坦轻工业、食品加工业、机械制造业、化学工业等行业基础薄弱，如副食品、服装、家具、纸制品、日用品、家用电器、建筑材料、药品等基本需要进口；乌兹别克斯坦62%的日用品则依靠进口；土库曼斯坦从中国进口机械设备及配件、运输设备、矿物材料制品、金属制品等。

目前由于石油开采、冶炼和加工技术落后，哈萨克斯坦大部分石油是由外国公司开采，且原油主要用于出口，只有少部分运往炼油厂加工。哈萨克斯坦的油气处理技术也仅限于将石油和天然气分离，缺乏进一步深加工能力。化工产品在哈消费市场上所占比例仅有15%。哈萨克斯坦采取了"大量利用外资，引进外国先进技术和工艺发展本国石油工业，提高石油深加工能力"的政策。

相比之下，有"世界工厂"之称的中国在轻工业、加工业、机电制造业、纺织工业、建材业等产业生产能力较强，产品质量好，价格低，与中亚在产业结构上形成相互补充，为两国石油合作奠定了产业基础。中国能源工业勘探、开采和加工技术较之周边国家相对完备（目前，我国有3项技术居于世界领先地位，有5项技术达到或接近世界先进水平。具体为：居于世界领先地位的陆相石油地质理论、大型非均质砂岩油田开发理论与开采技术、复式含油区滚动开发技术；达到或接近世界先进水平的地震勘探技术、钻井工程技术、复杂油气藏开采技术、油田地面工程建设技术、新型催化裂化技术），再加上中国充足的外汇储备，构成了与中亚能源合作的技术、资金和管理优势。

中亚与中国经济互补性强，为能源合作带来了良好的机遇。

利用对接方利益均衡点，在新疆能源通道和基地建设中，与其建立长期稳定的供购关系。特别要利用经济互补性和地缘优势，采取包括"资源换项目"等模式在内的灵活多样的支付方式解决项目融资问题，以政治合作、经贸合作带动能源合作。应积极主动地参与和帮助对俄罗斯中亚铁路基础设施及对华能源出口口岸的建设与改造；大力推动俄罗斯—中亚方面通往我国能源管道分支的开工建设；扩大在中亚能源领域的直接投资，开展对中亚油气资源的勘探、开采活动。

4. 能源合作产生邻国效应

丝绸之路经济带能源合作将给资源供给国和通道对接过境国带来直接的经济利益，具体体现为：

（1）形成出口收入，扩大贸易额

俄罗斯—中亚环里海区域通过中国西北能源通道向中方出口能源，换取外汇，提高了通道资源国和过境国的税收、贸易额。中亚天然气管道开通后为中国与中亚国家带来每年数十亿美元的贸易额，30年的贸易总额将超过数千亿美元。

（2）有助于吸引投资和带动基础设施建设

丝绸之路经济带能源合作引致了对环里海区域油气开发增资，有助于通道对接方沿线区域的开发和相关基础设施的建设，如推进了巴基斯坦瓜达尔港建设。

（3）有助于通道对接方保障稳定的资源供给

哈萨克斯坦南部缺气的各州可借中亚天然气管道，每年获得该国西部100亿立方米的供应，这一供给可补充和替代乌兹别克斯坦的进口气源。

（4）带动丝绸之路经济带能源合作国家经济，带动就业，发展公益，引入技术

能源合作可拉动丝绸之路经济带国家就业，促成相关管道建设、材料和设备业的发展。如中石油在哈萨克斯坦建设的恩巴—扎那若尔铁路，项目保障生产需求的同时，也为沿线的各类产品的外销提供了运输；而中石油仅在

哈方的阿克纠宾项目就为当地吸收了2万个岗位，占哈方当地就业人数的15%；1997—2007年，中石油为哈方公益捐助累计达5 000万美元，[①] 同时，通道建设还带去了先进适用的油气储运技术。

（5）形成资源与市场的优势互补

中哈管道的油源供给由哈萨克斯坦和俄罗斯共同承担，50%由哈萨克斯坦扎纳诺尔油田、阿克纠宾油田提供，50%由里海俄罗斯油田提供，构成了中哈俄三国能源合作。同时，项目建设还充分利用三国在能源领域的资金、管理、技术等优势，形成资源与市场的优势互补。

而中亚天然气管道也深刻地改变着中亚天然气出口格局。1997年土伊天然气管道（科尔佩杰油气田—库尔特—库伊）建成，成为首条绕开俄罗斯、小运量的中亚天然气出口管道；接着1998年美国与土耳其合作，修建了绕开俄罗斯和伊朗的巴杰线，天然气直输欧洲天然气消费市场。但中亚的天然气长期以来除通往伊朗管线外，缺乏替代路线，中亚各国不能坚守本国能源价格政策。20世纪90年代，俄罗斯将天然气高价位出售给西欧国家。2003年4月至2005年年底，俄罗斯购买土库曼斯坦天然气的价格为44美元每1 000立方米，再转手出售给高加索各国的价格则高出了两倍，而出售给土耳其则溢价3倍。2005年，土库曼斯坦、乌克兰曾签署400亿立方米的供气合同，由于受到俄乌天然气争斗、俄气公司拒发过境运输许可的影响，使土乌双方无法践约。

伴着能源市场的变化，中亚各国形成共识：资源出口国唯有保证出口多元化，方能降低政治和经济上的双重风险，才能提高能源出口的经济效益。中国西北能源通道的建成符合了中亚能源输出国利益。

此外，能源的国际铁路运输对中国周边区域地缘政治也产生了重大影响。与俄罗斯—中亚、南亚内陆相邻国进行能源跨国运输，建立通向中东、里海地区的能源陆上输送线路，也是我国同周边各国发展睦邻、友好、互利合作关系的重要内容。

---

① 寇忠. 中亚输气管道建设的背景及意义[J]. 国际石油经济，2008（2）.

5. "丝绸之路经济带"突出能源合作符合双方发展战略要求

在丝绸之路经济带上，集中有俄罗斯、哈萨克斯坦、土库曼斯坦、阿塞拜疆、伊朗等重要能源生产国，以及中国、印度等重要能源消费国。能源生产与出口对于能源生产国、能源获取与进口对于能源消费国，都是国民经济的命脉、经济社会发展的基础。随着世界能源格局的变化，东亚地区正在发展成为世界能源消费的中心，大中亚能源资源国希望利用自身能源资源优势搭乘东亚经济发展的快车，中国则希望通过与陆上周边国家加强能源合作提高能源安全保障能力和经济可持续发展能力。因此，在丝绸之路经济带各领域经济合作中，突出能源合作符合双方发展战略的要求。[①]

（二）能源合作将推动国际地缘政治格局演进

1. 改变了丝绸之路经济带共建国能源出口格局，影响着国际地缘政治格局

在复杂的国际大背景下，丝绸之路经济带能源合作推进了共建国能源出口格局演进，深刻地影响着国际地缘政治格局。

以中哈管道的建成为例，哈萨克斯坦传统的原油外输方向主要是从阿特劳、阿克套，经俄罗斯由西向北延伸，而中哈管道开辟了原油出口新方向，形成了哈萨克斯坦能源经济的长远发展机制。以中哈管道项目为起点的中国西北国际能源通道建设，不仅吸引中方投资形成维护中亚能源出口安全的基础，并借此使环里海诸国获得稳定的能源出口市场。

与哈萨克斯坦的能源合作也使我国能源开发向里海推进，而中亚天然气管道纵贯土库曼斯坦、乌兹别克斯坦和哈萨克斯坦，形成三国共同供给的气源保障。根据《中土天然气购销协议》《土库曼斯坦阿姆河右岸区块天然气产品分成合同》，组建了中乌天然气管道合资公司，修建了中哈天然气管道，实现了四国能源国际合作。在推动经济发展的同时，形成了中国中亚地缘政治稳定基础，利于中国参与到里海能源市场的开发，并使中方的能源国际合

---

① 王海运．"丝绸之路经济带"建设与中国能源外交运筹[J]. 国际石油经济，2013（12）.

作延伸到里海东岸，也为中国拓展与中东的陆上油气合作打开了突破口，同时为地区稳定、关系和谐做出大国贡献。以能源合作带动地区国家互联互通和商品贸易、打造沿途产业带，促进地区国家经济快速发展，为其社会稳定提供有力支撑，为其缓解内部及相互矛盾营造条件；同时为我国西部大周边"睦邻友好带""战略稳定带"的实施奠定更加坚实的物质基础，进而形成"和谐相处、守望相助"的"命运共同体"。从这个意义上讲，深化地区国家间的能源合作不仅具有地缘经济意义，而且有着非常积极的地缘政治、地缘安全意义。

因此，丝绸之路经济带能源合作是对中国能源地缘政治和地缘经济的双重贡献。

2. 对于推进国际能源合作具有示范作用，促成了国际能源合作机制

丝绸之路经济带能源合作在现有的中国西北能源通道的基础上产生的带动作用下，随着中俄东线管道、中缅管道的建成，将同中国西北能源通道，从四个方向（西北、东北、西南、海上）形成中国的能源输送网络化和资源进口多样化供给格局。

丝绸之路经济带能源合作的线路网络使得中亚通往新疆的油气管道同伊朗、俄罗斯的管道网连接在一起，形成了"泛亚全球能源桥"，成为新疆西通俄罗斯—中亚、中东，东连中国太平洋沿岸的欧亚通道网络。

中国力图通过修建中哈管道与待修的哈伊（哈萨克斯坦—伊朗）管道联通，并设想经过巴基斯坦将中东能源输入中国新疆，再送至中国中东部能源消费市场，甚至还将能源直输日韩等东北亚区域，完成"泛亚能源走廊"构架。"泛亚能源走廊"战略构架一旦实现，必将深刻地影响亚洲地缘政治格局。

此外，丝绸之路经济带能源合作不断拓展对建成"哈萨克斯坦—土库曼斯坦—伊朗"管线的影响力，可视为开辟直通波斯湾产油区未来"中国—阿拉伯"能源通道的探索。中方还试图将能源通道向北延伸与俄罗斯管网对接，并致力于达成中俄哈交换协议、参与西伯利亚和远东能源项目。而连接中国、中亚和俄罗斯的管道项目，可使中国新疆处于连接现有的、潜在的供应市场（海湾地区、俄罗斯—中亚）与消费市场（中日韩）的"泛亚洲能源走廊"

的中心。如能实现这一设想，将极大地改善中国的能源安全，并巩固中国西北在该区域的地缘政治影响力。[①]

实际上，阿塔苏已成为中国西北作为"泛亚洲能源走廊"的切入点。土库曼斯坦和乌兹别克斯坦两国的能源多从哈萨克斯坦南部输到欧洲，而20世纪80年代末建成的从俄罗斯鄂木斯克经哈萨克斯坦、乌兹别克斯坦抵土库曼斯坦查尔珠的输油管终端是阿塔苏，同时也是中哈管道起点。这批管网经启用或对接，可将俄罗斯中西部的西西伯利亚油气资源纳入中哈输油管网体系，甚至还可将线路进一步延伸到中东，最终实现中国西北与俄罗斯—中亚、中东管道的全面贯通。同时，中哈、中亚管道还可经中国西北能源通道，与新疆境内的36条管线相连，向中国内地市场输送，使中国能源战略接替区新疆与俄罗斯—中亚现有的和设想中的油气输送管道网络实现国际接轨，构建通向中东和里海的能源陆上贸易通道，从而推进"泛亚全球能源桥梁"的战略步骤实施。[②]

通过丝绸之路经济带能源合作的推进，中国西北能源通道与中亚、俄罗斯现有和设想中的能源管道网络对接，进而完成与里海、中东地区能源陆上通道对接。中国新疆就处于"泛亚全球能源桥梁"枢纽的战略位置上，将目前的、未来的能源供应方（俄罗斯—中亚、中东）和亚洲的主要能源需求方（中日韩）连接起来。

四、能源合作对丝绸之路经济带核心区经济发展的带动作用

（一）促成新疆成为面向中亚的经济高地

在丝绸之路经济带能源合作的推动下，围绕核心区产业基础和发展重点，推动建设可再生能源装备、输变电装备、农牧机械、石油和化工装备业，充分利用乌鲁木齐、独山子、克拉玛依石化等大型炼化企业现有生产能力，推

---

① Мехмет Огутчу, Ксин Ма, 谷维. 中国与中亚地区的能源地缘政治[J]. 中亚信息，2008（1）：17.

② 高素芳. 中哈石油合作的安全战略及国家利益[J]. 兵团教育学院学报，2007（1）：20.

进发展合成树脂、聚酯等下游产品精深加工，发展高档润滑油等特色产品，优化炼化产业资源配置，提升炼化一体化发展水平，打造化工产品出口加工产业集聚一体化发展水平，打造化工产品出口加工产业集聚区，把新疆打造成面向中亚的经济高地。

（二）促进新疆产业升级，形成产业集群

新疆是丝绸之路经济带核心区，是利用周边国家资源和市场最为便捷的省区之一，是国家西北边疆的战略屏障，是连接国内省区与欧亚各国的通道和向西开放的前沿。所以说，新疆的稳定与发展，事关中国社会经济发展全局。通过能源经济发展、国际能源合作促进新疆发展，保持新疆长期稳定，不仅具有重大的经济意义，而且具有重要的政治意义。

在国家脱贫攻坚战启动之初，新疆的国家贫困县有27个、自治区级贫困县39个，两级贫困县占新疆市县总数的1/3。新疆能源基地和通道建设对实现富裕和促进社会经济持续、协调发展做出了重要的贡献，推进了新疆基础设施和城镇化建设、推进新疆新型工业化，促进新疆产业结构调整和产业集群的形成。

1. 建成国家大型油气生产加工基地

扩大原油和天然气进口配额，鼓励和支持各类企业参与境外原油、天然气和非常规油气资源开发利用，提高油气资源在新疆就地加工的数量和深度，着力打造国家大型油气生产加工基地。

2014年至2020年，新疆将吸引投资3 400亿元，2020年三大油气田产量将从4 000多万吨提高到6 000万吨并稳产20年以上。建成克石化炼油扩能改造及乌石化对苯二甲酸（PTA）项目，炼油能力达到2 800万吨/年。

2. 建成国家大型煤电、煤制天然气基地

加快新疆伊犁、吐哈、库拜和准东四大煤炭基地建设，重点推动现代煤电煤化工产业发展，利用国际国内领先技术，加快煤制天然气、煤制油等煤

炭清洁、节能和循环经济示范项目建设，建成新疆国家大型煤电基地。依托吐哈煤田、准东煤田和伊犁煤田有序建设大型煤电基地，在准东、哈密建设千万千瓦级以上的煤电基地。其中吐哈煤电基地以电力外送为主。火电建设要与供热相结合，发展大型空冷热电联产项目。

"十二五"期间，建成了新疆庆华煤化一期年产55亿立方米、新汶矿业（伊犁）年产20亿立方米、中电投伊南年产60亿立方米煤制天然气3个项目。促进中电投霍城年产60亿立方米、华电新疆发电有限公司年产60亿立方米、新疆开滦能源投资公司年产40亿立方米、昌吉盛新实业年产16亿立方米、国电平煤尼勒克化工年产40亿立方米、华能新疆能源开发有限公司准东年产40亿立方米、新疆龙宇能源奇台年产40亿立方米、兖矿新疆能化准东年产40亿立方米、特变电工新疆能源准东年产40亿立方米、新疆庆华煤化二期年产55亿立方米、新疆富蕴广汇新能源有限公司年产40亿立方米、中煤能源新疆煤电化准东年产40亿立方米、新疆华宏矿业投资年产20亿立方米、徐矿新疆公司年产40亿立方米、哈密紫光矿业年产8亿立方米、潞安新疆煤化工年产40亿立方米、神东天隆新疆煤化工分公司年产13亿立方米煤制天然气等17个项目建设。20个项目年产能共计767亿立方米。

2015年中国石化新疆煤制气外输管道工程项目获批，主要建设内容包括1条干线和6条支干线（6条支干线包括准东支干线、伊犁支干线、南疆支干线、豫鲁支干线、赣闽浙支干线、广西支干线），全长合计约8 400千米。其中干线起自新疆昌吉州木垒县，终于广东韶关，设计年输量300亿立方米。主供气源为新疆准东综合示范区的煤制天然气(包括中石化80亿立方米煤制气项目及新疆多个煤制气项目)，甚至考虑远期气源为伊犁地区的煤制天然气。

3. 建成水电基地

加快伊犁河、额尔齐斯河、开都河、叶尔羌河、库玛力克河等一批有调节能力的梯级水电站建设，推进玛纳斯河、和田河、喀什噶尔河、盖孜河、精河等河流水电开发。

4. 建设光伏产业制造聚集区和国家重要的光电基地

初步形成了乌鲁木齐高新技术开发区、石河子经济技术开发区、阿拉尔光伏电子园区、奎独经济技术开发区等4大光伏产业制造集聚区。

5. 建设国家重要的风电基地

新疆拥有九大风区，风能资源总储量达到8.72亿千瓦。目前，新疆已组织编制了12个风区工程规划，积极建设风电基地。2015年新疆风电装机将达到1 589万千瓦，新疆逐步建成中国重要的大型风电基地，每年可外送风电电量200亿千瓦时以上。"十三五"期间，结合电力市场、区域电网和特高压外送输电通道建设，加快实施哈密千万千瓦级风电基地，积极推进准东百万千瓦级风电基地建设。加快达坂城、百里风区、塔城、阿勒泰、若羌等百万千瓦级风电基地建设。

6. 推进与周边国家能源对接战略，完善基础设施

电网建设将实现多通道向省外输送电力。"十三五"期间，新疆电网规划投资估计约为2 019亿元，到2020年，新疆电网将建成5条直流外送通道，在天中直流基础上新增准东—成都、准东—皖南、哈密北—重庆、伊犁—巴基斯坦4条直流外送通道，疆电外送送电能力达到5 000万千瓦。新疆电网将成为国内最大的省级电网。计划建成哈密至郑州、准东至重庆两条±1 000千伏级特高压输变电工程，实现新疆向华中、华东地区送电。坚强的网架，将为全面推进新疆丝绸之路核心区建设奠定坚实的基础。

在准东、哈密分别形成千万千瓦级电源基地，保障"疆电东送"3000万千瓦外送能力的需求。同时，建设哈密—郑州±800千伏特高压直流输电线路和第二条、第三条特高压直流输电线路向华中电网送电,并形成两条750千伏联网外送通道，强化疆内750千伏主网架建设，750千伏电网向东延伸至准东和哈密，向南延伸至喀什，建成西至伊犁，东至哈密、三塘湖，北至准北，南至喀什，内通外联的全疆750千伏电网主网架，实现新疆电力的统一调度。建成投运三塘湖—哈密北等750千伏输变电工程；准东—华东（皖南）

±1 100千伏特高压直流输电工程及其配套1 320万千瓦电源项目加快建设，积极推动"疆电外送"第三条通道哈密北—湖北荆门±800千伏特高压直流输电工程。

加快国家能源资源陆上大通道建设，保障国家能源资源安全。加快推动中哈石油管线二期工程建设，逐步扩大原油的进口规模。加快西气东输五线、六线等输气通道项目实施，提高中亚天然气进口量。新疆煤制气外送管线，建成轮南—吐鲁番、伊宁—霍尔果斯等干线及支线天然气管道和18条城市供气支线。开工建设两条各300亿立方米煤制气外送管线。加快中石化"新粤浙"煤制气管线建设，保障新疆煤制气的输送，提高我国对进口中亚油气资源的话语权。已形成5 000万吨原油、1 000亿立方米天然气和煤制气以及3 000万千瓦疆电外送通道能力。

（三）形成新疆区域经济向国内外双向开放的格局

丝绸之路经济带是典型的交通经济带。所谓的交通经济带，是以运输通道作为发展主轴（轴），以轴上或其吸引范围内的大中城市（点）为依托，以发达的产业特别是二、三产业为主体的带状经济区域和点轴经济系统，即"交通经济带=交通+城市+产业"。而位于丝绸之路经济带核心区的新疆，具有地近俄罗斯、蒙古、中亚、南亚国家的区位优势，且西向对外交通极为便利，向东面向内地13亿人口、向西面向欧亚大陆13亿人口，具有面向国内外开放的双向开放性。

面向东部国内市场，立足区域优势，加强区域经济合作，是新疆经济发展的重要途径。新疆的优势在资源和地缘，但缺乏开发建设的资金、技术和人才，应加强与内地的经济合作，可以与西部省区，也可以与东部发达地区合作。东西互动合作，可以优势互补，形成利益互动机制，促进生产要素的合理流动，促进地区间经济发展的整合，使双方受益。

面向西部欧亚大陆国际市场，国家多年来对新疆开展政策扶持，确立了一批重点开发开放城市和边贸口岸，通过西部大开发、兴边富民等项目的实施，使新疆的基础设施得到较大改善，其与周边国家的贸易往来和文化交流也日益频繁，形成了对外开放、发展外向型经济的新优势。

参考文献

[1]   CENTRAL INTELLIGENCE AGENCY. The world fact book[R]. Washington:
       Central Intelligence Agency，2012.

[2]   RICHARD M LEVINE, MARK BRININSTOOL, GLENN J WALLACE.
       2007 Minerals Yearbook [R]. Reston（Virginia）: US Geological Survey，
       2007.

[3]   RICHARD M LEVINE. 2009 Minerals Yearbook[R]. Reston（Virginia）:
       US Geological Survey，2009.

[4]   ONUR COBANLI. Central Asian gas in Eurasian power game[J]. Energy
       Policy，2014（5）.

[5]   HASAN H KARRAR. The New Silk road diplomacy: China's Central
       Asian foreign policy since the Cold War [M]. Vancouver: UBC press，
       2009.

[6]   ADB. The Central Asia Regional Economic Cooperation Program[R]. ADB
       Status Report，2002.

[7]   BORIS NAJMAN, RICHARD POMFRET. The Economics and Politics of
       Oil in the Caspian Basin: The Redistribution of Oil Revenues in Azerbaijan
       and Central Asia[J]. Resources Policy，2008（33）.

[8] JAMES P DORIAN，UT KUR TOJIEV ABBASOVICH，et al. Energy in central Asia and northwest China：Major trends and opportunities for regional cooperation Central Asia[J]．Energy Policy，2006（27）．

[9] YOUNKYOO KIM，FABIO INDEO．The new great game in Central Asia post 2014: The US"New Silk Road"strategy and Sino-Russian rivalry[J]．Communist and Post-Communist Studies，2013，46（2）．

[10] Мухамеджан Барбасов. Нефтепровод в Китай Как Фрагмент Борьбы За ПрикаспийскиеРесурсы[J]．Центральная Азия и Кавказ，2004，4（34）．

[11] Игорь Томберт．Энергетическая Политика Стран Центральной Азии и Кавказа[J]．Центральная Азия и Кавказ，2005，4（28）．

[12] Виталий Воробьев．О китайской идее построен "экономического пространства Великого шелкового пути"[J]．Россия в глобальной политике.

[13] 王伯礼.陆上能源通道系统形成与发展机理研究——以中国西北陆上能源通道为例[M]．乌鲁木齐：新疆人民出版社，2016．

[14] 王维然.中亚区域经济一体化研究[M]．北京：知识产权出版社，2014．

[15] 张宁．中亚能源与大国博弈[M]．长春：长春出版社，2009．

[16] 秦放鸣．中国与中亚国家区域经济合作研究[M]．北京：科学出版社，2010．

[17] 吴宏伟，等．中亚地区发展与国际合作机制[M]．北京：社会科学文献出版社，2011．

[18] 何维达，等．国家能源产业安全的评价与对策研究[M]．北京：经济管理出版社，2010．

[19] 林卫兵．中国能源发展"十二五"回顾及"十三五"展望[M]．北京：经济管理出版社，2016．

[20] 李恒海，邱瑞照，等．中亚五国矿产资源勘查开发指南[M]．北京：地质出版社，2010．

[21] 米兰诺夫斯基. 俄罗斯及其毗邻地区地质[M]. 陈正,译. 北京:地质出版社,2010.

[22] 王怀宁. 世纪之交的政治与经济格局[M]. 北京:中国物价出版社,1994.

[23] 陆忠伟. 非传统安全论[M]. 北京:时事出版社,2003.

[24] 陈元,樊荣义,等. 能源安全与能源发展战略研究[M]. 北京:中国财政经济出版社,2007.

[25] 戴维·A. 迪期,约瑟夫·S. 奈伊. 能源和安全[M]. 上海:上海翻译出版社,1984.

[26] 赵英. 超越危机——国家经济安全的监测预警[M]. 福州:福建人民出版社,1999.

[27] 国家统计局能源司. 中国能源统计年鉴2015[M]. 北京:中国统计出版社,2015.

[28] 国家统计局. 中国统计年鉴2015[M]. 北京:中国统计出版社,2015.

[29] 邢广程,等. 上海合作组织研究[M]. 长春:长春出版社,2007.

[30] 邢广程,等. 上海合作组织发展报告(2009)[M]. 北京:社会科学文献出版社,2009.

[31] 马大正. 国家利益高于一切[M]. 乌鲁木齐:新疆人民出版社,2002.

[32] 郑羽,庞昌伟. 俄罗斯能源外交与中俄油气合作[M]. 北京:世界知识出版社,2003.

[33] 寇忠. 中亚油气资源出口新格局[J]. 国际石油经济,2010(5).

[34] 郎一环,王礼茂,李红强. 中国能源地缘政治的战略定位与对策 [J]. 中国能源,2012(8).

[35] 段秀芳,张新. 中国—中亚电力丝绸之路的探索[J]. 新疆财经,2015(1).

[36] 毛汉英. 中国与俄罗斯及中亚五国能源合作前景展望[J]. 地理科学进展,2013(10).

[37] 闫海龙,张永明. 新疆构建国家能源资源陆上大通道的路径选择[J]. 新疆财经,2014(1).

[38] 程中海，孙培蕾. 中国与中亚周边国家贸易便利化影响因素研究[J]. 商业研究，2014（11）.

[39] 杨宇，刘毅，金凤若. 能源地缘政治视角下中国与中亚—俄罗斯国际能源合作模式[J]. 地理研究，2015（2）.

[40] 李金叶，舒鑫. 中亚地区交通运输大国博弈剖析[J]. 中亚信息，2014（4）.

[41] 庞昌伟，张萌. 纳布科天然气管道与欧俄能源博弈[J]. 世界经济与政治，2010（3）.

[42] 庞昌伟，褚昭海. 土库曼天然气出口多元化政策与决策机制分析[J]. 俄罗斯研究，2009（6）.

[43] 梁亚红. 自然资源安全评价指标体系构建研究[J]. 中国矿业，2008（1）.

[44] 王礼茂. 资源安全的影响因素与评估指标[J]. 自然资源学报，2002（4）.

[45] 谷树忠，姚玉龙，沈镭，等. 资源安全及其基本属性与研究框架[J]. 自然资源学报，2002（3）.

[46] 迟春洁，黎永亮. 能源安全影响因素及测度指标体系的初步研究[J]. 哈尔滨工业大学学报：社会科学版，2004（7）.

[47] 袁胜育，钱平广. 美国中亚战略的困境、发展与转向[J]. 人民论坛·学术前沿，2016（12）.

[48] 孙永祥. 从大中亚地区的能源争夺看美、俄全球战略的博弈[J]. 当代石油石化，2006（12）.

[49] 聂志强，刘婧. 新疆同中亚各国开展技术转移的重点领域与主要路径分析[J]. 科技进步与对策，2012（7）.

[50] 高全成，刘丹. 中国与中亚五国能源合作机制建设研究[J]. 西安财经学院学报，2016（5）.

[51] 唐宏，杨德刚，等. 中亚五国能源产业发展及其对区域经济的影响[J]. 干旱区地理，2013（3）.

[52] 李悦，杨殿中. 中国对中亚五国直接投资的现状、存在的问题及对策建议机制[J]. 经济研究参考，2014（21）.

[53] 张胜军, 等. 西部省区参与国际区域经济合作的效应分析[J]. 云南财经大学学报, 2012 (3).

[54] 高世宪, 等. 新疆与周边国家资源能源合作现状及潜力分析[J]. 中国能源, 2014 (4).

[55] 刘建芬, 那春光. 中国资源安全问题探析[J]. 中国人口、资源与环境, 2011 (12).

[56] 王礼茂, 郎一环. 中国资源安全研究的进展及问题[J]. 地理科学进展, 2002 (4).

[57] 姚予龙, 谷树忠. 资源安全机理及其经济学解释[J]. 资源科学, 2002 (5).

[58] 谢尔盖·卡拉加诺夫, 等. 构建中央欧亚: "丝绸之路经济带"与欧亚国家协同发展优先事项[J]. 俄罗斯研究, 2015 (3).

[59] 李建民. 丝绸之路经济带、欧亚经济联盟与中俄合作[J]. 俄罗斯学刊, 2014 (5).

[60] 唐朱昌. 中国与未来欧亚联盟国家的经济合作定位[J]. 社会科学, 2014 (5).

[61] 王志远. 中亚区域一体化合作探析[J]. 新疆师范大学学报: 哲学社会科学版, 2015 (1).

[62] 刘立涛, 等. 能源安全研究的理论与方法及其主要进展[J]. 地理科学进展, 2012 (4).

[63] 薛静静, 等. 中国能源供给安全综合评价及障碍因素分析[J]. 地理研究, 2014 (5).

[64] 郝宇彪, 田春生. 中俄能源合作: 进展、动因及影响[J]. 东北亚论坛, 2014 (5).

[65] 陈正. 中亚五国优势矿产资源分布及开发现状[J]. 中国国土资源经济, 2012 (5).

[66] 成守德, 刘通, 王世伟. 中亚五国大地构造单元划分简述[J]. 新疆地质, 2010, 28 (1).

[67] 庞昌伟. 能源合作: "丝绸之路经济带"战略合作的突破口[J]. 新疆师范大学学报: 哲学社会科学版, 2014 (2).

[68] 胡鞍钢，等．"丝绸之路经济带"：战略内涵、定位和实现路径[J]．新疆师范大学学报：哲学社会科学版，2014（4）．

[69] 刘国忠．中亚矿产资源勘查开发形势分析[J]．国土资源情报，2009（3）．

[70] 于树一．论中国中亚经贸合作与我国地缘经济安全的关系[J]．新疆师范大学学报：哲学社会科学版，2011（7）．

[71] 何伦志，等．中国的中亚能源发展策略[J]．上海经济研究，2008（1）．

[72] 王海燕．日本在中亚俄罗斯的能源外交[J]．国际石油经济，2010（3）．

[73] 张贵洪，戎婷蓉．从博弈到共赢：中印在中亚的竞争与合作[J]．南亚研究季刊，2008（4）．

[74] 徐冬青．中国与俄罗斯及中亚国家的能源合作——基于中国能源安全视角[J]．世界经济与政治论坛，2009（6）．

[75] 张新花．中亚国家能源政策及对策分析[J]．扬州大学学报：哲学社会科学版，2007（1）．

[76] 高志刚，王彦芳．构建"环阿尔泰山次区域经济圈"合作模式与合作机制的思考[J]．新疆财经，2015（6）．

[77] 高志刚．基于三类模式的中国新疆与中亚次区域经济合作平台构建[J]．俄罗斯东欧中亚市场，2010（10）．

[78] 王海燕．中国与中亚国家参与周边区域经济合作机制比较研究[J]．新疆师范大学学报：哲学社会科学版，2010（6）．

[79] 蔡国田，张雷．中国能源安全研究进展[J]．地球科学进展，2005（6）．

[80] 孔令标，侯运炳．国家能源安全模式研究[J]．金属矿山，2002（11）．

[81] 张雷．中国能源安全问题探讨[J]．中国软科学，2001（4）．

[82] 孙永祥，赵树森．中国与独联体国家天然气合作及面临的问题[J]．亚太纵横，2008（4）．

[83] 汤一溉．关于构建中国中亚天然气国际安全通道的思考[J]．新疆社会科学，2007（1）．

[84] 汤一溉．再论中国通向中亚的石油天然气战略通道[J]．干旱区地理，2008（4）．

[85] 刘晏良. 建设新疆油气生产基地和能源安全大通道[J]. 宏观经济研究, 2006（8）.

[86] 王小梅. 中亚石油合作与中国能源安全战略[J]. 国际经济合作, 2008（6）.

[87] 王小梅. 中国和平发展战略与中国—中亚能源合作[J]. 山东省农业干部管理学院学报, 2007（4）.

[88] 蒋新卫. 中亚石油地缘政治与我国陆上能源安全大通道建设[J]. 东北亚论坛, 2007（3）.

[89] 蒋新卫. 中亚石油地缘政治与新疆建设能源安全大通道探析[J]. 新疆社会科学, 2007（1）.

[90] 张建锁, 马永强. 构建国家能源资源安全大通道[J]. 今日新疆, 2006（8）.

[91] 吴爱军, 吴杰. 中国进口石油安全战略通道分析[J]. 长江大学学报, 2006（6）.

[92] 张雷, 黄园淅. 改革开放以来中国能源格局演变[J]. 经济地理, 2009（2）.

[93] И.Троекурова. 中俄能源合作的现状与前景[J]. 聂书岭, 译. 中亚信息, 2006（12）.

[94] В.А.Каширцев, А.Г.Коржубаев, Л.В.Эдер.俄罗斯油气开采预测及对华出口前景[J]. 聂书岭, 译.中亚信息, 2006（6）.

[95] 杨宇, 等. "丝绸之路经济带"中国与中亚国家油气贸易合作的现状、问题与对策[J]. 中国科学院院刊, 2018（6）.

[96] 王海运. "丝绸之路经济带"建设与中国能源外交运筹[J]. 国际石油经济, 2013（12）.

[97] 高世宪, 等. 丝绸之路经济带能源合作现状及潜力分析[J]. 中国能源, 2014（4）.

[98] 王海燕. 构建丝绸之路经济带多边能源国际合作机制的探讨[J]. 国际经济合作, 2016（12）.

[99] 王波, 李扬. 论"丝绸之路经济带"倡议下中国与中亚地区能源合作制度建设的大国因素[J]. 东北亚论坛, 2018（6）.

[100] 于洪洋，等. 试论"中蒙俄经济走廊"的基础与障碍[J]. 东北亚论坛，2015（1）.

[101] 刘育红. 新"丝绸之路"经济带交通基础设施、空间溢出与经济增长[D]. 西安：陕西师范大学，2012.

[102] 张辛雨. 中国与中亚能源开 发合作研究[D]. 长春：吉林大学，2012.

[103] 朱瑞雪. "丝绸之路经济带"背景下中国与中亚国家区域经贸合作研究[D]. 大连：东北财经大学，2015.

[104] 王伯礼. 陆上能源通道系统形成与发展机理研究[D]. 北京：中国科学院，2010.

[105] 李少民. 国际石油价格与中国石油政策研究[D]. 武汉：华中科技大学，2008.

[106] 余京洋. 我国在里海地区石油开发的战略研究[D]. 北京：中国地质大学，2006.

[107] 门廉魁. 我国海外钻井在中亚地区的发展战略研究[D]. 成都：西南石油学院，2005.

[108] 罗小云. 21 世纪初中国能源安全与中外能源合作[D]. 广州：暨南大学，2003.

[109] 张丽峰. 中国能源供求预测模型及发展对策研究[D]. 北京：首都经济贸易大学，2006.

[110] 焦建玲. 石油价格问题的计量分析模型及其实证研究[D]. 合肥：中国科学技术大学，2005.

[111] 贺永强. 国际石油价格波动性及其对我国区域经济的影响研究[D]. 长沙：湖南大学，2008.

[112] 郭琳. 供需平衡视角下的我国石油资源安全研究[D]. 长春：吉林大学，2009.

[113] 刘春宇. 新疆石油产业发展研究[D]. 乌鲁木齐：新疆农业大学，2007.

[114] 吴绩新. 里海石油天然气与中国能源安全[D]. 上海：华东师范大学，2008.

[115] 吴巧生. 中国可持续发展油气资源安全系统研究[D]. 武汉：中国地质大学，2003.

[116] 穆沙江·努热吉. 新疆边境口岸经济与地方经济协调发展研究[D]. 乌鲁木齐：新疆大学，2018.

[117] 潜旭明. 美国的国际能源战略研究——一种能源地缘政治学的分析[D]. 上海：复旦大学，2010.

[118] 邓秀夫. 中国与中亚国家油气合作的机遇与挑战研究[D]. 北京：中共中央党校，2015.